रामायण:

पात्र परिचय

सीतेश आलोक

बुक्स फ़ॉर ऑल
दिल्ली-110052

वितरकः
डी. के. पब्लिशर्स डिस्ट्रीब्यूटर्स (प्रा.) लि.
1, अंसारी रोड, दरियागंज,
नई दिल्ली-110052
दूरभाषः 3261465, 3278368
फ़ैक्सः 091-011-3264368

अ० मा० पु० सं०. 81-7386-150-1

लेज़र टाइप सेट एवं प्रकाशकः
बुक्स फ़ॉर ऑल

ए-6, नीमड़ी कम्युनिटी सेंटर,
अशोक विहार, फ़ेज-IV
दिल्ली-110052
फ़ैक्सः 091-011-7138265

मुद्रकः
डी. के. फ़ाईन आर्ट प्रैस (प्रा.) लि.
दिल्ली-110052

भारत में प्रकाशित

श्रीमती कमला रत्नम्
एवं अग्रज
डॉ. आत्म प्रकाश
की स्मृति में...

संकेत – सूची

बा०	बाल काण्ड
अ०	अयोध्या काण्ड
अर०	अरण्य काण्ड
कि०	किष्किन्धा काण्ड
सु०	सुन्दर काण्ड
यु०	युद्ध काण्ड
उ०	उत्तर काण्ड

इनके साथ दी हुई संख्या उस काण्ड के सर्ग का संकेत करती है ।

भूमिका

रामायण विश्व का प्राचीनतम ग्रंथ है परन्तु उसका कथा शिल्प, उसका दर्शन, उसका काव्य तथा उसके पात्रों की विविधता हमें आज भी चमत्कृत करती है।

जैसा कि रामायण में उल्लेख है, इस महाकाव्य की रचना महर्षि वाल्मीकि ने, प्रजापित ब्रह्मा के आदेश पर, नारद द्वारा सुनाई रामकथा के पात्रों एवं उनके व्यवहार का अपने योगधर्म द्वारा दर्शन करके सम्पन्न की थी।

रामायण में लगभग छः सौ पात्र हैं जिनमें मूलग्रन्थ में समाहित सौ उपाख्यानों के पात्र भी सम्मिलित हैं । किसी भी रचनाकार के लिए एक ग्रंथ में इतने सारे पात्रों को समेटना-सहेजना असंभव नहीं तो अत्यंत दुष्कर अवश्य है । कल्पना कर के देखा जाए तो इनमें से अधिकांश पात्र वे हैं जिनसे रचनाकार महर्षि वाल्मीकि का कभी कोई प्रत्यक्ष सम्पर्क नहीं हुआ होगा। उदाहरणार्थ, किष्किन्धा के वानरों एवं लंका-निवासी राक्षसों के विषय में उन्हें राम, तथा राम के साथ लंका होकर लौटने वाले उनके समर्थकों-सहायकों, द्वारा ही सुनने को मिला होगा। संभावना यह भी है कि घटनाओं और स्थितियों का विवरण पाकर वाल्मीकि ने, तत्सम्बन्धी प्रसंगों को जीवन्त रूप देने के लिए, कुछ पात्रों को काल्पनिक नाम दिए हों या कुछ काल्पनिक पात्रों की रचना की हो। साथ ही, इन पात्रों में कुछ पौराणिक पात्र भी हैं जो किंवदंतियों के रूप में शायद उन्हें पहले ही ज्ञात रहे हों और, सन्दर्भ-विशेष में अथवा उपाख्यानों में, उनके महाकाव्य में वर्णित हुए।

जो भी हो, एक कृति में इतने सारे पात्रों का निर्वाह एक नितान्त दुष्कर कार्य है जो वाल्मीकि ने बड़ी सफलतापूर्वक संभव कर दिखाया । इसके विपरीत, पाठक के लिए इतने सारे पात्रों को समझते-पहचानते हुए रामायण को आत्मसात कर पाना कभी-कभी उसकी स्मरण शक्ति एवं सामर्थ्य के लिए चुनौती बन जाता है–इस सन्दर्भ में भी कि कहीं-कहीं एक ही नाम के दो व्यक्ति भी हो सकते हैं और इस कारण भी कि रामायण काल में एक ही व्यक्ति को वंश, जन्मस्थान, कर्म, गुण आदि के आधार पर अनेक नामों से भी जाना जाता था ।

रामायण पढ़ते समय ऐसी ही अनेक समस्याएँ मेरे सामने भी आई थीं, तभी मुझे लगा था कि ऐसा कोई कोष अथवा पुस्तक क्यों नहीं है जिसमें स्वतंत्र रूप से रामायण के पात्रों का विवरण एवं परिचय उपलब्ध हो । वस्तुतः अंग्रेज़ी साहित्य में इस प्रकार के ग्रन्थों की परम्परा है । बाइबिल जैसे महाकाव्य ही नहीं, शेक्सपियर, डिकेन्स, हार्डी,

हेनरी जेम्स आदि आधुनिक लेखकों की साहित्यिक कृतियों के चरित्रों का परिचय देने वाली पुस्तकें भी उपलब्ध हैं । हमारे देश में और हमारे साहित्य में अभी ऐसी कृतियों का अभाव है—जिसके मूल में सम्भवत: कहीं हमारा अर्थाभाव अवश्य विद्यमान होगा । अन्यथा कोई कारण नहीं लगता कि पहले किसी ने प्रस्तुत पात्र-परिचय जैसी पुस्तक के विषय में न सोचा हो ।

रामायण की प्रामाणिकता को लेकर और इस प्रकार इसके चरित्रों को लेकर प्रश्न यदाकदा उठता रहा है । अधिकांश विद्वानों ने, वाल्मीकि को राम का समकालीन मानते हुए, रामायण को इतिहास की संज्ञा दी है, परन्तु इसके विपरीत किसी ने इसे मात्र एक काल्पनिक साहित्यिक कृति माना है और कुछ व्यक्ति ऐसे भी हैं जिन्होंने इसे किसी दरबारी कवि की प्रशस्ति जैसी कृति की कोटि में रखना चाहा है । जो भी हो, जिन्होंने रामायण पढ़ी है वे इसे दरबारी प्रशस्ति जैसा ग्रंथ कभी नहीं मान सकते । वाल्मीकि का उद्देश्य यदि राम का गुणगान मात्र होता तो वे न तो उनके पूर्वजों में अनरण्य, मान्धाता, असमंज एवं प्रवृद्ध जैसे चरित्रों का उल्लेख करते और न सर्व-शक्तिमान राम को वन में रोते-भटकते दिखाते ।

रामायण के सन्दर्भ में, इतिहास और काल्पनिक कृति की सम्भावनाओं के बीच जो मतभेद हैं वह कोई विशेष महत्व नहीं रखता । वस्तुत: कोई भी इतिहास नितान्त वस्तुपरक नहीं होता । इतिहासकार के पास तो बस कुछ प्रमुख घटनाओं का ज्ञान होता है, जिसे वह प्राप्त व्यक्तिपरक विवरणों के आधार पर ही क्रमबद्ध करता है ।

रामायण का घटना क्रम भी कुछ ऐसा ही प्रतीत होता है—जिसमें मूल घटनाएँ तो ऐतिहासिक सत्य का उद्‌घाटन करती हैं, परन्तु उनके विस्तार एवं व्याख्या में कल्पना की छाप स्पष्ट दिखाई देती है। रामायण के सन्दर्भ में एक और बात जो निरन्तर ध्यान में रखने योग्य है वह यह कि यह कृति काव्य में रची गयी थी, सम्भवत: आज से चार-पाँच हज़ार वर्ष पूर्व । अत: यह अलंकारों से भरी हुई है। इसकी घटनाओं को लेकर अनेक भ्रम तो मात्र इसलिए उत्पन्न हुए कि अपनी अलंकारिक अतिशयोक्ति में कहीं तो राम को साक्षात विष्णु कहा गया है और कहीं हनुमान को हवा में उड़ता दिखाया गया है। जब कि सत्य है कि इसके पहले सर्ग में ही राम को 'विष्णुना सदृशो वीर्ये' (अर्थात, विष्णु के समान बलवान) कहा गया है। धावकों में श्रेष्ठ हनुमान के सम्बन्ध में उड़ जाने की क्षमता का उल्लेख भी अलंकारिक ही है । क्या हम आज के युग में भी अपने धावकों को 'फ्लाइंग मैन' अथवा 'उड़न परी' जैसे नाम नहीं देते?

रामायण के कुछ प्रसंगों को लेकर कभी-कभी यह भ्रम भी होता है कि वे मूल रचना के अंश न होकर प्रक्षेपित हैं । वे कब मूल रचना में जोड़े गए और किसने उन्हें जोड़ा, इस विषय में निर्णयात्मक रूप से कुछ कह पाना किसी के लिए भी सम्भव नहीं होगा, परन्तु आज जिस रूप में रामायण उपलब्ध है उसके कई अंश निश्चय ही प्रक्षेपित प्रतीत होते हैं, विशेषतया उसका अंतिम भाग—उत्तरकाण्ड । महाकवि तुलसीदास ने तो उत्तरकाण्ड को पूर्णतया नकार दिया था । रामायण के युद्धकाण्ड के अंत में स्वस्तिवाचन को देख कर भी उत्तरकाण्ड संदिग्ध ही प्रतीत होता है।

जो भी हो, प्रस्तुत पुस्तक में आज जिस रूप में रामायण उपलब्ध है उसी को आधार बना कर पात्रों का विवरण दिया गया है । लगभग छ: सौ से अधिक पात्रों में चार-छ:

पात्र ऐसे भी हैं जो कुछ शंका उत्पन्न करते हैं—उदाहरणार्थ, अकम्पन जो युद्धकाण्ड के ५६ वें सर्ग में हनुमान द्वारा मार डाला गया था, ५७ वें सर्ग में युद्ध के लिए जाता हुआ दिखाया गया है; अथवा विरूपाक्ष, जिसे हनुमान ने अशोक वाटिका उजाड़ने के बाद मार डाला था (सुन्दरकाण्ड: ४६), परन्तु युद्धकाण्ड के ४३ वें सर्ग में भी लक्ष्मण द्वारा और ९६ वें सर्ग में सुग्रीव द्वारा पुनः उसके वध का उल्लेख है ।

अपवाद ही सही, परन्तु ऐसी भूलें खटकती हैं । वास्तव में यह भूलें कैसे आईं, कहा नहीं जा सकता । सम्भव है कि यह भूलें स्वयं रचनाकार से ही हुई हों, परन्तु इस सम्भावना को भी पूर्णतया नकारा नहीं जा सकता कि शिष्यों के माध्यम से पीढ़ी-दर-पीढ़ी मौखिक काव्य के रूप से लेखन-प्रकाशन युग तक पहुँची वाल्मीकि की रचना में कहीं कुछ विसंगतियाँ भी आ जुड़ी हों । एक सम्भावना यह भी है कि पहली बार उपरोक्त पात्रों की मृत्यु का उल्लेख हनुमान की प्रतीति के आधार पर हुआ हो. . . उस समय वास्तव में उनकी मृत्यु न हुई हो और हनुमान को मात्र यह लगा हो कि वे मर गए । सम्भावना यह भी हो सकती है कि एक ही नाम के दो व्यक्ति हों । वास्तविकता क्या है इसका निर्णय तो पाठकों को अपनी बुद्धि एवं मान्यताओं के आधार पर ही लेना होगा ।

प्रस्तुत पुस्तक में रामायण में आए चरित्रों का वर्णक्रमानुसार विवरण संक्षेप में दिया गया है । पाठकों की विस्तृत जानकारी के लिए विवरण के साथ ही संबंधित काण्ड एवं सर्ग का उल्लेख भी है जो आशा है जिज्ञासु पाठकों एवं शोधकर्मियों के लिए उपयोगी सिद्ध होगा । मेरे लिए यह कार्य उतना सहज नहीं सिद्ध हुआ जितना कि प्रारम्भ में लगा था । मैंने यथा सम्भव सामने आई समस्याओं का समाधान ढूँढने का प्रयत्न किया है, परन्तु फिर भी यदि कुछ त्रुटियाँ रह गई हों तो कृपया पाठकगण मुझे उनसे निःसंकोच अवगत कराएँ।

रामायण मैंने पाँच-छः बार पढ़ी और हर बार मुझे ऐसी किसी पुस्तक की बहुत आवश्यकता प्रतीत हुई थी—तब मुझे पता नहीं था कि यह कार्य स्वयं मुझे ही करना पड़ेगा । कुछ समय पूर्व, एक बार स्वर्गीया श्रीमती कमला रत्नम् से रामायण पर चर्चा करते समय पात्रों की विविधता पर बात आई तो उन्होंने आग्रह किया कि मैं रामायण के पात्रों का परिचय देने वाली पुस्तक तैयार करूँ । मैंने उनके आग्रह को आदेश मान कर स्वीकार कर लिया । आज वे संसार में नहीं हैं, परन्तु मैं जानता हूँ कि यदि वे होतीं तो यह पुस्तक देख कर अत्यंत प्रसन्न हुई होतीं। साथ ही, मैं गीता प्रेस, गोरखपुर, के प्रति भी आभार व्यक्त करना चाहूँगा जिनके द्वारा प्रकाशित रामायण से मुझे इस कार्य में विशेष सहायता मिली ।

वसंत पंचमी, सम्वत् 2052 वि. —*सीतेश आलोक*

अ

अंगद (१): किष्किन्धा निवासी, वानरराज वालि एवं तारा के पुत्र; सुग्रीव के भतीजे। सुग्रीव ने सीता की खोज के लिए दक्षिण दिशा में जो दल भेजा, उसमें अंगद भी थे। अंगद उस दल के नेता थे (कि. ४१)।

दक्षिण दिशा में सीता की खोज करते हुए—विशेषतया स्वयंप्रभा की गुफ़ा में निश्चित मास की अवधि बीत जाने पर, असफल होकर किष्किन्धा लौटने पर सुग्रीव द्वारा प्राणदण्ड के भय से, अंगद ने सागर-तट पर उपवास करके प्राण त्यागना ही श्रेष्ठ समझा। उनके समझाने पर साथ के अन्य वानर भी उपवास करने के लिए तैयार हो गये (कि. ५३)। तभी तार ने उन्हें सलाह दी कि यदि वे सब लौटकर स्वयंप्रभा की गुफ़ा में चलें तो उनका जीवन बच सकता है। अंगद को भी यह बात ठीक लगी। तब हनुमान ने उन्हें लक्ष्मण का भय दिखाते हुए समझाया कि यदि अंगद किष्किन्धा लौट चलें तो सुग्रीव उन्हें कोई दण्ड नहीं देंगे और, प्रतिज्ञा अनुसार, अपने बाद किष्किन्धा का राज्य प्रदान करेंगे (कि. ५४)।

परन्तु अंगद को यह तर्क ठीक नहीं लगा। उन्हें लगा कि सुग्रीव निर्मम हैं और अंगद से छुटकारा पाने का यह अवसर हाथ से नहीं जाने देंगे। वे प्राण त्यागने का निश्चय करके, कुशा बिछाकर सागर-तट पर उपवास करके बैठ गये (कि.५५)।

उन्हें, वानरों के साथ, प्राण त्यागने के लिए बैठा देखकर, पास ही एक कन्दरा में बैठे, गृद्ध सम्पाति ने घर बैठे आहार प्राप्त होने पर प्रसन्नता प्रकट की तो अंगद उदास होकर अपनी विपत्तियों की चर्चा करने लगे। उसी सन्दर्भ में जटायु के वध का विवरण सुनकर सम्पाति ने बताया कि वह जटायु का बड़ा भाई है (कि.५६)।

सम्पाति को गुफ़ा से उतारकर अंगद ने अपने और राम के सम्बन्ध में सारी बातें उसे बतायीं और कहा कि सीता की खोज के लिए निश्चित अवधि बीत जाने और सीता का पता न मिलने के कारण वे सब, सुग्रीव द्वारा प्राण-दण्ड के भय से, वहाँ उपवास करके प्राण त्यागने को बैठे हैं (कि. ५७)।

सम्पाति द्वारा रावण एवं सीता का पता पाकर वे वानरों सहित दक्षिण सागर के उत्तरी तट पर पहुँचे और यूथपतियों के साथ बैठकर सागर पार करने की चिन्ता करने लगे। सभी ने अपनी अधिकाधिक सामर्थ्य को तोला परन्तु किसी में सागर पार करने का बल नहीं था। अंगद स्वयं सागर पार करने के विषय में तो आश्वस्त थे परन्तु लौट पाने के विषय में नहीं। जाम्बवान भी उन्हें संकट में डालने के लिए तैयार नहीं थे। अत: अंगद ने जाम्बवान से ही किसी को भेजने का निर्णय लेने के लिए कहा (कि. ६५)।

हनुमान से सीता का समाचार पाकर अंगद का मत था कि वे सब मिलकर लंका चलें और लंका विजय करके सीता सहित ही किष्किन्धा लौटें, परन्तु

जाम्बवान के समझाने पर वे राम को सीता के मिलने की सूचना देने लौट पड़े (सु. ५९-६०)।

राह में किष्किन्धा के निकट मधुवन पहुँचकर वानरों ने वन में फल एवं मधु खाने की अनुमति माँगी तो अंगद ने उन सबको खुली छूट दे दी (सु. ६१)।

जब राम की सेना किष्किन्धा से दक्षिण की ओर चली तब अंगद लक्ष्मण को अपने कन्धे पर बैठाकर चले (यु. ४)।

लंका पर पहले आक्रमण के लिए राम ने जो पुरुष-व्यूह बनाया, उसमें अंगद, नील के साथ, हृदय स्थान में रखे गये थे (यु. २४)। जब आक्रमण प्रारम्भ हुआ तो अंगद, ऋषभ, गवाक्ष, गज और गवय के साथ, दक्षिण द्वार पर जा डटे (यु. ४१)।

आक्रमण से पहले राम ने अंगद को रावण के पास चेतावनी देने के लिए भेजा था । अंगद द्वारा कठोर वचनों में चेतावनी सुनकर रावण ने अंगद को पकड़कर मार डालने की आज्ञा दी परन्तु अंगद उछलकर छत पर जा पहुँचे और पदाघात से छत को फोड़ते हुए वापस राम के पास लौट गये (यु. ४१)।

लंका पर प्रथम आक्रमण के दिन अंगद का इन्द्रजित से मल्ल युद्ध हुआ (यु.४३)। अन्त में अंगद ने इन्द्रजित को घायल कर दिया तो वह माया-शक्ति द्वारा अन्तर्धान होकर बाण बरसाने लगा (यु. ४४)।

रावण की आज्ञा पाकर जब वज्रदंष्ट्र सेना सहित दक्षिण द्वार से युद्ध के लिए निकला तो अंगद से उसकी मुठभेड़ हुई । दोनों का घोर युद्ध हुआ । दोनों बहुत ही थक गये थे और लहू-लुहान थे, परन्तु अन्त में खड्ग से अंगद ने वज्रदंष्ट्र का शिर काट डाला (यु. ५४)।

अंगद द्वारा नरान्तक का वध (यु. ६९)।

कई राक्षसों से अकेले युद्ध के बाद अंगद द्वारा कम्पन और प्रजंघ का वध (यु.७६)।

अंगद द्वारा महापार्श्व का वध (यु. ९७)।

अपने राज्याभिषेक के बाद राम ने अंगद को दो नीलम-जड़ित बाजूबन्द भेंट में दिये (यु. १२८)।

अंगद (२): लक्ष्मण के पुत्र; चन्द्रकान्त के बड़े भाई ।

भरतपुत्रों को गन्धर्व प्रदेश में स्थापित करने के बाद, राम ने अंगद को पश्चिम स्थित कारुपथ देश का राज्य प्रदान किया । अंगद ने कारुपथ में अंगदीया नाम की नगरी बसायी । लक्ष्मण उन्हें उस राज्य में स्थापित करने गये और, एक वर्ष साथ रहकर, उनके राज्य को दृढ़ करके अयोध्या लौटे (उ. १०२)।

अंगारका: दक्षिण समुद्र के बीच रहने वाली एक राक्षसी, जो छाया पकड़कर ही प्राणियों को खींचकर खा लेती थी , यह सुग्रीव ने दक्षिणा दिशा का वर्णन करते हुए बताया था। सम्भवत: इसी अंगारका का, सुन्दर काण्ड में, सिंहिका नामक राक्षसी के रूप में हनुमान ने वध किया था (कि. ४१)।

अंगिराः राजा निमि ने, वैजयन्त नाम का भवन बनवाकर, दीर्घकालीन यज्ञ के लिए जो महर्षि आमन्त्रित किये थे, उनमें अंगिरा भी थे (उ. ५५)। महर्षि गार्ग्य के पिता (उ.१००)।

अंजनाः हनुमान की माँ। वानर यूथपति केसरी की पत्नी । वायु देव ने अंजना के गर्भ से हनुमान को जन्म दिया था । एक दिन शिशु हनुमान को छोड़कर जब अंजना फल लेने के लिए आश्रम से निकली थीं, तभी हनुमान की, गिरने के कारण, दाढ़ की हड्डी टूट गयी थी, जिसके कारण उनका नाम हनुमान पड़ा (उ. ३५)।

देखिये, अंजनि भी।

अंजनिः वानरराज कुंजर की पुत्री, केसरी की पत्नी, हनुमान की माँ । पूर्वकाल में पुंजिकस्थला नामक अप्सरा शापवश कपि योनि में जन्मीं । पवन देवता का उनके साथ मानसिक संकल्प द्वारा समागम और फिर हनुमान का जन्म (कि. ६६)।

अंशुमानः इक्ष्वाकुवंशी महाराज सगर का पौत्र । असमंजस का पुत्र तथा महाराज दिलीप के पिता—पराक्रमी, मधुरभाषी एवं लोकप्रिय । सगर के यज्ञ में अश्व की रक्षा का भार अंशुमान पर था (बा. ३९)।

यज्ञ अश्व ढूँढने के लिए गए सगरपुत्रों को बहुत समय हो गया, तब सगर ने अंशुमान को उन्हें ढूँढने के लिए भेजा । ढूँढते हुए अंशुमान वहाँ पहुँचे, जहाँ उनके साठ हज़ार चाचा राख हुए पड़े थे । वहीं उन्होंने यज्ञ अश्व भी चरते देखा ।

वे अपने चाचाओं को जलांजलि देना चाहते थे, परन्तु गरुड़ ने उन्हें समझाया कि जलांजलि के लिएं उन्हें गंगा को लाना होगा । यह सुनकर अंशुमान घोड़ा लेकर लौट गए और उन्होंने सारा समाचार सगर को सुनाया (बा. ४१) ।

सगर के बाद अंशुमान राजा बने और कालान्तर में अपने पुत्र दिलीप को राज्य सौंप कर हिमालय पर्वत पर एक तपोवन में चले गए । लम्बी तपस्या के बाद वहीं उनका देहान्त हुआ (बा. ४२) ।

अकम्पनः जनस्थान में रहने वाला एक राक्षस । राम द्वारा खर के वध के उपरान्त उसी ने जाकर रावण को खर-दूषण आदि के विनाश का समाचार सुनाया था। राम का पराक्रम बताते हुए उसी ने, रावण को, सीता को हर लाने का परामर्श दिया था (अर. ३१)।

धूम्राक्ष और वज्रदंष्ट्र की मृत्यु के पश्चात रावण ने अकम्पन को युद्ध के लिए भेजा । उसने घोर युद्ध किया । कुमुद, नल, मैन्द और द्विविद से उसकी टक्कर हुई (यु.५५)। उसने सभी वानर यूथपतियों को त्रस्त कर दिया । तभी अपने साथियों को बचाने हनुमान आ पहुँचे और अकम्पन का उनसे घोर युद्ध हुआ । अन्त में हनुमान ने एक वृक्ष उखाड़कर उसके सर पर मारा जिससे उसकी मृत्यु हो गयी (यु. ५६)।

रावण जब वानर सेना से युद्ध के लिए गया, तब अकम्पन भी हाथी पर सवार होकर उसके साथ युद्ध के लिए गया था (यु. ५७)।

सुमाली तथा केतुमती का पुत्र; प्रहस्त, विकट, कालिकामुख, धूम्राक्ष, दण्ड, सुपार्श्व, संह्रादि, प्रघस तथा भासकर्ण का भाई । उसकी बहनें थीं—राका, पुष्पोत्कटा, कैकसी और कुम्भीनसी (उ. ५)।

रावण द्वारा देवलोक पर आक्रमण के समय अकम्पन भी उसके साथ था (उ.२७)।

अकोपः दशरथ के आठ मन्त्रियों में से एक—छठे (बा. ७)।

अक्षकुमारः रावण का बेटा, जिसे रावण ने, अशोक वाटिका नष्ट होने का समाचार सुनकर और हनुमान द्वारा कई वीर योद्धाओं एवं सेनाओं का संहार करने पर, हनुमान को पकड़ने के लिए भेजा था। उसने हनुमान से भीषण युद्ध किया, जिसकी स्वयं हनुमान ने प्रशंसा की। अन्त में वह हनुमान द्वारा मारा गया (सु. ४७)।

अगस्त्यः मुनि; दक्षिण दिशा में जनस्थान के पास आश्रम।

अगस्त्य के शाप से ताटका का पति सुन्द मारा गया। क्रुद्ध ताटका जब अगस्त्य को खाने के लिए दौड़ी तो अगस्त्य ने उसके पुत्र को राक्षस होने का और उसे भयंकर मुखवाली राक्षसी होने का शाप दिया (बा.२५)।

वनवास काल के लगभग ११ वर्ष बिताने के बाद, राम उनके आश्रम पर गये थे (अर. ११)।

अगस्त्य ने ऋषियों को दुःख देने वाले अनेक राक्षसों को मारा था और अपने आस-पास के क्षेत्र को राक्षसरहित बनाकर शरण पाने योग्य बना रखा था। राम जब अगस्त्य के पास गये तब उन्होंने राम को अनेक दिव्यास्त्र दिये और निवास करने के लिए पंचवटी जाने का परामर्श दिया (अर. १२-१३)।

लंका पर आक्रमण के समय राम को युद्ध में थका देख अगस्त्य ने राम से, विजय के लिए, आदित्य हृदय मन्त्र का पाठ करने को कहा (यु. १०५)।

राम के राज्याभिषेक के बाद, अन्य ऋषियों के साथ, राम से मिलने अयोध्या गये (उ. १)। वहाँ उन्होंने राम की जिज्ञासा पर मेघनाद की शक्ति के विषय में बताते हुए पुलस्त्य की उत्पत्ति तथा रावण के उदय की सम्पूर्ण कथा बतायी (उ. ३६)।

अगस्त्य ने बारह वर्ष तक जल-शैय्या लेकर तपस्या की थी। उसकी समाप्ति पर सभी देवता उनके दर्शन के लिए आये थे—साथ ही राम भी थे। अगस्त्य ने स्वागत-सत्कार के बाद राम को एक दिव्य आभूषण दिया, जो उन्हें राजा श्वेत ने दिया था। उन्होंने राम को राजा श्वेत के शव-भक्षण की कथा भी सुनायी। तब उनके आग्रह पर राम ने आभूषण स्वीकार किया (उ. ७६-७८)।

अग्निकेतुः लंकावासी राक्षस योद्धा जो रावण को समर्थन देता था (यु. ९)। लंका पर प्रथम आक्रमण के दिन वह अन्य राक्षसों के साथ राम से भिड़ गया था। फिर राम द्वारा उनका वध (यु. ४३)।

अग्निवर्णः इक्ष्वाकुवंशी, अयोध्या के एक राजा; सुदर्शन के पुत्र और शीघ्रग के पिता (बा. ७०)।

अचिर्माल्यः वीर वानर; महर्षि मरीचि के पुत्र; अर्चिष्मान नामक वानर के भाई (कि. ४२)। मारीच नाम से भी ज्ञात।

अजः इक्ष्वाकुवंशी अयोध्या के एक राजा; नाभाग के पुत्र और दशरथ के पिता (बा.७०)।

अजामुखीः लंका की राक्षसी। अशोक वाटिका में, सीतापर चौकसी के लिए रावण ने जिन राक्षसियों को नियुक्त किया था उनमें से एक (सु. २४)।

अतिकायः लंकावासी राक्षस योद्धा, जो अपने बल का हवाला देकर रावण से निश्चिन्त रहने को कहता था (यु. ९)। रावण का पुत्र (यु. ६८)। कुम्भकर्ण की मृत्यु के पश्चात चार रावणपुत्र (देवान्तक, नरान्तक, त्रिशिरा एवं अतिकाय), महोदर एवं महापार्श्व के संरक्षण में वानर सेना से युद्ध करने गये थे (यु. ६९)।

रावण के समान पराक्रमी, अस्त्रवेत्ता, वेदशास्त्रों का ज्ञाता । ब्रह्मा द्वारा देवताओं तथा असुरों द्वारा न मारे जाने का वरदान प्राप्त । उसे राहुचिह्नित ध्वजा वाले रथ पर आता देख कुमुद, द्विविद, मैन्द, नील, शरभ आदि उसपर टूट पड़े, परन्तु अतिकाय ने बाण-वर्षा से उन सभी को क्षत-विक्षत कर दिया । उसने सबको पार करके राम के पास जाकर उन्हें ललकारा । तब लक्ष्मण उसे ललकारकर उससे युद्ध करने लगे । घोर युद्ध के बाद लक्ष्मण ने उसका वध कर दिया (यु. ७१)।

रावण द्वारा देवलोक पर आक्रमण के समय अतिकाय भी उसके साथ था (उ.२७)।

अतिबलः काल जब राम से मिलने तपस्वी के रूप में पहुँचा था तो उसने लक्ष्मण को महर्षि अतिबल का दूत बताकर अपना परिचय दिया था (उ. १०७)।

अत्रिः एक ऋषि, जिनका आश्रम चित्रकूट से दक्षिण की ओर था । दुर्वासा के पिता। चित्रकूट से अन्यत्र जाने का निश्चय करके राम पहले अत्रि ऋषि के यहाँ गये थे । अत्रि ऋषि की पत्नी थीं अनसूया (अ.११७)।

अत्रि ने राम से ऋषि समुदाय का दुःख बताकर राक्षसों को मार भगाने का परामर्श दिया (अ. ११९)।

राम के राज्याभिषेक के बाद, अगस्त आदि अन्य ऋषियों के साथ, अत्रि भी उनसे मिलने अयोध्या गये (उ. १)।

राजा निमि ने वैजयन्त नगर बसाकर दीर्घकालीन यज्ञ के लिए जो महर्षि आमन्त्रित किये थे, उनमें अत्रि भी थे (उ. ५५)।

अदितिः इन्द्र आदि देवताओं की माँ । दिति की बहन । मरीचिनन्दन कश्यप की पत्नी । कश्यप की प्रार्थना पर भगवान विष्णु अदित के गर्भ से वामन रूप में प्रकट हुए (बा. २९)।

अनरण्यः इक्ष्वाकुवंशी अयोध्या के एक राजा; बाण के पुत्र और पृथु के पिता(बा.७०)। राम के पूर्वज, जिन्हें रावण ने युद्ध में हराकर मार दिया था । मरते-मरते उन्होंने रावण को शाप दिया कि उनका कोई वंशज उसे मारेगा (उ. १८)।

अनलः राक्षस । माली तथा वसुदा का पुत्र; अनिल, हर तथा सम्पाति का भाई । ये चारो भाई कालान्तर में विभीषण के मन्त्री बने (उ. ५)।

अनलाः राक्षसी । माल्यवान तथा सुन्दरी की पुत्री; वज्रमुष्टि, विरूपाक्ष, दुर्मुख, सुप्तघ्न, यज्ञकोप, मत्त तथा उन्मत्त की बहन (उ. ५)।

अनसूयाः महर्षि अत्रि की पत्नी । एक बार दस वर्ष तक वर्षा न होने पर अनसूया ने तप द्वारा वृष्टि करके फलमूल का उत्पादन सम्भव करके ऋषियों आदि का दुख दूर किया था ।

राम जब चित्रकूट छोड़कर दक्षिण की ओर चले तब सीता सहित अत्रि के आश्रम पर पहुँचे । अनसूया ने सीता को पातिव्रत धर्म का उपदेश दिया और प्रसन्न होकर उन्हें वस्त्र, अंगराग, आभूषण आदि दिये । उन्होंने सीता से उनके स्वयंवर की कथा भी सुनी (अ. ११८)।

अनिलः राक्षस । माली तथा वसुदा का पुत्र; अनल, हर तथा सम्पाति का भाई । ये चारो भाई कालान्तर में विभीषण के मन्त्री बने (उ. ५)।

अनुह्लादः एक दानव जो पुलोम नामक दानव की पुत्री शची के प्रति अनुरक्त था—यह जानते हुए भी कि शची इन्द्र के प्रतिं अनुरक्त है। वह पुलोम को फुसलाकर, उसकी सहमति से, शची को हर लाया । बाद में इन्द्र ने शची को मुक्त कराने के लिए उसका वध किया (कि. ३९)।

अम्बरीषः अयोध्या के एक राजा; प्रशुश्रुक के पुत्र तथा नहुष के पिता (बा.७०)। उन्होंने एक यज्ञ किया था जिसका घोड़ा इन्द्र चुरा ले गये (बा० ६१)।

पुरोहित ने विनाश का भय दिखाते हुए यज्ञपशु ढूँढ लाने के लिए, अथवा वह न मिलने पर, प्रतिनिधि स्वरूप किसी पुरुष-पशु को ख़रीद लाने का परामर्श दिया । वे ढूँढते हुए भृगुतुंग शिखर पर ऋचीक मुनि के पास पहुँचे और, बलि के लिए, उनके तीन बेटों में से एक को बेचने के लिए कहा । ऋचीक ने बड़े बेटे को नहीं दिया और उनकी पत्नी ने छोटे बेटे को । यह जानकर मँझला बेटा शुनःशेप स्वयं अम्बरीष के साथ चल पड़ा । अम्बरीष ने ऋचीक को अपार धन दिया (बा. ६१)।

वे शुनःशेप को लेकर लौट चले और रास्ते में विश्राम के लिए पुष्कर तीर्थ में रुके।

अयोमुखीः एक राक्षसी, जो राम-लक्ष्मण को सीता की खोज करते समय क्रौंचारण्य के पास मिली थी । वह लक्ष्मण पर मोहित हो गयी, परन्तु लक्ष्मण ने उसके नाक-कान काटकर उसे भगा दिया (अर. ६९)।

अरजाः शुक्राचार्य की बेटी, जिसे देखकर राजा दण्ड ने मोहित होकर समागम का प्रस्ताव किया। अरजा ने वह प्रस्ताव ठुकराते हुए दण्ड से, पिता की आज्ञा लेकर, विवाह करने को कहा। परन्तु दण्ड ने जब उसकी इच्छा के विरुद्ध उससे बलात्कार किया तो भृगु ने दण्ड को शाप देकर उस के राज्य मधुवन्त को धूलवर्षा से नष्ट कर दिया। भृगु ने अरजा को उसी वन में रहकर परमात्मा में ध्यान लगाने की आज्ञा दी और कहा कि उसपर और उसके पास रहने वाले जीवों पर धूलवर्षा का प्रभाव नहीं होगा (उ.८१)।

अरिघ्नः लंकावासी राक्षस योद्धा, जो मेघनाद-वध से पहले ही मारा जा चुका था (यु.८९)।

अरिष्टनेमिः एक ऋषि जिन्हें, अन्य महात्माओं के साथ, बुध ने इल के उपचार के लिए परामर्शार्थ आमन्त्रित किया था (उ. ९०)।

अरुन्धतीः गुरु वसिष्ठ की पत्नी। एक नक्षत्र का नाम भी ।

अर्कः एक वानर यूथपति । राम की सेना जब किष्किन्धा से दक्षिण की ओर चली तब सेना के वाम भाग की रक्षा गज एवं अर्क करते चल रहे थे (यु. ४)।

अर्चिष्मानः मेघ के समान काले तथा पराक्रमी वानर यूथपति; महर्षि मरीचि के पुत्र; अचिर्माल्य, जो मारीच नाम से भी प्रसिद्ध थे, नामक वानर के भाई। सुग्रीव ने उन्हें सुषेण के साथ सीता की खोज के लिए पश्चिम दिशा में भेजा था (कि. ४८)।

अर्जुनः महिष्मती नगरी का बलशाली राजा। उसे सहस्त्रबाहु और हैहयराज भी कहा गया है। उसके राज्य में सदा अग्निकुण्ड में अग्नि जलती रहती थी। दिग्विजय के लिए निकले रावण ने उसकी नगरी में जाकर उससे युद्ध करना चाहा। तब वह जल-क्रीड़ा के लिए नर्मदा नदी में गया हुआ था। अपनी बल-परीक्षा के लिए उसके द्वारा नर्मदा का जल रोके जाने से नदी में जल भर गया और उसके तट पर शिवा पूजन करते रावण का क्रोध भड़क उठा। रावण ने अर्जुन के रक्षकों को मारा तो अर्जुन ने जल से निकलकर रावण के मन्त्रियों को मार भगाया और वह रावण को बाँध कर अपनी राजधानी में ले गया (उ. ३२)।

रावण के बन्दी हो जाने का समाचार पाकर महर्षि पुलस्त्य देवलोक से चलकर महिष्मती पुरी पहुँचे और उन्होंने अर्जुन से रावण को छोड़ देने को कहा। अर्जुन ने महर्षि पुलस्त्य का स्वागत-सत्कार करके रावण को छोड़ दिया और उसके साथ अग्नि को साक्षी बनाकर मित्रता का सम्बन्ध स्थापित कर लिया (उ. ३३)।

अर्थसाधकः भरतकालीन अयोध्या में आठ मन्त्रियों में से एक; अन्य मंत्री थे—धृष्टि, जयन्त, विजय, सिद्धार्थ, अशोक, मन्त्रपाल तथा सुमन्त्र (यु. १२७)।

अलर्कः राजा अलर्क ने प्राचीन काल में एक अन्धे ब्राह्मण को अपने दोनों नेत्र दान करके परम गति प्राप्त की थी।

अविन्ध्यः लंका का एक ज्येष्ठ राक्षस, जो रावण का सम्मान-पात्र था। उसने रावण को बहुत समझाया कि सीता को मुक्त करके राम के पास भेज दिया जाए, परन्तु रावण नहीं माना (सु. ३७)।

अशनिप्रभः लंकावासी राक्षस योद्धा, जो लंका पर प्रथम आक्रमण के दिन द्विविद के साथ मल्ल-युद्ध में भिड़ गया था—जिसमें घायल होकर द्विविद ने साल वृक्ष के प्रहार से अशनिप्रभ को गिरा दिया (यु. ४३)।

अशोकः भरतकालीन अयोध्या में भरत के आठ मन्त्रियों में से एक (यु. १२७)।

दशरथ की मृत्यु के पश्चात वसिष्ठ जी द्वारा भरत-शत्रुघ्न को राजगृह नगर से वापस लाने के लिए भेजे गये पाँच दूतों में से एक (अ. ६८)।

अश्वपतिः केकयनरेश; कैकेयी एवं युधाजित के पिता।

अष्टावक्रः एक ऋषि; कहोल के पुत्र (यु. ११९)।

असंगः वानर; जिन्हें दक्षिण दिशा की ओर सीता की खोज के लिए अंगद हनुमान आदि के साथ भेजा गया था (कि. ४१)।

असमंजः इक्ष्वाकुवंशी; अयोध्या के राजा सगर तथा उनकी ज्येष्ठ पत्नी केशिनी के पुत्र। उनकी पापाचारी एवं परपीड़ारंजक प्रवृत्ति के कारण उनके पिता सगर ने उन्हें राज्य से निकाल दिया था। वे खेलते हुए छोटे-छोटे बच्चों को सरयू में फेंककर प्रसन्न होते थे। अयोध्या के राजकुमार; राजा अंशुमान के पिता (अ. ११०)।

असितः इक्ष्वाकुवंशी, राम के एक पूर्वज। (पूर्वकालीन) भरत के पुत्र। उनकी हैहय तालजंघ एवं शशबिन्दु राजवंशों से शत्रुता थी। उनसे लड़ते हुए असित प्रवासी हो गये और अपनी दो रानियों के साथ हिमालय पर चले गये। वहीं जब उनकी मृत्यु हुई तब उनकी दोनों रानियाँ गर्भवती थीं। उनमें एक रानी, कालिन्दी, का गर्भ नष्ट करने के लिए दूसरी रानी ने कालिन्दी को विष दिया। कालिन्दी ने महर्षि च्यवन के पास जाकर सहायता माँगी। उनके उपचार से, गरल लेने पर भी, उसके एक पुत्र हुआ, जो सगर कहलाया (अ. ११०)।

असूर्तरजसः महराज कुश के तीसरे पुत्र। किसी ग्रंथ में इन्हें अमूर्तिरयस भी कहा गया है। इनके अन्य तीन भाई थे कुशाम्ब, कुशनाम तथा वसु। उन्होंने धर्मारण्य नामक नगर बसाया (बा. ३२)।

अहल्याः महर्षि गौतम की पत्नी, जो अपने पति के साथ मिथिला स्थित आश्रम में तप करती थीं। एक दिन जब गौतम तपस्या के लिए अन्यत्र गये थे, इन्द्र गौतम का वेष धरकर, प्रणय-याचना लेकर, अहल्या के पास पहुँचे। अहल्या ने इन्द्र को पहचानते हुए भी उन्हें स्वीकार किया। तदुपरान्त गौतम ने उन्हें अदृश्य होकर मात्र हवा पीकर तब तक रहने का शाप दिया, जब तक राम वहाँ पहुँचकर उन्हें मुक्त न करें (बा.४८)।

विश्वामित्र सहित जनक के यज्ञ में जाते समय राम-लक्ष्मण ने उनके आश्रम में जाकर उन्हें शाप-मुक्त किया (बा. ४९)। जनक के राजगुरु शतानन्द की माँ।

इ

इक्ष्वाकुः वंश परिचय महर्षि वसिष्ठ द्वारा (बा. ७० तथा अ. ११०)

स्वयम्भू ब्रह्मा ➞ मरीचि ➞ विवस्वान ➞ वैवस्वत मनु (प्रथम प्रजापति), वैवस्वत मनु के पुत्र इक्ष्वाकु अयोध्या के पहले राजा ➞कुक्षि ➞विकुक्षि ➞ बाण ➞ अनरण्य ➞ पृथु ➞ त्रिशंकु ➞ धुन्धुमार ➞ युवनाश्व ➞ मान्धाता ➞ सुसन्धि ➞ प्रसेनजित और ध्रुवसन्धि ➞ भरत ➞ असित (के साथ हैहय, तालजंघ एवं शशबिन्दु राजवंशों की शत्रुता) ➞ सगर ➞ असमंज ➞ अंशुमान ➞ दिलीप ➞ भगीरथ ➞ ककुत्स्थ ➞ रघु ➞ प्रवृद्ध (शाप से राक्षस हो गये; कल्माषपाद भी वही थे) ➞ शंखण ➞ सुदर्शन ➞ अग्निवर्ण ➞शीघ्रग ➞ मरु ➞ प्रशुश्रुक ➞अम्बरीष ➞ नहुष ➞ ययाति ➞ नाभाग ➞ अज ➞ दशरथ।

इक्ष्वाकुः अयोध्या के पहले राजा; राम के पूर्वज; वैवस्वत मनु के पुत्र तथा कुक्षि के पिता। उनके सौ पुत्र हुए, जिनमें सबसे छोटा मूढ़ एवं विद्याहीन था। वह अवश्य लोगों से दण्ड पायेगा, यह सोचकर इक्ष्वाकु ने उसका नाम दण्ड रखा और उसे विन्ध्य और शैवल पर्वत के बीच का राज्य दिया (उ. ७९)।

इन्द्रः देवताओं के सम्राट कश्यप एवं अदिति के पुत्र। समुद्र-मन्थन के पश्चात दैत्यों पर देवताओं की विजय के फलस्वरूप राज्य प्राप्त (बा. ४५)।

दिति ने इन्द्रघाती पुत्र के लिए तपस्या की तो इन्द्र अपनी मौसी दिति की सेवा में लग गये और उन्होंने अवसर पाकर दिति के गर्भ को नष्ट कर दिया (बा. ४६)।

वृत्रासुर का वध करने के पश्चात मल एवं क्षुधा से भर गये थे। देवताओं ने उन्हें गंगाजल भरे कलशों से नहलाया, तथा उनके मल एवं कारूष को छुड़ा दिया। (बा. २४)। पूर्वकाल में विरोचन की पुत्री मन्थरा, जो पृथ्वी का नाश करना चाहती थी, का वध (बा. २५)।

महाराज सगर के यज्ञ का घोड़ा चुराया (बा. ३९) और महर्षि कपिल के आश्रम में बाँध दिया।

महर्षि गौतम की अनुपस्थिति में, उनका वेष धरकर, उनकी पत्नी अहल्या से समागम और भागते समय गौतम द्वारा शापित होकर वृषणहीन होना। फिर देवताओं से मुख्य कारण को छिपाकर उनके हित की बात बताते हुए कुछ करने का आग्रह। पितृदेवताओं द्वारा इन्द्र के शरीर में भेड़े के अण्डकोष प्रत्यारोपित (बा.४९)।

विश्वामित्र ने जब तपबल द्वारा त्रिशंकु को सशरीर स्वर्ग भेजा तो इन्द्र ने उन्हें लौटाकर पृथ्वी की ओर गिरा दिया (बा. ६०)।

जब अयोध्या के एक और राजा अम्बरीष यज्ञ कर रहे थे, तब इन्द्र ने उनके यज्ञ का घोड़ा भी चुराया (बा. ६१)।

विश्वामित्र ने जब ब्राह्मणत्व प्राप्ति के लिए तपस्या की तो इन्द्र ने उनकी तपस्या भंग करने के लिए अपनी अप्सरा रम्भा को कामदेव के साथ भेजा (बा.६३)।

विश्वामित्र ने पूर्व दिशा छोड़कर जब उत्तर दिशा में घोर तपस्या पूरी की तो उनके अन्न ग्रहण करते समय, ब्राह्मण वेष में जाकर, पके अन्न की याचना की (बा.६४) और विश्वामित्र को भूखे रहकर फिर तपस्या करनी पड़ी।

पुलोम नामक दानव की बेटी शची इन्द्र के प्रति अनुरक्त थी, परन्तु अनुह्लाद नाम का दानव, पुलोम की अनुमति से, उसे हर ले गया। तब इन्द्र अनुह्लाद का वध करके शची को अपने घर ले आये (कि. ३९)।

राम जब रावण से युद्ध के लिए निकले तब इन्द्र ने अपना रथ लेकर सारथि मातलि को उनकी सेवा में भेजा (यु. १०२)।

रावण-वध के बाद इन्द्र ने राम पर प्रसन्नता व्यक्त करते हुए वरदान माँगने को कहा तो राम ने उनसे युद्ध में हताहत सभी वानर, ऋक्ष आदि सैनिकों को स्वस्थ कर देने की प्रार्थना की। इन्द्र के वरदान से राम के वे सभी मरे एवं घायल सैनिक स्वस्थ एवं नीरोग होकर खड़े हो गये (यु. १२०)।

विष्णु का सहयोग लेकर पूर्वकाल में इन्द्र ने नमुचि, वृत्रासुर, बलि, नरक, शम्बर आदि असुरों को पराजित किया था (उ. २७)।

रावण द्वारा देवलोक पर आक्रमण के समय, पुलोमा द्वारा जयन्त के हटाये जाने पर, इन्द्र स्वयं युद्ध के लिए गये और उन्होंने राक्षसों में भगदड़ मचा दी (उ.२८)। उन्होंने रावण को भी बहुत आहत किया परन्तु तभी मेघनाद ने वरदान द्वारा प्राप्त अपनी तपोमयी माया से अदृश्य रहकर इन्द्र को बन्दी बना लिया। बाद में सभी देवता ब्रह्माजी को लेकर रावण के पास लंका गये। वहाँ ब्रह्माजी से वरदान लेकर मेघनाद ने इन्द्र को मुक्त कर दिया (उ. ३०)। इन्द्र चिन्तित थे कि उन्हें

पराजय का सामना करना पड़ा। तब ब्रह्माजी ने उन्हें बताया कि पूर्वकाल में उन्होंने अहल्या के साथ जो बलात्कार किया था, उसके कारण उन्हें पराजय का कष्ट झेलना पड़ा। यह सुनकर इन्द्र ने वैष्णव यज्ञ का अनुष्ठान किया और इस प्रकार पवित्र होकर वे देवलोक वापस गये।

एक बार अयोध्या-नरेश मान्धाता ने देवलोक पर आक्रमण करना चाहा तो इन्द्र ने उन्हें समझाया कि पहले सारी पृथ्वी पर अधिकार करें और फिर देवलोक की इच्छा करें। उदाहरण के लिए उन्होंने बताया कि मधुवन का लवणासुर ही मान्धाता का शासन नहीं मानता। यह सुनकर मान्धाता ने मधुवन पर आक्रमण किया, जहाँ लवणासुर ने उन्हें भस्म कर दिया (उ. ६७)।

वृत्रासुर जब आत्मोन्नति के लिए तपस्या कर रहा था तब इन्द्र ने भयभीत होकर भगवान विष्णु से उसे मारने को कहा (उ. ८४)। परन्तु उन्होंने व्यक्तिगत कारणों से उसे मारने में असमर्थता दिखायी और अपना तेज इन्द्र को दे दिया। तब उस तेज से इन्द्र ने वृत्रासुर को मार तो दिया परन्तु निर्दोष व्यक्ति की एवं ब्रह्महत्या से पीड़ित होकर वे लम्बी अवधि तक बेसुध-से रहे (उ. ८५)।

उनकी अनुपस्थिति में संसार का शासन अस्त-व्यस्त हो गया। इस पर देवताओं एवं ऋषियों ने भगवान विष्णु से इन्द्र को सामान्य करने के लिए उपाय पूछा तो उन्होंने अश्वमेध यज्ञ का परामर्श दिया। जब देवताओं ने इन्द्र को आगे करके अश्वमेध यज्ञ किया तो इन्द्र ठीक हो गये और पापमुक्त होकर विश्व का संचालन करने लगे (उ. ८६)।

इन्द्रजानु (इन्द्रभानु): विद्वान एवं बुद्धिमान वानर यूथपति; सुग्रीव के आदेश पर एक विशाल वानर सेना एकत्रित करके किष्किन्धा पहुँचा था (कि. ३९)।

इन्द्रजित: लंकावासी राक्षस; रावण तथा मंदोदरी का बेटा। उसके दाँत आगे निकले हुए थे।

विभीषण ने जब राम का भय दिखाकर रावण से सीता को लौटा देने का परामर्श दिया तब मेघनाद ने विभीषण को कायर कहकर धिक्कारा और अपना बल बखानते हुए राम की ओर से निश्चिन्त रहने की घोषणा की। उसकी बात सुनकर विभीषण ने उसे फटकारा (यु. १५)।

राम द्वारा लंका पर आक्रमण का ज्ञान होने पर रावण ने इन्द्रजित को पश्चिम द्वार पर नियुक्त किया था (यु. ३६)।

लंका पर प्रथम आक्रमण के दिन अंगद ने मेघनाद से मल्ल-युद्ध किया, जो रात होने पर भी चलता रहा। तब अंगद ने मेघनाद को घायल कर दिया। घायल होकर मेघनाद माया से अदृश्य हो गया और अदृश्य रहकर ही उसने बाण-वर्षा प्रारम्भ की। तभी सर्पमय बाणों से उसने राम तथा लक्ष्मण को घायल करके बाँध दिया (यु.४३-४४)। फिर उसने प्रमुख वानर यूथपतियों को भी बाण-वर्षा से आहत किया। तत्पश्चात वह राम-लक्ष्मण को मृत समझकर लंका लौटा और समाचार सुनाकर रावण द्वारा सम्मानित हुआ (यु. ४६)।

कुम्भकर्ण और फिर देवान्तक, नरान्तक, त्रिशिरा, अतिकाय तथा महोदर एवं

महापार्श्व की मृत्यु से जब रावण उद्विग्न हो रहा था, तब इन्द्रजिन ने उसे धैर्य बँधा कर युद्ध के लिए प्रस्थान किया। वह तीव्रगामी गदहे जुते रथ में बैठ गया। युद्ध क्षेत्र में उसने अग्नि की स्थापना करके पूजा की। बकरे की आहुति दी और रथ, घोड़े, शस्त्रों के साथ अपने को अदृश्य कर लिया। उसे छिपे रहकर बाणवर्षा करते देख राम एवं लक्ष्मण के पास बाण के आघात झेलने के अतिरिक्त कोई विकल्प नहीं रह गया था। राम-लक्ष्मण को मूर्छित करके वह लंका लौट गया (यु. ७३)।

मकराक्ष की मृत्यु के बाद इन्द्रजित पुनः युद्ध के लिए गया। उसने युद्ध-भूमि पर पुनः यज्ञ किया और दृष्टि से ओझल होकर बाण-वर्षा आरम्भ की तथा राम-लक्ष्मण सहित सभी प्रमुख वानरों को घायल किया (यु. ८०)। फिर राम को साहस न छोड़ते देख वह रथ पर मायाजनित सीता को लेकर गया और सबको दिखाते हुए उसने बनावटी सीता का वध कर दिया (यु. ८१)।

फिर इन्द्रजित निकुम्भिला मन्दिर में जाकर यज्ञ करने लगा। उससे उसे विशेष शक्तियाँ प्राप्त होने वाली थीं (यु. ८३)।

यज्ञ प्रारम्भ करते ही मन्दिर के बाहर खड़ी सेना पर, लक्ष्मण के नेतृत्व में, आक्रमण की सूचना पाकर इन्द्रजित अपना अनुष्ठान समाप्त होने के पहले ही युद्ध के लिए रथ पर जा बैठा। पहले उसने अपनी सेना पर आक्रमण करने वाले हनुमान पर आघात किया। तभी उसने विभीषण को देखा, जो लक्ष्मण को उसपर बाण चलाने के लिए प्रेरित कर रहा था (यु. ८६)।

यह देखकर उसने विभीषण को कुलद्रोह एवं शत्रु की अधीनता स्वीकार करने के लिए धिक्कारा (यु. ८७)।

फिर लक्ष्मण से उसका घोर युद्ध हुआ। अन्त में विभीषण भी लक्ष्मण के पास जा खड़े हुए (यु. ८८) और राक्षस सेना का संहार करने लगे। वानरों ने इन्द्रजित के रथ के घोड़ों को और लक्ष्मण ने उसके सारथि को मार डाला (यु.८९)।

इन्द्रजित वानर सेना को चकमा देकर लौटा और दूसरे रथ पर सवार होकर युद्ध भूमि में पहुँच गया। जाकर पहले उसने विभीषण पर आक्रमण किया। तभी वानर वीर उस पर टूट पड़े और लक्ष्मण ने ऐन्द्रास्त्र से उसका सिर काट दिया (यु.९०)।

इल/इला: पूर्वकाल में, प्रजापति कर्दम के पुत्र; बाह्लीक देश के राजा। प्रजापालक; प्रभावशाली; धर्मपरायण।

एक बार आखेट करते हुए वह भगवान शिव के वन में जा पहुँचे, जहाँ शिवजी, पार्वती का प्रिय करने की इच्छा से, स्त्री रूप में विचरते थे। वहाँ सब पशु, वृक्ष आदि स्त्री रूप हो गये थे। वहाँ पहुँचकर इल भी स्त्री हो गये। उन्होंने शिवजी से पुरुष बन जाने का वरदान माँगा परन्तु वह उन्हें नहीं मिला। तब पार्वतीजी से प्रार्थना करने पर उन्होंने इल को आधे समय पुरुष बन पाने का वरदान दिया। तदनुसार इल एक मास पुरुष रहते थे, तब उन्हें अपने स्त्री-काल का स्मरण नहीं रहता था और एक मास इला बनकर स्त्री रूप में रहते थे और तब उन्हें अपने पुरुष-काल का स्मरण नहीं रहता था (उ. ८८)।

स्त्री रूप में घूमते हुए इला ने बुध को देखा और उन्हें तपस्यारत देखकर चकित हो उठी । वह अपनी सखियों के साथ वहीं सरोवर में क्रीड़ा करने लगी । तभी बुध ने उन सबको अपने स्थान पर बुलाकर इला की सखियों से पास के वनप्रदेश में किन्नरी बनकर रहने को कहा (उ. ८९)।

फिर बुध ने इला से प्रेम प्रस्ताव किया जिसे इला ने स्वीकार कर लिया । परन्तु एक मास बाद पुरुष बनते ही, पिछले मास की घटनाएँ भूलकर, उन्होंने बुध से अपनी सेना के विषय में पूछा । बुध ने उन्हें सेना नष्ट होने का समाचार देकर बहला दिया और अपने आश्रम में ही रहने को कहा । इला ने सेना नष्ट होने की बात से दु:खी होकर अपने राज्य लौट जाने की अनुमति माँगी और यह भी बताया कि वहाँ उनकी स्त्री भी है और पुत्र शशबिन्दु भी, जिसका उन्हें अभिषेक करना है ।

किसी प्रकार बुध के समझाने पर इल वहाँ एक वर्ष रहने को सहमत हो गये नवें मास में उन्होंने बुध के पुत्र पुरूरवा को जन्म दिया (उ. ८९)।

इल को नीरोग करने के लिए बुध ने अनेक महात्माओं को परामर्श के लिए आमन्त्रित किया था; उनमें कर्दम भी थे । कर्दम के परामर्श से शिव जी को प्रसन्न करने के लिए अश्वमेध यज्ञ किया गया । तब शिवजी ने प्रकट होकर इल को पुरुषत्व प्रदान किया । तब इल ने बाह्लीक छोड़कर मध्य भाग में प्रयाग के निकट प्रतिष्ठानपुर बसाया । बाह्लीक उन्होंने शशबिन्दु को दे दिया । ब्रह्मलोक जाते समय इल, प्रतिष्ठानपुर का राज्य पुरुरवा को दे गये (उ. ९०)।

इल्लव: एक राक्षस, जो अपने भाई वातापि सहित धोखा देकर ब्राह्मणों को मारता रहता था । अन्त में एक बार अगस्त्य मुनि को मारने के प्रयत्न में मुनि की आग्नेय दृष्टि द्वारा मारा गया (अर. ११)।

उ

उन्मत्त: लंकावासी राक्षस; माल्यवान तथा सुन्दरी का पुत्र; वज्रमुष्टि, विरूपाक्ष, दुर्मुख, सुप्तघ्न, यज्ञकोप, मत्त तथा अनला का भाई (उ. ५)।

उमा: हिमालय एवं मेना की (सांकेतिक) पुत्री । शिव की पत्नी; गंगा की बहन (बा.३५)। देवताओं की प्रार्थना पर शिव उनसे क्रीड़ा-निवृत्त हुए तो उमा ने कुपित होकर देवताओं को नि:सन्तान होने का शाप दिया (बा. ३६)।

उर्वशी: उर्वशी को क्षीरसागर में नहाते देख वरुण ने उस पर मोहित होकर समागम के लिए आमन्त्रित किया । परन्तु उर्वशी ने यह कहकर अस्वीकार कर दिया कि वह पहले ही मित्र देवता द्वारा वरण की जा चुकी है । इस पर भी मित्र ने क्रोधित होकर उसे त्याग दिया । ठुकरायी जाकर वह प्रतिष्ठानपुर में पुरूरवा के पास गयी । वहाँ उसके गर्भ से नहुष का जन्म हुआ । उसके कई वर्ष बाद वह इन्द्रलोक लौट गयी (उ. ५६)।

उल्कामुख: वानर; जिन्हें सुग्रीव ने सीता की खोज के लिए अंगद, हनुमान आदि के साथ दक्षिण दिशा में भेजा था (कि. ४१)।

ऋ

ऋक्षरजा: वालि और सुग्रीव के पिता, किष्किन्धा के राजा (कि. ९)।

ऋचीक: एक मुनि, भृगु ऋषि के पुत्र, जो भृगुतुंग पर्वतपर रहते थे ।

राजा अम्बरीष ने बहुत से धन के बदले, यज्ञ-पशु बनाने के लिए उनके एक पुत्र की माँग की। ऋचीक ने ज्येष्ठ पुत्र को देने से मना कर दिया। उनकी पत्नी ने छोटे पुत्र शुनक को देने से मना किया। तब मँझला पुत्र शुनःशेप दुखी होकर स्वयं चला गया। ऋचीक को स्वर्ण मुद्राएँ, रत्नों के ढेर एवं एक लाख गौओं की प्राप्ति हुई (बा.६१)।

भगवान विष्णु ने अपना धनुष भृगुवंशी ऋचीक मुनि को धरोहर के रूप में दिया था। उन्होंने उसे अपने पुत्र जमदग्नि को दे दिया। जब जमदग्नि ध्यानस्थ होकर बैठे थे तब कृतवीर्यकुमार अर्जुन ने उन्हें मार डाला। तब धनुष उनके पुत्र परशुराम को मिला (बा. ७५)।

मुनि विश्वामित्र की बड़ी बहन सत्यवती के पति (बा. ३४)।

ऋषभः (१) वानर यूथपति।

दक्षिण सागर पार करने की समस्या प्रकट होने पर ऋषभ ने कहा था कि वे एक छलाँग में चालीस योजन तक ही जा पायेंगे (कि. ६५)।

राम की सेना जब किष्किन्धा से दक्षिण की ओर चली तब ऋषभ नील एवं कुमुद के साथ, सेना के आगे मार्ग ठीक करने का काम करते चल रहे थे (यु. ४)।

लंका पर प्रथम आक्रमण के लिए राम ने जो पुरुष-व्यूह बनाया था, उसमें ऋषभ वाहिनी के दाहिने पार्श्व में थे (यु. २४)।

लंका पर आक्रमण के समय ऋषभ, अंगद, गज, गवय तथा गवाक्ष के साथ, दक्षिण द्वार को घेरकर बैठे थे (यु. ४१)।

कुम्भकर्ण की मृत्यु के बाद जब रावण के चार बेटे और दो सौतेले भाई युद्ध के लिए आये थे, तब ऋषभ ने महापार्श्व का वध किया था (यु. ७०)।

राम के राज्याभिषेक के लिए सुग्रीव ने जिन चार धावकों को सागर का जल लाने के लिए भेजा था, उनमें ऋषभ भी थे, जो दक्षिण सागर का जल लाये थे (यु.१२८)।

ऋषभ (२): राम के महाप्रयाण के बाद अयोध्या बहुत वर्षों तक सूनी पड़ी रहेगी—ऐसा वाल्मीकि ने उत्तरकाण्ड में लिखा था। उनके अनुसार अयोध्या राजा ऋषभ के काल में पुनः आबाद होनी थी (उ. १११)।

ऋषभस्कन्धः राम की सेना के एक वीर वानर, जिन्हें राम ने अन्तर्धान हुए इन्द्रजित को खोजने (नौ अन्य वानरों के साथ) भेजा था (यु. ४५)।

ऋष्यश्रृंगः महर्षि कश्यप के पौत्र। विभाण्डक के पुत्र। उनके जीवन का प्रारम्भिक भाग वन में ही बीता, पिता द्वारा वन में ही लालन-पालन। दण्ड एवं गौण दोनों ही प्रकार के ब्रह्मचर्य का पालन (बा. ९)।

अंगदेश के महाराज रोमपाद की कन्या शान्ता से विवाह। उन्हें अंगदेश में अकाल पड़ने पर वर्षा के आयोजन के लिए रोमपाद ने प्रलोभन देकर बुलाया और वर्षा हो जाने पर अपनी पुत्री का विवाह उनसे कर दिया (बा. १०)।

दशरथ के निमंत्रण पर वे, अपनी पत्नी शान्ता सहित, अयोध्या पहुँचे (बा.११) और उन्होंने पुत्रेष्टि यज्ञ कराया (बा. १५)। यज्ञ सम्पन्न करा के वे अपनी

पत्नी सहित अंग देश को लौट गए। उनके अंगदेश लौटने के बारह मास बाद दशरथ के पुत्रों का जन्म हुआ (बा. १८)।

ए

एकजटा: लंका की एक राक्षसी, जिसे रावण ने अशोक वाटिका में सीता पर पहरा देने के लिए बैठाया था (सु. २३)।

ओ

ओंकार: एक महात्मा; बुध जब इल के उपचारार्थ महात्माओं से परामर्श कर रहे थे तब प्रजापति कर्दम के साथ ओंकार भी वहाँ पहुँचे थे (उ. ९०)।

क

कण्डु: एक वनवासी ऋषि, जिन्होंने पिता की आज्ञा से गाय की हत्या की थी।

एक तपस्वी ऋषि जो विन्ध्य से दक्षिण भाग में रहते थे। एक बार किसी कारण वश उनका दस वर्षीय पुत्र मर गया तो क्रोध में भरकर उन्होंने सारे वनखण्ड को शाप दे दिया, जिससे वहाँ के सभी पेड़-पौधे सूख गये और पशुपक्षी भी नहीं रहे (कि. ४८)।

कण्व: पूर्व दिशा के निवासी (मेधातिथि के पुत्र) ऋषि; राम के राज्याभिषेक के बाद, अन्य ऋषियों के साथ, अयोध्या में उनसे मिलने गये (उ. १)।

कपट: लंकावासी राक्षस। लंका में सीता की खोज करते हुए, हनुमान कपट के महल में भी गए थे (सु. ६)।

कबन्ध: एक विशालकाय एवं भयंकर, राक्षस जिसका आकार धड़ मात्र था, और मुख पेट में ही था। उसकी लम्बी एवं बलिष्ठ बाँहें थीं, जिनसे वह दूर-दूर के पशुपक्षियों को पकड़कर खाता रहता था।

राम-लक्ष्मण जब सीता को खोजते हुए दक्षिण की ओर बढ़े तब क्रौंचारण्य से आगे उन्हें कबन्ध मिला। कबन्ध ने उन दोनों को पकड़ लिया। अपने को असहाय स्थिति में पाकर लक्ष्मण ने राम को परामर्श दिया कि वे कबन्ध को उनकी बलि देकर स्वयं मुक्त होकर बच निकलें। परन्तु राम ने उन्हें सान्त्वना देकर कबन्ध से टक्कर लेना ही ठीक समझा (अर. ६९)।

राम एवं लक्ष्मण ने कबन्ध की बाँहें काट गिरायीं (अर. ७०)। तब कबन्ध ने उन्हें अपनी पूर्व कथा सुनायी। वह पहले सुन्दर एवं स्वस्थ था परन्तु राक्षस का रूप धारण करके वनवासियों एवं मुनियों को डराया करता था। इस प्रकार एक बार उसने स्थूलशिरा नामक मुनि को कुपित कर दिया। उन्होंने उसे वैसे ही रूप का राक्षस वन जाने का शाप दिया, परन्तु कबन्ध की प्रार्थना पर कहा कि 'राम द्वारा तुम्हारी बाँहें कटने एवं वन में जलाये जाने पर तुम पुनः अपना वास्तविक रूप प्राप्त करोगे'।

राक्षस बनने के बाद कबन्ध ने घोर तपस्या करके ब्रह्मा जी से दीर्घायु का वरदान प्राप्त किया और फिर अहंकार में इन्द्र पर आक्रमण किया। इन्द्र उसकी आयु तो नहीं ले सके परन्तु वज्र की मार से उन्होंने कबन्ध के सिर एवं पैर उसके शरीर

में घुसा दिये। जब कबन्ध ने भोजन करने में असमर्थता की बात बतायी तो इन्द्र ने उसके पेट में ही एक मुँह बना दिया और उसकी बाँहें लम्बी कर दीं (अर. ७१)।

अपनी कथा सुनाकर कबन्ध ने राम से कहा कि वे उसे जलाने का प्रबन्ध करें। बदले में उसने राम को सीता की खोज के लिए सुपात्र का नाम एवं पता बताने का आश्वासन दिया। जलाये जाने पर वह दिव्य रूप में प्रकट हुआ और उसने राम को सुग्रीव का पता देते हुए उनसे मित्रता करने का परामर्श दिया (अर. ७२)।

कम्पनः लंकावासी राक्षस योद्धा। कुम्भकर्ण के पुत्र कुम्भ और निकुम्भ जब आक्रमण करने गये तब उनके साथ जाने वाले राक्षस योद्धाओं में कम्पन भी था। अंगद ने उसे मार डाला (यु. ७५)।

करवीराक्षः जनस्थान का राक्षस; खर का एक प्रमुख सैनिक—उन बारह में एक जो राम पर आक्रमण करते समय खर को घेरकर चले थे (अर. २३)। रावण द्वारा देवलोक पर आक्रमण के समय करवीराक्ष भी उसके साथ था (उ. २७)।

करालः लंकावासी राक्षस। लंका में सीता की खोज करते हुए, हनुमान कराल के महल में भी गए थे (सुं. ६)।

कर्दमः प्रजापति; बाह्लिक देश के राजा इल के पिता।

इल को जब एक-एक माह के लिए नारी एवं पुरुष रूप में रहने का संयोग प्राप्त हुआ था, तब उनके उपचार के लिए बुध ने जो महात्मा बुलाये, उनमें कर्दम भी थे। कर्दम ने परामर्श दिया कि इल को उस दशा से मुक्त कराने के लिए शिवजी की उपासना की जाए और उनकी उपासना के लिए अश्वमेध यज्ञ सर्वोत्तम साधन था। कर्दम के परामर्श पर अश्वमेध यज्ञ हुआ, जिसके उपरान्त शिवजी ने प्रकट होकर इल को पुरुषत्व प्रदान किया (उ. ९०)।

कलाः विभीषण की ज्येष्ठ पुत्री। कला अपनी माँ के कहने पर सीता से मिलने अशोक वाटिका भी गयी थी, जहाँ उसने बताया कि विभीषण उसे मुक्त कराने का प्रयत्न कर रहे हैं परन्तु रावण मान नहीं रहा है (सु. ३७)।

कवषः पश्चिम दिशा के ऋषि; राम के राज्याभिषेक के बाद, अन्य ऋषियों सहित, उनसे मिलने अयोध्या गये (उ. १)।

कश्यपः उत्तर दिशा के निवासी ऋषि; राम के राज्याभिषेक के बाद, अन्य ऋषियों के साथ, उनसे मिलने अयोध्या गये (उ. १)।

महर्षि मरीचि के पुत्र। अदिति के पति। उन्होंने सिद्धाश्रम में तपस्यारत विष्णु के पास जाकर उन्हें पुत्र रूप में पाने की प्रार्थना की। विष्णु अदिति के गर्भ से वामन रूप में प्रकट हुए (बा. २८)।

विवस्वान के पिता; मनु के पितामह (बा. ७०)।

कहोलः ऋषि; अष्टावक्र के पिता (यु. ११९)।

कांचनः मधुरापुरी में शत्रुघ्न के पुरोहित (उ. १०८)।

ककुत्स्थः राम के एक पूर्वज। अयोध्या के राजा। भगीरथ के पुत्र और रघु के पिता (बा.७०)। उनके सभी वंशज काकुत्स्थ भी कहलाते थे।

काकुत्स्थः इक्ष्वाकुवंशी । विशाला नगरी बसाने वाले महाराज विशाल के वंशज । सोमदत्त के पुत्र; सुमति के पिता (बा. ४७)।

कात्यायनः महराज दशरथ के आठ ऋत्विजों में से एक—मन्त्री नाम से भी इनका उल्लेख है (बा. ७)।

कार्तिकेयः शिवजी एवं उमा के तपस्यारत हो जाने पर, देवताओं ने ब्रह्माजी से देवताओं की रक्षा के लिए एक सेनापति उत्पन्न करने की प्रार्थना की । ब्रह्माजी ने अग्नि देव से गंगा के गर्भ से पुत्र उत्पन्न करने को कहा । देवताओं के आग्रह पर गंगा ने यह प्रस्ताव मान लिया, परन्तु अग्नि के गर्भ से वे जलने लगीं । तब उन्होंने वह गर्भ हिमालय के पार्श्वभाग में स्थापित कर दिया (बा. ३६)।

तदनन्तर वहाँ जन्मे बालक को छहों कृत्तिकाओं ने दूध पिलाकर बड़ा किया। शिव-पार्वती द्वारा स्खलित होने के कारण 'स्कन्द' और कृत्तिकाओं द्वारा पालित होने के कारण उस बालक का कार्तिकेय नाम पड़ा । देवताओं ने उसे देवसेनापति पद पर आसीन किया (बा. ३७)।

कालः काल जब राम से मिलने अयोध्या पहुँचा तो उसने अपने को महर्षि अतिबल का दूत बताकर अपना परिचय दिया था । बाद में उसने राम से नितान्त एकान्त में बात करने का निर्णय सुनाकर शर्त रखी कि जो उन दोनों की बात सुने या उन्हें बात करता देखे, उसे राम प्राण-दण्ड दें ।

उसने राम को बताया कि ब्रह्माजी ने राम के पास सन्देश भेजा है कि वे जिस कार्य के लिए पृथ्वी पर आये थे, वह पूरा हो चुका है और उनके लिए साकेतधाम लौटने का समय आ गया है (उ. १०३)।

कालकार्मुकः जनस्थान का राक्षस; खर का एक प्रमुख सैनिक—उन बारह में जो राम पर आक्रमण करते समय खर को घेर कर चले थे (अर. २३)।

कालिकामुखः राक्षस । सुमाली तथा केतुमती का पुत्र; प्रहस्त, अकम्पन, विकट, धूम्राक्ष, दण्ड, सुपार्श्व, संह्रादि, प्रघस तथा भासकर्ण का भाई । उसकी बहनें थीं राका, पुष्पोत्कटा, कैकसी और कुम्भीनसी (उ. ५)।

कालिन्दीः इक्ष्वाकुवंशी महाराज असित की पत्नी; सगर की माँ । कालिन्दी के गर्भ को नष्ट करने के लिए उसकी सौत ने उसे विष दिया था । परन्तु महर्षि च्यवन के उपचार से उसके पुत्र हुआ जो गरलसहित जन्मने के कारण सगर कहलाया (बा.७०)।

कालियः राम के घनिष्ठ मित्रों में से एक (उ. ४३)।

काश्यप (१): महाराज दशरथ के आठ ऋत्विजों में से एक—इन्हें मन्त्री भी कहा गया है (बा. ७)। माता की सेवा करके स्वर्ग गये थे ।

काश्यप (२): राम के घनिष्ट मित्रों में से एक (उ. ४३)।

काश्यप (३): एक ऋषि; विभाण्डक के पिता; ऋष्यशृंग के पितामह (बा. ९)।

किंकरः लंका का एक राक्षस योद्धा वर्ग, जिन्हें रावण ने प्रमदावन नष्ट होने के बाद हनुमान को पकड़ने के लिए भेजा था (सु. ४२)।

कुक्षिः इक्ष्वाकुवंशी, अयोध्या के एक राजा । इक्ष्वाकु के पुत्र और विकुक्षि के पिता (बा. ७०)।

कुबेरः (देखिए, वैश्रवण भी) राम ने लंका से लौटने पर पुष्पक विमान कुबेर के पास भेज दिया था परन्तु कुबेर ने उसे पुनः राम के पास यह कहकर भेज दिया कि उसे राम ने रावण से जीता है; अतः उस पर राम का ही अधिकार है। उसे कुबेर की भेंट मानकर राम ने स्वीकार कर लिया (उ. ३८)।

यक्षों के स्वामी। विश्रवा के ज्येष्ठ पुत्र तथा रावण के भाई, धन के स्वामी।

कुमुदः वानर; सुग्रीव के मन्त्रियों में से एक (कि. ३३)। संरोचन पर्वत पर स्थित वानर राज्य का शासक (यु. ८६)।

राम की सहायता के लिए, सुग्रीव के ओदश पर, जो यूथपति सेनाएँ एकत्र करके लाये थे, उनमें से एक (कि. ३९)।

राम की सेना जब किष्किन्धा से चली तब सेना के आगे जाकर मार्ग में व्यवस्था का काम ऋषभ एवं नील के साथ कुमुद भी कर रहे थे (यु. ४)।

लंका पर प्रथम आक्रमण के समय कुमुद दुर्ग का पूर्वद्वार घेरकर खड़े किए गये (यु.४२)।

जब अकम्पन युद्ध के लिए निकला तो नल, मैन्द और द्विविद के साथ कुमुद ने उससे टक्कर ली (यु. ५५); हनुमान ने आकर उन सबको बचाया (यु.५६)।

कुम्भः रावण की सेना का एक राक्षस योद्धा (यु. १४)।

कुम्भकर्ण का पुत्र, निकुम्भ का भाई। राम लक्ष्मण आदि जब हनुमान द्वारा लायी औषधियों से पुनः स्वस्थ हो गये तब रावण ने कुम्भ और निकुम्भ को युद्ध के लिए भेजा था (यु. ७५)।

मैन्द एवं द्विविद से घनघोर युद्ध। उन्हें बचाने के लिए अंगद आये तो वे भी मूर्छित हो गये। तब सुग्रीव ने कुम्भ के कौशल की प्रशंसा करते हुए उससे युद्ध किया और उसे मार डाला (यु. ७६)।

कुम्भकर्णः लंकावासी राक्षस; रावण का छोटा भाई। महाकाय, नेत्र भूरे, युद्ध में यम एवं इन्द्र को पराजित कर चुका था। छः माह तक भी सोने वाला (यु. १२)। कभी ८-१० मास तक भी सोते रहने वाला (यु. ६०)।

राम की ओर से लंकापर आक्रमण की जब सम्भावना बनी, तब रावण ने प्रमुख राक्षसों की जो सभा बुलायी, उसमें कुम्भकर्ण भी था। उसने रावण को चोरी से सीता हरण के लिए धिक्कारा; परन्तु यह भी कहा कि वह उसके शत्रुओं को परास्त करने में कोई कसर नहीं छोड़ेगा (यु. १२)।

राम द्वारा परास्त एवं अपमानित होने पर रावण ने जब कुम्भकर्ण को जगाने का आदेश दिया तो बड़ी कठिनाई से उसे जगाया गया। जागकर खूब खाने-पीने के बाद उसने जगाये जाने का कारण पूछा और क्रोधित होकर युद्ध के लिए जाने का निश्चय किया। तभी महोदर के परामर्श पर पहले वह रावण से मिलने गया। उसे दूर से ही देखकर वानर सैनिक भयभीत हो उठे (यु. ६०)।

बचपन में उसने ऐरावत का एक दाँत उखाड़कर उससे इन्द्र की छाती पर प्रहार किया था। इन्द्र ने सभी देवताओं के साथ जाकर ब्रह्माजी से उसकी शिकायत की। ब्रह्माजी ने उसे सोये रहने का शाप दिया। तब रावण की प्रार्थना पर ब्रह्माजी ने

कहा कि वह छः मास सोकर एक दिन जागेगा (यु. ६१)। राक्षसों द्वारा बड़ी कठिनाई से जगाये जाने पर कुम्भकर्ण ने रावण के पास जाकर जब कारण पूछा और रावण ने अपनी बिगड़ी स्थिति बताते हुए जब कुम्भकर्ण से सहायता माँगी तो कुम्भकर्ण ने रावण को, पहले सबकी सलाह न मानकर मनमानी करते रहने के लिए, उपालम्भ दिया। फिर जब रावण ने स्नेह एवं भ्रातृत्व का वास्ता दिया तो कुम्भकर्ण ने कहा कि हितैषी होने के नाते उसने जो कुछ कहा, वह भूलकर रावण निश्चिन्त हो जाए; वह भाई और स्नेही होने के नाते उसके दुःख को दूर करने के लिए यथा सम्भव युद्ध करेगा (यु. ६३)।

महोदर का चापलूसी भरा और सीता को प्राप्त करने के लिए छल-कपट का आश्रय लेनेवाला प्रस्ताव सुनकर कुम्भकर्ण ने उसे फटकारा और रावण को प्रणाम करके युद्ध के लिए निकल पड़ा। वानर सेना से घनघोर युद्ध के बाद राम द्वारा वध (यु. ६८)।

विश्रवा एवं कैकसी का पुत्र।

कुम्भकर्ण भी रावण के साथ गोकर्ण तीर्थ पर तप करने गया था। वहाँ जब ब्रह्माजी उसे वरदान देने लगे तो देवता चिन्तित हो उठे कि वरदान पाकर तो यह सभी देवताओं को खा जायेगा। उन्होंने ब्रह्माजी से उसे वरदान न देने को कहा। अतः ब्रह्माजी ने सरस्वती से कहकर उसकी बुद्धि भ्रमित कर दी। इस कारण कुम्भकर्ण ने अनेक वर्षों तक सोते रहने का वरदान माँगा, जो ब्रह्माजी ने दिया (उ.१०)।

कुम्भहनुः लंकावासी राक्षस; प्रहस्त का एक सेनापति, जो प्रहस्त के साथ वानर सेना से युद्ध करने गया था परन्तु वहाँ तार द्वारा मारा गया (यु. ५८)।

कुम्भीनसीः राक्षसी। सुमाली तथा केतुमती की पुत्री।

प्रहस्त, अकम्पन, विकट, कालिकामुख, धूम्राक्ष, दण्ड, सुपार्श्व, संह्रादि, प्रघस तथा भासकर्ण की बहन। उसकी अन्य बहनें थीं—राका, पुष्पोत्कटा तथा कैकसी (उ.५)।

रावण की (धर्मतः) मौसेरी बहन। दानवराज मधु की पत्नी। माल्यवान की पुत्री, अनला, की पुत्री (उ. २५)।

मधु कुम्भीनसी को लंका से बलपूर्वक हर ले गया था। बाद में जब रावण को पता लगा तो वह सेना लेकर मधु को मारने के लिए मधुपुर पहुँचा। वहाँ कुम्भीनसी ने उससे प्रार्थना की कि वह उसके पति को न मारे क्योंकि जो भी हो, मधु उसका पति है। कुम्भीनसी की प्रार्थना सुनकर रावण ने मधु को मारने का निश्चय त्याग दिया (उ.२५)।

कुलः राम के घनिष्ठ मित्रों में से एक (उ. ४३)।

कुश (१): धर्मात्मा राजा। प्रजापति के पुत्र। विदर्भकुमारी से विवाह। चार पुत्र—कुशाम्ब, कुशनाभ, असूर्तरजस तथा वसु। विश्वामित्रजी इन्हीं के वंशज थे (बा.३२)।

कुश (२): राम के बेटे; लव के जुड़वाँ भाई (बड़े)। महर्षि वाल्मीकि के आश्रम में जन्म (उ. ६६)।

राम के अश्वमेध यज्ञ में, कुश एवं लव भी वाल्मीकि के साथ नैमिषारण्य गये थे । वहाँ महर्षि की आज्ञा पर उन्होंने यज्ञशाला के निकट घूम-घूमकर रामायण पाठ किया; जिससे प्रभावित होकर राम ने प्रमुख व्यक्तियों की उपस्थिति में उनसे पूरा रामायण पाठ सुना (उ. ९३-९४)।

राम की आज्ञा से, भरत ने उन्हें स्वर्ण मुद्राएँ देने का प्रयत्न किया, पर उन दोनों ने उसे स्वीकार नहीं किया ।

सीता के रसातल प्रवेश के बाद कुश एवं लव राम के पास चले गये (उ.९८)। लक्ष्मण के स्वर्गवास के बाद जब राम ने राज्य त्यागने का निर्णय लिया तब, भरत के परामर्श पर, कोशल राज्य कुश तथा लव को प्रदान किया । कुश को दक्षिण कोशल का राज्य प्राप्त हुआ (उ. १०७)। उन्होंने विन्ध्य पर्वत के किनारे कुशावती नगरी का निर्माण कराया ।

कुशध्वज (१): महाराज जनक के छोटे भाई, जो 'इक्षुमती नदी का जल पीते हुए' उसके किनारे बसी सांकाश्या नगरी में रहते थे । महाराज जनक का निमन्त्रण पाकर वे सीता के विवाह में सम्मिलित होने के लिए मिथिला पहुँचे (बा. ७०)।

विश्वामित्र एवं वसिष्ठ के कहने पर उनकी दोनों कन्याओं का विवाह भरत एवं शत्रुघ्न से तय हुआ (माण्डवी का भरत से और श्रुतिकीर्ति का शत्रुघ्न से) (बा.७२)।

कुशध्वज (२): वेदपाठी महर्षि; वेदवती के पिता—जो अपनी कन्या का हाथ विष्णु को देना चाहते थे परन्तु शम्भु नामक एक दैत्य ने वेदवती को पाने के लिए सोते समय उनकी हत्या कर डाली (उ. १७)।

कुशनाभः महाराज कुश के दूसरे पुत्र । महोदय नामक नगर बसाया । घृताची नामक अप्सरा से विवाह और सौ कन्याओं को जन्म ।

पवन देवता के प्रकोप के कारण जब उनकी पुत्रियाँ कुब्जा हो गयीं तब महर्षि चूली के मानस पुत्र ब्रह्मदत्त (काम्पिल्या नरेश) से उन कन्याओं का विवाह ।

पुत्रियों को विदा देकर पुत्र-प्राप्ति के लिए पुत्रेष्टि यज्ञ और गाधि नामक पुत्र का जन्म, जिनके पुत्र विश्वामित्र नाम से प्रसिद्ध हुए (बा. ३३)।

कुशाम्बः महाराज कुश के ज्येष्ठ पुत्र । कौशाम्बी नामक नगरी बसायी (बा. ३२)।

कुशाश्वः इक्ष्वाकुवंशी । विशालानगरी बसाने वाले महाराज विशाल के वंशज; सहदेव के पुत्र और काकुत्स्थ के पितामह (बा. ४७) ।

देखिए : विशाल ।

कृशाश्वः एक प्रजापति; जिन्होंने (प्रजापति दक्ष की दो पुत्रियों—जया एवं सुप्रभा—द्वारा) अनेकानेक शस्त्ररूपी पुत्रों को जन्म देकर पूर्वकाल में कुशिकनन्दन विश्वामित्र को भेंट कर दिया था (बा. २१)।

केतुमतीः नर्मदा नामक गन्धर्वी की कन्या । सुन्दरी एवं वसुदा की बहन ।

सुमाली की पत्नी । प्रहस्त, अकम्पन, विकट, कालिकामुख, धूम्राक्ष, दण्ड, सुपार्श्व, संह्रादि, प्रघस और भासकर्ण नामक दस पुत्रों और राका, पुष्पोत्कटा, कैकसी और कुम्भीनसी की माँ (उ. ५)।

केशिनीः विदर्भराज की कन्या; महाराज सगर की ज्येष्ठ पत्नी । असमंज की माँ (बा: ३८)।

केसरीः वानर यूथपति; वृहस्पति के पुत्र; हनुमान के पिता, जिनका शरीर तो पीला था, परन्तु मुख लाल था (कि. ३९); महामेरु पर्वत के निवासी (यु. २७)। केसरी ने, हाथी का रूप धरकर आये हुए, शम्बसादन नामक राक्षस को मार डाला था ।

कैकसीः राक्षसी। सुमाली तथा केतुमती की पुत्री; प्रहस्त, अकम्पन, विकट, कालिकामुख, धूम्राक्ष, दण्ड, सुपार्श्व, संह्रादि, प्रधस तथा भासकर्ण की बहन । उसकी अन्य बहनें थीं–राका, पुष्पोत्कटा तथा कुम्भीनसी (उ.५)।

पिता सुमाली के परामर्श पर कैकसी विश्रवा के पास गयी कि उसके भी कुबेर जैसे पराक्रमी पुत्र हों । जब वह विश्रवा के यहाँ पहुँची, तब वे सायंकालीन अग्निहोत्र कर रहे थे । उसका आशय समझकर उन्होंने बताया कि तेरे भयंकर तथा क्रूरकर्मी पुत्र होंगे; परन्तु एक धर्मात्मा पुत्र भी होगा । उसके गर्भ से रावण, कुम्भकर्ण, शूर्पणखा तथा विभीषण उत्पन्न हुए ।

रावण आदि का व्यवहार देखकर कैकसी ने रावण से कुबेर के समान बनने को कहा तो रावण भाइयों सहित तपस्या करने चला गया (उ. ९)।

कैकेयीः महाराज दशरथ की तीसरी (सबसे छोटी) पटरानी; केकय देश के महाराज अश्वपति की बेटी; युधाजित की बहन । भरत की माँ ।

पुत्रेष्ठि–यज्ञ में प्राप्त खीर का चौथाई से भी आधा (आठवाँ) भाग दशरथ ने कैकेयी को दिया (बा.१६)।

राम के राज्याभिषेक के पहले उनकी दासी मन्थरा ने उन्हें समाचार सुनाकर भड़काने का प्रयत्न किया तो पहले उन्होंने, राम और भरत में कोई भेद न बताते हुए, मन्थरा को शुभ समाचार सुनाने के लिये पुरस्कार दिया (अ. ७)। परन्तु मन्थरा के बहुत समझाने पर कैकेयी भड़क उठीं और राम को वन भेजने की योजना बनाने लगीं (अ. ९)।

पूर्वकाल में, दण्डकारण्यके वैजयन्त नगर का शम्बर नामक असुर जब इन्द्र से घोर युद्ध कर रहा था तब दशरथ ने भी उस संग्राम में असुरों से युद्ध किया था । उस युद्ध में कैकेयी भी दशरथ के साथ थीं। असुरों द्वारा दशरथ के घायल हो जाने पर उन्होंने सारथि का काम करते हुए दशरथ की, दो बार अन्यत्र ले जाकर, प्राण–रक्षा की। इससे संतुष्ट होकर दशरथ ने उन्हें दो वरदान दिए, जो कैकेयी ने समय आने पर माँगने के लिए रख छोड़े थे (बा. ९)।

मन्थरा ने कैकेयी को उन्हीं दो वरदानों की याद दिलाते हुए, एक से भरत का राज्याभिषेक और दूसरे से राम का चौदह वर्ष के लिए वनवास माँगने को कहा। उसने ही कैकेयी को आभूषण फेंक कर और मैले वस्त्र पहन कर कोप–भवन में लोटने का परामर्श दिया। उसने कैकेयी को अपने सौन्दर्य एवं उसके प्रति दशरथ की आसक्ति का भरपूर लाभ उठाने का परामर्श दिया (बा. ९)।

कैकेयी ने, सफल मनोरथ होने की स्थिति में, कुब्जा को बहुत सा पुरस्कार देने का वचन दिया–अन्यथा प्राण त्यागने का निश्चय किया।

कैकेयी को कोप-भवन में श्रीहीन पड़ा देख दशरथ ने उससे उसके दुख का कारण पूछा तो कैकेयी ने उन्हें प्रतिज्ञा बद्ध करा के, पूर्वकाल में दिए वरदानों के बदले, राम के वनवास और भरत के राज्याभिषेक की माँग रखी (बा. १०-११)। दशरथ ने दुखी होकर कैकेयी को समझाया, डाँटा-फटकारा और अपने जीवन तथा वंश एवं कीर्ति के नाम पर ऐसा वर न माँगने के लिए प्रार्थना की (बा.१३) परन्तु वह नहीं पसीजी और धर्म की दुहाई देती हुई अपनी माँग पर अड़ी रही। इसी प्रकार रात बीतने पर जब वहाँ सुमंत्र आए तो उसने दशरथ पर राम को बुलवाने के लिए दबाव डाला (बा.१४)।

दशरथ की दुर्दशा देख, जब राम ने कैकेयी से उनके दुख का कारण पूछा तो, दशरथ की दुविधा बताते हुए, कैकेयी ने राम को वन जाने के लिए प्रेरित किया (बा. २०)।

राम के वनवास की बात सुनकर अयोध्यावासियों में कैकेयी के प्रति आक्रोश उत्पन्न हुआ(बा. ३३)।

राम, सीता एवं लक्ष्मण को वनगमन के लिए उद्यत तथा दशरथ के साथ अन्य सभी को दुखी देख सुमन्त्र ने कैकेयी को बहुत समझाया परन्तु वह टस से मस नहीं हुई (बा.३५)। सुमन्त्र ने कैकेयी की माँ के हठ का भी प्रसंग सुनाया, जिसमें वह हठ के कारण अपने पति के जीवन-मरण के प्रश्न को भी भुला बैठी थीं । वे अपने पति का आग्रह नकार कर हठ पर अड़ी रहीं तो उनके पति ने उन्हें त्याग दिया (अ.३५)।

मंत्री सिद्धार्थ ने भी बहुत समझाया परन्तु वह नहीं मानी । दशरथ ने राम के साथ कोष, सैनिक आदि भेजने का प्रस्ताव किया, उसे भी उसने यह कह कर काट दिया कि भरत कोष-रहित राज्य स्वीकार नहीं करेंगे (बा. ३६)।

कैकेयी ने राम-लक्ष्मण को वल्कल वस्त्र देने के साथ ही सीता को भी वल्कल वस्त्र पहनाने का आग्रह किया परन्तु गुरु वसिष्ठ के फटकारने पर वह सम्भव नहीं हुआ(बा. ३७)। उन्होंने कहा कि राम के लिए ही वनवास माँगा गया था, सीता के लिए नहीं । दशरथ ने भी इस आग्रह के लिए कैकेयी को फटकारा ।

राम के जाते हुए रथ के पीछे दौड़ते दशरथ जब लड़खड़ा कर गिरे तो उनकी तीनों रानियों ने उन्हें सहारा दिया । दशरथ ने कैकेयी को झटकते हुए कहा कि वे उसका परित्याग करते हैं—और यदि उसका पुत्र भरत भी यह राज्य पाकर सुख का अनुभव करे तो उसका भी त्याग करते हैं..... वह उनका दाह-संस्कार, श्राद्ध आदि न करे (बा. ५३)।

वन जाते समय कभी राम को चिन्ता होती थी कि कहीं कैकेयी राजमद में उनकी माँ के साथ दुर्व्यवहार न करें । कैकेयी से कौसल्या की रक्षा के लिए उन्होंने लक्ष्मण से अयोध्या लौट जाने को भी कहा (बा. ५३)।

दशरथ के देहान्त के बाद कौसल्या ने रोते हुए कैकेयी की भर्त्सना की (बा.६६)।

भरत के ननिहाल से लौटने पर कैकेयी ने ही उन्हें दशरथ की मृत्यु तथा राम, सीता एवं लक्ष्मण के वनगमन का वृत्तान्त सुनाकर उन्हें राजपद प्राप्त होने का समाचार सुनाया। यह सुनकर भरत ने उन्हें धिक्कारा (बा. ७२-७४)।

शत्रुघ्न जब मन्थरा को दण्ड देने लगे तो कैकेयी ने भरत से कहकर उन्हें रोका(बा. ७८)।

भरत जब राम को अयोध्या लौटा लाने के उद्‌देश्य से वन गए तब कौसल्या एवं सुमित्रा के साथ कैकेयी भी उनकी साथ गई थीं (अ. ८३, ९२)।

रावण पर विजय के बाद जब आकाश से ही दशरथ ने राम से कुछ माँगने को कहा तो राम ने उनसे कैकेयी को क्षमा करने तथा उन्हें पुनः अपनाने के लिए प्रार्थना की। दशरथ ने एवमस्तु कहकर त्यागी हुई कैकेयी को पुनः अपना लिया (यु.११९)।

कौशिकः पूर्व दिशा के निवासी ऋषि; राम के राज्याभिषेक के बाद अयोध्या में अन्य ऋषियों के साथ राम से मिलने गये (उ. १)।

महराज कुश के वंश में जन्म लेने के कारण विश्वामित्र भी कौशिक कहलाते थे (बा.४३)। देखिए, विश्वामित्र भी ।

कौशेयः पश्चिम दिशा के ऋषि; राम के राज्याभिषेक के बाद, अन्य ऋषियों के साथ, उनसे मिलने अयोध्या गये (उ. १)।

कौसल्याः महाराज दशरथ की तीनों पटरानियों में सबसे बड़ी; राम की माँ ।

पुत्र-प्राप्ति के लिए यज्ञ द्वारा जो खीर महाराज दशरथ को प्राप्त हुई थी, उसका आधा भाग दशरथ ने कौसल्या को दिया (बा. २६)।

दशरथ द्वारा युवराज पद पाने का निश्चय सुनकर राम ने कौसल्या के भवन में जाकर माँ को शुभ समाचार सुनाया । उस समय वे पूजा कर रही थीं । उन्होंने प्रसन्न होकर राम को आशीर्वाद दिया (अ. ४)।

राम जब कैकेयी द्वारा चौदह वर्षीय वनगमन का आदेश सुनकर आये तब कौसल्या भगवान विष्णु की पूजा कर रही थीं और मन्त्रोच्चार के साथ हवन कर रही थीं । राम के वनवास की बात सुनकर वे दुःख से अचेत हो गयीं । चेत होने पर उन्होंने राम को बताया कि उन्होंने जीवन में कभी सुख नहीं पाया । अपनी सौतों के कारण उन्होंने बड़े कटु वचन सुने । उन्होंने स्वयं भी राम के साथ वन चलने का प्रस्ताव किया (अ. २०)। कौसल्या ने राम को वन न जाने की भी सलाह दी (अ.२५)। अन्त में हारकर उन्होंने राम को वन जाने के लिए आशीर्वाद दिये (अ.२५)।

वन जाने से पूर्व जब राम, लक्ष्मण एवं सीता दशरथ से विदा लेने कैकेयी के भवन गये, तब दशरथ के बुलाने पर उनकी साढ़े तीन सौ स्त्रियाँ, कौसल्या के पीछे, कैकेयी के भवन में गयीं (अ. ३४)।

राम के वन गमन के बाद, दशरथ कैकेयी का त्याग करके कौसल्या के भवन में चले गये (अ. ४२)। राम को पहुँचाकर जब सुमन्त्र लौटे तो कौसल्या दुःख से

पुनः व्याकुल हो उठीं; तब सुमन्त्र ने उन्हें समझाया। कौसल्या ने रोते हुए दशरथ पर व्यंग्य भी किये (अ. ६१)। दशरथ ने दुःखी मन से हाथ जोड़कर कौसल्या से क्षमायाचना की तो कौसल्या ने अपनी भूल के लिए उनसे क्षमा माँगी (अ. ६२)। तब दशरथ ने अनजाने में अपने द्वारा श्रवण कुमार के वध की घटना सुनायी (अ.६३)। वह घटना सुनाते-सुनाते कौसल्या के सामने दशरथ ने प्राण त्याग दिये (अ. ६४)।

भरत के अयोध्या लौटने पर कौसल्या ने उन्हें राज्य-प्राप्ति के लिए साधुवाद देते हुए, कैकेयी के क्रूर व्यवहार का उल्लेख किया। भरत ने रोते हुए शपथपूर्वक कौसल्या से कहा कि इसमें उनका कोई हाथ नहीं था (उ. ७५)। यह सुनकर उन्होंने भरत को गले से लगा लिया।

भरत जब राम को लौटा लाने के लिए वन गये तब, अन्य रानियों सहित, कौसल्या भी उनके साथ थीं (अ. ८३)।

क्रतुः एक महात्मा। बुध जब इल के उपचारार्थ महात्माओं से परामर्श कर रहे थे तब प्रजापति कर्दम के साथ क्रतु भी वहाँ पहुँचे (उ. ९०)।

क्रथनः राम की सेना का एक वानर यूथपति; हिमालय निवासी (यु. २७)।

क्रोधनः एक वानर यूथपति (यु. २६)।

ख

खरः राक्षस; जनस्थान में रावण का प्रतिनिधि। रावण का भाई। लक्ष्मण द्वारा अंग-भंग होने पर शूर्पणखा रोती हुई खर के पास गयी (अर. १८)।

खर द्वारा राम को मारने के लिए भेजे गये चौदह राक्षस जब मर गये तब चौदह हज़ार राक्षसों की सेना लेकर खर ने, अपशकुनों को भुलाकर, राम पर आक्रमण किया। उस समय उसके बारह प्रमुख सैनिक थे—श्येनगामी, पृथुग्रीव, यज्ञशत्रु, विहंगम, दुर्जय, करवीराक्ष, परुष, कालकार्मुक, हेममाली, महामाली, सर्पास्य, रुधिराशन (अर. २३)। राम से घोर युद्ध के बाद खर की मृत्यु (अर.३०)।

रावण द्वारा देवलोक पर आक्रमण के समय खर भी उसके साथ था। (उ. २७)।

ग

गंगाः पवित्र नदी। हिमवान तथा मेना की (सांकेतिक) पुत्री। उमा की बड़ी बहन। पहले आकाश में फिर देवलोक एवं अन्त में धरा पर प्रवाहित होने के कारण त्रिपथगा भी कहलायी (बा. ५३)।

देवताओं की प्रर्थना पर हिमवान ने अपनी कन्या गंगा को देवकार्य के लिए दे दिया। उमा को निःसन्तान होने का शाप मिलने पर देवताओं ने, ब्रह्माजी के आदेश पर, अग्निदेव से कहकर भगवान रुद्र का तेज गंगा में स्थापित कर दिया। गंगा उस तेज से जल उठीं तो उन्होंने उस तेज का गर्भ हिमालय के पार्श्व भाग में रख दिया। उसी से वहाँ कार्तिकेय का जन्म हुआ (बा. ३७)।

सगर-पुत्रों के भस्म होने के बाद उनके तर्पण के लिए सगर एवं उनके वंशजों ने गंगा को देवलोक से लाने का निरन्तर प्रयत्न किया। अंत में ब्रह्माजी ने भगीरथ को वर दिया और गंगा को धारण करने के लिए शिव को राज़ी करने को कहा (बा.४२)। शिव ने उन्हें अपनी जटाओं में धारण करके बिन्दु सरोवर में छोड़ा, जहाँ से वे सात धाराओं में विभक्त होकर प्रवाहित हुईं ह्लादिनी, पावनी और नलिनी पूर्व दिशा की ओर तथा सुचक्षु, सीता और महानदी सिन्धु पश्चिम की ओर बह चलीं।

सातवीं धारा भगीरथ के पीछे-पीछे चली। उनके मार्ग में राजा जन्हु यज्ञ कर रहे थे। गंगा उनके यज्ञ मण्डप को अपने प्रवाह में बहा लें गईं। जन्हु ने रोष में भरकर गंगा का समस्त जल पी लिया और देवताओं, ऋषियों आदि की प्रार्थना पर अपने कानों के छिद्रों से उन्हें निकाल दिया। इस कारण वे जन्हु की पुत्री जान्हवी भी कहलाईं। भगीरथ के रथ के पीछे समुद्र तक जाकर गंगा सगर-पुत्रों के उद्धार के लिए रसातल में चली गईं (बा. ४३)।

दिव्या एवं भगीरथी नाम से भी ज्ञात।

गज: वानर; सुग्रीव के मन्त्रियों में से एक (कि. ३३)। सुग्रीव द्वारा सीता की खोज के लिए दक्षिण दिशा में भेजे गये दल के एक सदस्य (कि. ४१)। दक्षिण सागर पार करने की समस्या आने पर गज ने कहा कि वह दस योजन तक की छलाँग लगा सकता है (कि. ६५)।

राम की सेना जब किष्किन्धा से दक्षिण की ओर चली, तब सेना के वाम भाग की रक्षा गज एवं अर्क करते चल रहे थे (यु. ४)।

लंकापर आक्रमण के समय गज, अंगद, ऋषभ, गवय तथा गवाक्ष के साथ, दक्षिण, द्वार को घेरकर खड़े थे (यु. ४१)।

गद्गद: धूम्र एवं जाम्बवान के पिता; ऋक्षराज (यु. ३०)।

गन्धमादन: कुबेर का पुत्र। वानर सरदार। सुग्रीव का आदेश पाकर, वानरों की विशाल सेना लेकर वह किष्किन्धा पहुँचा था (कि. ३९)।

सुग्रीव ने सीता की खोज के लिए दक्षिण दिशा में जो दल भेजा, उसमें गन्धमादन भी थे (कि. ४१)। दक्षिण सागर पार करने की समस्या आने पर गन्धमादन ने कहा कि वह एक छलाँग में पचास योजन तक जा सकते हैं (कि.६५)।

लंका पर प्रथम आक्रमण के लिए राम ने जो पुरुष-व्यूह बनाया था, उसमें गन्धमादन बायें पार्श्व में थे (यु. २४)।

गरुड़: पक्षिराज। भगवान विष्णु के वाहन। सगर के साठ हज़ार पुत्रों के मामा के रूप में भी उल्लेख-अर्थात् सगर की छोटी पत्नी सुमति के भाई (बा. ३८)। विनता के पुत्र।

राम और लक्ष्मण जब इन्द्रजित के सर्प रूपी बाणों से मृतप्राय पड़े थे तब अचानक गरुड़ ने पहुँचकर उन सर्पों को भगाया और राम को चेतावनी दी कि भविष्य में भी वे राक्षसों के कपट युद्ध के प्रति सावधान रहें (यु. ५०)।

गवयः वानर; सुग्रीव के मन्त्रियों में से एक (कि. ३३)। राम के समर्थन में सुग्रीव की सेना के लिए गवय भी विशाल वानर सेना के साथ किष्किन्धा पहुँचे थे (कि.३९)।

सुग्रीव द्वारा सीता की खोज के लिए दक्षिण दिशा में भेजे गये दल के एक सदस्य (कि. ४१)। गेरू के समान लाल रंग के शरीर वाला (यु. ९६)।

लंका पर आक्रमण के समय गवय—अंगद, ऋषभ, गवाक्ष तथा गज के साथ—दक्षिण द्वार को घेरकर खड़े थे (यु. ४१)।

रावण द्वारा सुग्रीव के अचेत हो जाने पर गवय, गवाक्ष, सुषेण, ऋषभ, ज्योतिर्मुख एवं नल ने रावण पर आक्रमण किया परन्तु रावण ने बाणों की मार से उन्हें क्षत-विक्षत कर दिया (यु. ५७)।

राम के राज्याभिषेक के लिए सुग्रीव ने जिन चार धावकों को सागर का जल लाने के लिए भेजा था, उनमें गवय (वेगदर्शी) भी थे, जो पश्चिम महासागर का जल लाये थे (यु. १८८)।

गवाक्षः वानर; सुग्रीव के मन्त्रियों में से एक (कि. ३३)। काले मुँह वाले वानरों के राजा (कि. ३९)। इनके वानरों ने सागर पर सेतु बाँधने में विशेष सहायता की थी। सुग्रीव द्वारा सीता की खोज के लिए दक्षिण दिशा में भेजे गये दल में सम्मिलित (कि.४१)।

दक्षिण सागर पार करने की समस्या प्रकट होने पर गवाक्ष ने कहा कि वह बीस योजन तक छलाँग लगा सकते हैं (कि. ६५)।

लंका पर आक्रमण के समय गवाक्ष—अंगद, गज, गवय एवं ऋषभ के साथ—दक्षिण द्वार पर डटे थे (यु. ४१)। बाद में वे राम के साथ उत्तर द्वार पर जा पहुँचे (यु.४२)।

रावण ने जब सुग्रीव को बाण से अचेत कर दिया तब गवय, गवाक्ष, ऋषभ, सुषेण, ज्योतिर्मुख और नल ने उस पर आक्रमण किया परन्तु रावण ने बाणों की मार से सभी को क्षत-विक्षत कर दिया (यु. ५७)।

गाधिः महाराज कुश के पौत्र; कुशनाभ के पुत्र। सत्यवती एवं विश्वामित्र के पिता (बा.३४)।

गार्ग्यः पूर्व दिशा के निवासी ऋषि; राम के राज्याभिषेक के बाद अन्य ऋषियों के साथ अयोध्या में उनसे मिलने गये (उ. १)। महर्षि अंगिरा के पुत्र (उ. १००)।

युधाजित ने उन्हें राम के पास सन्देश लेकर भेजा कि वे शैलूष शासित गन्धर्व देश पर आक्रमण करके उसे अपने अधीन करके वहाँ दो सुन्दर नगर बसाएँ (उ.१००)।

गालवः पूर्व दिशा के निवासी ऋषि; राम के राज्याभिषेक के बाद अन्य ऋषियों के साथ अयोध्या में उनसे मिलने गये (उ. १)।

गुहः गंगातट पर, प्रयाग के पास दूसरे तट पर स्थित शृंगवेरपुर का राजा। भीलों का शासक। राम का मित्र।

राम ने वनगमन के समय दूसरी रात शृंगवेरपुर में बितायी, तो गुह ने राम का

समुचित स्वागत-सत्कार किया और उनसे वनवास काल में श्रृंगवेरपुर में ही रहकर वहाँ का शासन करने का प्रस्ताव रखा (अ. ५०)।

भरत जब सेना एवं प्रजाजनों सहित राम को लौटाने जा रहे थे, तब गुह ने भरत का आशय न समझने के कारण, उनसे युद्ध करने का निश्चय किया (अ.८४)।

गोमुखः इन्द्र के सारथि मातलि का पुत्र, जयन्त का सारथि (उ. २८)।

गौतम (१): महाराज दशरथ के आठ ऋत्विजों में से एक । इनका मन्त्री नाम से भी उल्लेख है (बा. ७)।

गौतम (२): एक ऋषि, जो मिथिला के समीप अपने आश्रम में पत्नी अहल्या सहित तप करते थे । एक बार उनकी अनुपस्थिति में इन्द्र द्वारा उनके वेष में अहल्या से समागम । इन्द्र को भागते देख इन्द्र को वृषणरहित होने का और अहल्या को बहुत समय तक अदृश्य रहकर, मात्र हवा पीते हुए, तब तक पड़े रहने का शाप, जब तक राम आकर उसे मुक्ति न दिलाएँ (बा. ४८)।

राम द्वारा अहल्या की शाप-मुक्ति के उपरान्त हिमालय से लौटकर पत्नी को स्वीकार करके पुनः तपस्या प्रारम्भ (बा. ४९)।

जनक के राजगुरु शतानन्द के पिता ।

उत्तर दिशा के निवासी ऋषि; राम के राज्याभिषेक के बाद, अन्य ऋषियों के साथ, उनसे मिलने अयोध्या गये (उ. १)।

राजा निमि ने वैजयन्त नगर बसाकर जब दीर्घकालीन यज्ञ के लिए महर्षि वसिष्ठ को बुलाया था और वे, इन्द्र के यज्ञ में पहले से ही आमन्त्रित होने के कारण, न आ सके थे तब महर्षि गौतम ने वह यज्ञ पूरा कराया था (उ. ५५)।

ग्रामणीः उन पाँच गन्धर्वों में से एक जो दक्षिण सागर के बीच ऋषभ पर्वत पर स्थित चन्दन वन पर राज करते हैं (कि. ४१)।

एक गन्धर्व, जिसने अपनी कन्या देववती का विवाह राक्षस सुकेश के साथ कर दिया था (उ. ५)।

घ

घटोदरः लंकावासी राक्षस; रावण का एक मन्त्री जो रावण द्वारा देवलोक पर आक्रमण के समय भी उसके साथ था (उ. २७)।

घनः लंकावासी राक्षस (सु. ६)।

घृताचीः अप्सरा, जिसे भरद्वाज ने भरत के स्वागत के लिए बुलाया था (अ. ९१)।

च

चक्रः लंकावासी राक्षस । लंका में सीता को खोजते हुए, हनुमान चक्र के महल में भी गए थे (सु. ६)।

चक्रमालीः लंकावासी राक्षस योद्धा । मेघनाद-वध से पहले जो राक्षस योद्धा मारे जा चुके थे, उनमें चक्रमाली भी था (यु. ८९)।

चण्डः एक वानर यूथपति; देखने में भयंकर और पराक्रमी (यु. २६)।

चण्डोदरी: लंका की राक्षसी । अशोक वाटिका में रावण ने सीता पर चौकसी के लिए जिन राक्षसियों को रखा था, उनमें से एक (सु. २४)।

चन्द्रकेतु: इक्ष्वाकुवंशी राजकुमार । लक्ष्मण एवं ऊर्मिला के छोटे पुत्र; राजकुमार अंगद के बड़े भाई। भरत-पुत्रों को गन्धर्व प्रदेश में स्थापित करने के बाद राम ने चन्द्रकेतु को उत्तर में चन्द्रकान्त नगर बसाकर वहाँ का राज्य प्रदान किया । उन्हें राज्य में स्थापित करने भरत उनके साथ गये और एक वर्ष बाद उनका राज्य सुदृढ़ करके लौटे (उ.१०२)।

चित्ररथ: महाराज दशरथ के एक सूत एवं सचिव (अ. ३२)।

चूली: एक तेजस्वी नैष्ठिक ब्रह्मवादी तपस्वी । सोमदा नामक गन्धर्व कुमारी अनुग्रह की इच्छा से उनकी उपासना करती थी । सोमदा की सेवा से प्रसन्न होकर, उसकी इच्छा से, उन्होंने उसे ब्रह्मदत्त नामक मानस पुत्र प्रदान किया (बा. ३३)।

च्यवन: ऋषि; महर्षि भृगु के पुत्र । भारतीय आयुर्वेद के पितामह ।

सौत द्वारा विष दिए जाने पर, इक्ष्वाकुवंशी राजा असित की पत्नी कालिन्दी महर्षि च्यवन के पास सहायता के लिए गई तो उन्होंने उसका उपचार किया। उसने एक पुत्र को जन्म दिया, जो सगर कहलाया (बा. ७०)।

लवणासुर के प्रकोप से भयभीत होकर लगभग सौ ऋषि राम के पास च्यवन ऋषि के साथ पहुँचे थे (उ. ६०)। राम के पूछने पर उन्होंने राम को लवणासुर के विषय में तथा उसके निवास-स्थान, आहार आदि के विषय में भी विस्तार से बताया। राम ने सभी ऋषियों को सहायता का वचन दिया (उ. ६१,६२)।

ज

जंघ: लंकावासी राक्षस योद्धा । इन्द्रजित वध से पहले जो योद्धा मारे जा चुके थे, उनमें जंघ भी था (यु. ८९)।

जटायु: गृद्ध; श्येनि का पुत्र (अर. १४)। अन्तिम प्रजापति कश्यप की एक पत्नी ताम्रा की पुत्री (शुकी) की पुत्री विनता के दो पुत्र हुए—गरुड़ और अरुण । अरुण के पुत्र थे सम्पाति और जटायु ।

रावण जब सीता को हर कर लिये जा रहा था तब जटायु ने उसे ऐसा न करने के लिए समझाया और, उसके न समझने पर, रावण पर आक्रमण करके उसे क्षत-विक्षत कर दिया । परन्तु तभी रावण ने अपनी तलवार से उसके पंख काटकर उसे गिरा दिया (अर. ४९-५१)। राम को सीता-हरण के विषय में बताकर जटायु ने प्राण त्याग दिये । राम ने एक सम्बन्धी की तरह उनका दाह-संस्कार किया और उनका पिण्डदान करके उन्हें जलांजलि दी (अर. ६८)।

अपने बड़े भाई सम्पाति के अनुसार, एक बार वे दोनों सूर्य तक उड़कर पहुँचने का संकल्प करके चले थे । जटायु पहले व्यथित होकर धरती की ओर लौटा। उसे बचाने के लिए सम्पाति ने अपने पंख फैला दिये । दोनों अलग-अलग गिरने के कारण फिर कभी नहीं मिल पाये । दक्षिण की ओर खोज करते हुए वानर दल ने सम्पाति को उसकी मृत्यु का समाचार सुनाया, जिसे सुनकर सम्पाति ने भाई जटायु को जलांजलि दी (कि. ५८)।

जनक: मिथिला नरेश; ह्रस्वरोमा के ज्येष्ठ पुत्र; कुशध्वज के भाई । वास्तविक नाम सीरध्वज । जनक ने अपने राज्य में आने पर विश्वामित्र सहित राम-लक्ष्मण का स्वागत किया और उनके द्वारा शिव-धनुष देखने की इच्छा सुनकर धनुष की एवं सीता के जन्म की कथा सुनायी । बताया कि सीता के विवाह के लिए उन्होंने निश्चय किया है कि जो शिव-धनुष चढ़ा देगा, वही सीता का वरण करेगा (बा.६६)।

सीता से विवाह के इच्छुक अनेक राजाओं ने शिव-धनुष न चढ़ा पाने पर मिलकर मिथिला को घेर लिया और जनक को कष्ट देना प्रारम्भ किया था। परन्तु जनक ने देवताओं से सेना प्राप्त करके उन्हें भगा दिया था (बा. ६६)।

विश्वामित्र के आग्रह पर वह धनुष लाकर राम को दिखाया गया । राम ने सहज ही उस पर प्रत्यंचा चढ़ाकर खींची तो धनुष टूट गया । जनक ने विश्वामित्र की आज्ञा लेकर महाराज दशरथ के पास राम-सीता के विवाह का प्रस्ताव एवं निमन्त्रण भेजा (बा. ६८)।

दशरथ के आगे, राम-लक्ष्मण के लिए सीता एवं ऊर्मिला का विवाह प्रस्ताव रखते हुए, जनक ने अपनी वंशावली का परिचय दिया (बा. ७१)।

निमि (धर्मात्मा, धैर्यवान एवं पराक्रमी राजा ➽ मिथि ➽ जनक (जिनसे जनक वंश चला) ➽ उदावसु ➽ नन्दिवर्धन ➽ सुकेतु ➽ देवरात ➽ वृहद्रथ ➽ महावीर ➽ सुधृति ➽ धृष्टकेतु ➽ हर्यश्व ➽ मरु ➽ प्रतीन्धक ➽ कीर्तिरथ ➽ देवमीढ़ ➽ विबुध ➽ महीन्ध्रक ➽ कीर्तिरात ➽ महारोमा ➽ स्वर्णरोमा ➽ ह्रस्वरोमा ➽ सीरध्वज और कुशध्वज (बा.७१)।

राम के वन से लौटने पर उनके राज्याभिषेक के समय जनक भी अयोध्या आये थे । उनके मिथिला लौटते समय भरत एवं शत्रुघ्न उन्हें पहुँचाने गये थे (उ.३८)।

जमदग्नि (१): महर्षि । रेणुका के पति । भृगुवंशी ऋचीक मुनि, तथा विश्वामित्र की बड़ी बहन, सत्यवती के पुत्र और परशुराम के पिता ।

जब वे शस्त्रविहीन ध्यानस्थ बैठे थे तब कृतवीर्यकुमार अर्जुन ने उनका वध किया । इससे क्रोधित होकर उनके पुत्र परशुराम ने कई बार क्षत्रियों का विनाश किया (बा. ७५)।

जमदग्नि (२): उत्तर दिशा के निवासी ऋषि; राम के राज्याभिषेक के बाद, अन्य ऋषियों के साथ, उनसे मिलने अयोध्या गये (उ. १)।

जम्भ: एक वानर यूथपति (यु. ४)।

जयन्त (१): दशरथ के आठ मन्त्रियों में से एक (बा. ७)। जिन पाँच दूतों को वसिष्ठजी ने भरत-शत्रुघ्न को राजगृह से वापस बुलाने के लिए भेजा था, उनमें से एक । राम के वन से लौटने पर जो भरत के मंत्री उनकी अगवानी के लिए, हाथी पर बैठकर, गए थे उनमें जयन्त भी थे (उ. १२७)।

जयन्त (२): इन्द्र का पुत्र । रावण द्वारा देवलोक पर आक्रमण के समय मेघनाद से

टक्कर लेने जयन्त को भेजा गया था, परन्तु उसकी रक्षा के लिए उसके नाना पुलोमा उसे युद्ध-स्थल से दूर हटा ले गये (उ. २८)।

जयाः प्रजापति दक्ष की पुत्री; सुप्रभा की बहन। प्रजापति कृशाश्व के सहयोग से सैकड़ों अस्त्र-शस्त्रों की जननी। कृशाश्व ने अपने पुत्र-रूपी वे सभी अस्त्र-शस्त्र विश्वामित्र को तब अर्पित किए थे जब वे राज्यशासन करते थे (बा. २१)।

जवः एक गंधर्व—जिसका पुत्र तुम्बुरु, कुबेर का सेवक था और शापवश विराध नामक राक्षस बना (अर. ४)।

जह्नुः एक राजा। जब भगीरथ के पीछे गंगा की धारा बहती आ रही थी, तब राह में यज्ञ करते हुए जह्नु का यज्ञ मण्डप बह गया। क्रोध में जह्नु ने गंगा को पी लिया। तदनन्तर देवताओं आदि की प्रार्थना पर उन्होंने गंगा को मुक्त किया। गंगा इसी कारण जह्नु की पुत्री—जाह्नवी कहलायीं (बा. ४३)।

जाबालिः महाराज दशरथ के आठ ऋत्विजों में से एक (इन्हें मन्त्री भी कहा गया है)।

वन से राम को अयोध्या लौटाने के लिए, भरत के साथ जाने पर, जाबालि ने राम को व्यवहारिक बनकर अयोध्या का राज्य अपनाने का परामर्श दिया। राम के कुपित होने पर उन्होंने कहा कि वे न तो नास्तिक हैं और न धर्म-विरोधी। व्यवहारिक बनने का तर्क उन्होंने राम को लौटा ले जाने मात्र के लिए सुझाया था (अ. १०८-१०९)।

जाम्बवानः ऋक्षराज; ब्रह्माजी के मुख से जम्हाई लेते समय उत्पत्ति। सुग्रीव के वरिष्ठ मन्त्री (कि. ३३)। गद्गद के पुत्र; धूम्र के छोटे भाई (यु. २७)।

सुग्रीव ने सीता की खोज के लिए दक्षिण दिशा में जो दल भेजा था, उसमें अंगद, हनुमान आदि के साथ जाम्बवान भी थे (कि. ४१)।

दक्षिण सागर पार करने की समस्या आ पड़ने पर जाम्बवान ने कहा कि युवावस्था में वे बड़ी लम्बी छलाँग लगा लेते थे, परन्तु तब वृद्धावस्था में वे अधिक से अधिक नब्बे योजन तक जा सकते थे, परन्तु उतना पराक्रम सागर पार करने के लिए पर्याप्त नहीं था। जब अंगद ने यह कहा कि वे सौ योजन का सागर पार तो कर सकते हैं परन्तु लौटने के विषय में उन्हें विश्वास नहीं है, तो जाम्बवान ने उन्हें दल का नेता होने के नाते, सुरक्षित रहने का परामर्श दिया और कहा कि वे अन्य किसी भी वानर को सागर पार जाने की आज्ञा दें। तब अंगद ने स्वयं जाम्बवान से ही किसी को सागर पार भेजने के लिए कहा। जाम्बवान ने हनुमान को ही यह कार्य सौंपने का निश्चय किया (कि.६५)। उन्होंने हनुमान में आत्मविश्वास जगाया और कहा कि तुम ही हम सब में श्रेष्ठ हो और सागर पार करने में समर्थ हो। उनकी बात सुनकर हनुमान सागर पार करने के लिए तैयार हो गये (कि. ६६)। जब हनुमान सागर पार करने के लिए चले, तब जाम्बवान ने उन्हें पुनः विश्वास दिलाते हुए कहा कि जब तक तुम लंका से नहीं लौटते, हम सब यहीं खड़े रहकर तुम्हारी प्रतीक्षा करेंगे, क्योंकि हम सब वानरों का जीवन तुम्हारे अधीन है (कि. ६५)।

लंका पर प्रथम आक्रमण के समय जब राम ने पुरुष व्यूह बनाया था तब जाम्बवान, सुषेण एवं वेगदर्शी के साथ, कुक्षि भाग में स्थित थे (यु. २४)।

जाम्बवान ने देवासुर संग्राम में देवताओं की सहायता की थी और इन्द्र से अनेक वर प्राप्त किये थे (यु. २७)।

लंका पर आक्रमण के समय जाम्बवान, सुषेण के साथ, राम के कुछ पीछे रहकर मोर्चे की रक्षा कर रहे थे (यु. ४१)।

प्रहस्त जब अपने चार सेनापतियों के साथ युद्ध करने आया था तो जाम्बवान ने उसके एक सेनापति, महानाद, को मार डाला (यु. ५८)।

मेघनाद की छल द्वारा बाण-वर्षा से जब राम-लक्ष्मण एवं जाम्बवान आदि सभी घायल हो गये, तब उन्हें पुनः स्वस्थ करने के लिए जाम्बवान ने हनुमान से हिमालय से औषधि लाने को कहा (यु. ७४)।

जब लक्ष्मण निकुम्भिला मन्दिर में इन्द्रजित का वध करने गये, तब जाम्बवान भी उनके साथ थे (यु. ८६)।

राम के साकेत-गमन का निर्णय सुनकर ज़ाम्बवान भी राम के साथ देह-त्याग के लिए अनुमति लेने राम के पास गये थे, परन्तु राम ने उन्हें जीवित रहने को कहा (उ.१०८)।

राम के राज्याभिषेक के लिए सुग्रीव ने जिन चार धावकों को सागर का जल लाने भेजा था उनमें जाम्बवान भी थे, जो पूर्व समुद्र का जल भरकर लाये थे (यु.१२८)।

जाम्बुमाली: लंकावासी राक्षस। लंका में सीता की खोज करते हुए, हनुमान जाम्बुमाली के भवन में भी गए थे (सु. ६)।

प्रहस्त का पुत्र, जिसे हनुमान ने लंका में अशोक वाटिका उजाड़ने के बाद मारा(?) था (सु. ४४)। लंका पर प्रथम आक्रमण के दिन हनुमान एवं जाम्बुमाली का मल्ल युद्ध छिड़ा था (यु. ४३)।

रावण द्वारा देवलोक पर आक्रमण के समय जम्बुमाली भी उसके साथ था (उ.२७)।

ज्योतिर्मुख: राम की सेना का एक पराक्रमी वानर; सूर्य का औरस पुत्र (यु. ३०)।

त

तपन: लंकावासी राक्षस; लंका पर प्रथम आक्रमण के समय जिसका गज से मल्ल-युद्ध हुआ था (यु. ४३)।

तक्ष: भरत के पुत्र; पुष्कल के बड़े भाई। युधाजित एवं राम के आदेश पर भरत ने सिन्धु तटवर्ती गन्धर्व प्रदेश को जीतकर वहाँ दो नगर बसाये। तक्षशिला पर तक्ष का अभिषेक किया और पुष्कलावती पर पुष्कल का (उ. १०१)।

ताटका (या ताड़का): इच्छानुसार रूप धारण करने वाली महाबलशाली यक्षिणी, जो मलद एवं करूष वन में उपद्रव करती रहती थी।

यक्ष सुकेतु की, तपस्या के बाद, ब्रह्माजी द्वारा वरदान में प्राप्त बलशालिनी पुत्री। जम्भपुत्र सुन्द से विवाह । मारीच की माँ।

मुनि अगस्त्य के शाप से सुन्द की मृत्यु हो जाने पर अगस्त्य को खाने दौड़ी। अगस्त्य ने शाप देकर मारीच को राक्षस और ताटका को भयंकर मुखवाली राक्षसी बना दिया। राक्षसी बनकर वह अगस्त्य के निवास-वन को उजाड़ने लगी (बा.२५)।

महर्षि विश्वामित्र के आदेश पर राम ने ताटका का वध किया (बा. २६)।

तारः वानर सरदार। तारा का भाई। सुषेण का पुत्र। बृहस्पति द्वारा जन्म। सुग्रीव के समर्थक एवं विश्वास-पात्र। राम के परामर्श पर जब सुग्रीव वाली को ललकारने गये, तब राम आदि सहित तार भी साथ थे (कि. १३)।

दक्षिण दिशा में जो वानर दल सीता की खोज के लिए अंगद के नेतृत्व में गया, उसमें तार भी थे। जब सीता नहीं मिलीं और एक मास का निश्चित समय बीत गया तब, असफल होकर लौटने के कारण सुग्रीव से प्राण-दण्ड पाने के भय से, अंगद ने सागर तट पर उपवास करके प्राण त्यागना ही श्रेष्ठ समझा। साथ के अन्य सब वानर भी सहमत हो गये। तब तार ने परामर्श दिया कि क्यों न वे सब स्वयंप्रभा की गुफ़ा में लौटकर वहीं जीवन बिता दें। वहाँ सभी सुविधाएँ थीं, और दुर्गम होने के कारण वहाँ सुग्रीव का भी कोई भय नहीं था (कि. ५३)।

प्रहस्त के साथ आये उसके सेनापति कुम्भहनु का वध तार ने किया था (यु.५८)।

ताराः वाली की पत्नी; सुषेण की पुत्री। अंगद की माँ। सुग्रीव के दूसरी बार ललकारने पर जब वाली जाने लगा तो तारा ने उसे रोकते हुए राम का भय दिखाया और सुग्रीव से भी सन्धि करने की सलाह दी (कि. १५)।

वाली पर बाण के आघात की बात सुनकर तारा दौड़कर वाली के पास पहुँची। वानरों ने उसे सलाह दी कि वह अपने को एवं अपने पुत्र अंगद को बचाये और अंगद को किष्किन्धा का राजा बना दे। परन्तु तारा, वाली के बिना, सब कुछ व्यर्थ बताते हुए वाली के पास दौड़कर पहुँची और उसके पास गिरकर रोने लगी। रोते-रोते उसने राम एवं सुग्रीव पर व्यंग्य भी किया और वहीं बैठकर आमरण अनशन का निश्चय किया (कि. १९-२०)।

हनुमान ने उसे समझाया और, मन की शान्ति के लिए, अंगद को राज-सिंहासन पर बिठाने की सलाह दी। परन्तु तारा ने मृत पति का अनुगमन करने को ही श्रेयस्कर बताया (कि. २१)।

वाली की मृत्यु के बाद तारा ने राम के पास जाकर कहा कि आप वीर धनुर्धर हैं..... जैसे वाली को मारा वैसे ही मुझे भी मारकर मेरे पति के पास भेज दीजिए। आप मुझे यह समझ कर मारिए कि वाली की आत्मा को मार रहे हैं, तो आपको स्त्री-हत्या का पाप नहीं लगेगा (कि. २४)।

राम के समझाने पर तारा किसी प्रकार शान्त हुई। सुग्रीव ने राजा बनकर तारा को भी पत्नी बना लिया। वर्षा ॠतु बीतने पर जब लक्ष्मण सुग्रीव को उसके वचन की याद दिलाने पहुँचे तो, उन्हें क्रोध में भरा देख, सुग्रीव ने तारा को भेजा कि वह समझा-बुझाकर लक्ष्मण को शान्त करे। तारा ने मित्रता की दुहाई देकर और विषय-भोग में पड़कर भूल जाने के कारण, सीता की खोज में होने वाले विलम्ब के लिए, सुग्रीव की ओर से क्षमा माँगी (कि. ३२-३५)।

तिमिध्वजः देखिए, शम्बर । सुबाहु, जिसे राम ने विश्वामित्र के आश्रम पर मारा था, का पिता।

तीक्ष्णवेगः एक लंकावासी राक्षस योद्धा । इन्द्रजित पर निकुम्भिला मन्दिर में लक्ष्मण द्वारा आक्रमण के समय विभीषण द्वारा उसके पहले ही मारे जाने का संकेत है (यु. ८९)।

तुम्बुरुः देखिए, विराध ।

तृणबिन्दुः राजर्षि, जो मेरु पर्वत के निकट आश्रम में रहते थे । पुलस्त्य की पत्नी के पिता । विश्रवा के नाना (उ. २)।

त्रिजटः अयोध्या निवासी एक निर्धन ब्राह्मण, जिसे वन जाते समय राम ने असंख्य गौएं दान में दी थीं (अ. ३२)।

त्रिजटाः लंका की एक राक्षसी । अशोक वाटिका में सीता की चौकसी करने के लिए रावण ने जिन राक्षसियों को रखा था, उनमें से एक । त्रिजटा सीता के प्रति सहानुभूति रखती थी । उसने ही सबसे पहले सीता को स्वप्न में रावण की हार और राम की विजय देखने की बात बताकर सीता का उत्साह बढ़ाया था और सीता को डराने-धमकाने वाली अन्य राक्षसियों को सीता के प्रति सौम्य बनाया था (सु.२७)।

राम एवं लक्ष्मण के इन्द्रजित द्वारा घायल होने पर रावण ने, उन्हें मृत समझकर, त्रिजटा को आज्ञा दी कि वह सीता को पुष्पक विमान में बिठाकर राम-लक्ष्मण के शव दिखाये । त्रिजटा ने ऐसा ही किया । सीता जब उन दोनों को भूमि पर पड़ा देख विलाप करने लगीं तो त्रिजटा ने तर्क द्वारा सीता को विश्वास दिलाया कि वे दोनों जीवित लगते हैं (यु. ४८)।

त्रिशंकुः इक्ष्वाकुवंशी; अयोध्या के एक राजा । पृथु के पुत्र और धुन्धुमार के पिता । उन्होंने ऐसा यज्ञ करने का निश्चय किया कि वे सशरीर स्वर्ग जा सकें । राजगुरु वसिष्ठ द्वारा यह कार्य असम्भव कह देने पर वे दक्षिण दिशा में, वसिष्ठजी के तपस्यारत पुत्रों के पास गये (बा. ५७)।

जब वसिष्ठजी के पुत्रों ने भी उन्हें मना किया तो उन्होंने किसी दूसरे ऋषि के पास जाने की बात कही । यह सुनकर मुनिपुत्रों ने उन्हें चाण्डाल हो जाने का शाप दिया। वे चाण्डाल रूप में, अकेले ही, विश्वामित्रजी के पास पहुँचे और अपनी प्रार्थना कह सुनायी (बा. ५८)।

विश्वामित्रजी ने उनकी प्रार्थना स्वीकार करके उन्हें सशरीर स्वर्ग भेजने के लिए यज्ञ किया । तदुपरान्त जब अपना भाग लेने के लिए देवता नहीं आये, तो क्रोध में भरकर विश्वामित्रजी ने उन्हें तपबल द्वारा सशरीर स्वर्ग भेज दिया ।

स्वर्ग में इन्द्र ने त्रिशंकु को प्रवेश न देकर वापस भेज दिया । वे रोते-चिल्लाते गिरने लगे तो उनकी करुण पुकार सुनकर विश्वामित्रजी ने उन्हें बीच में ही रोक दिया और अपना वचन पूरा करने के लिए, त्रिशंकु के लिए नये स्वर्ग की रचना प्रारम्भ की । तभी सभी देवताओं ने ऐसा न करने के लिए विश्वामित्रजी से प्रार्थना की और आश्वासन दिया कि त्रिशुंक को पृथ्वी एवं स्वर्ग के बीच में ही स्वर्ग जैसा सुख प्राप्त होता रहेगा (बा. ५९-६०))।

त्रिशिरा (१): खर की सेना का एक प्रमुख योद्धा, जो राम पर आक्रमण के समय, सेनापति दूषण के पीछे सेना का नेतृत्व करता चल रहा था (अर. २३)।

दूषण एवं सेना की क्षति के बाद, जब खर स्वयं राम के सामने जाने लगा तब त्रिशिरा ने उसे रोककर स्वयं राम पर आक्रमण की आज्ञा माँगी। राम से भयंकर युद्ध करके वह राम द्वारा मारा गया (अर. २७)।

त्रिशिरा (२): रावण का पुत्र (यु. ६८)। जब रावण वानर सेना से युद्ध करने गया, तब अन्य महारथियों के साथ त्रिशिरा भी उसके साथ था (यु. ५७)।

कुम्भकर्ण की मृत्यु के पश्चात चार रावण पुत्र (देवान्तक, नरान्तक, त्रिशिरा एवं अतिकाय) महापार्श्व एवं महोदर के संरक्षण में वानर सेना से युद्ध के लिए गये (यु.६९)। वानर यूथपतियों से भीषण युद्ध के बाद हनुमान द्वारा उसका वध (यु.७०)।

रावण द्वारा देवलोक पर आक्रमण के समय त्रिशिरा भी उसके साथ था (उ.२७)।

त्वष्टा: अदिति के पुत्र। देवताओं पर रावण के आक्रमण के समय त्वष्टा ने भी अपने भाई पूषा के साथ मिलकर राक्षस सेना के विरुद्ध युद्ध किया था (उ. २७)।

द

दंष्ट्र: लंकावासी राक्षस। लंका में सीता की खोज करते हुए, हनुमान दंष्ट्र के भवन में भी गए थे (सु. ६)।

दण्ड (१): लंकावासी राक्षस; सुमाली और केतुमती का पुत्र; प्रहस्त, अकम्पन, विकट, कालिकामुख, धूम्राक्ष, सुपार्श्व, संह्रादि, प्रघस तथा भासकर्ण का भाई। उसकी बहनें थीं—राका, पुष्पोत्कटा, कैकसी तथा कुम्भीनसी (उ. ५)।

दण्ड (२): इक्ष्वाकु के, सौ पुत्रो में से सबसे छोटा; मूढ़ और विद्याहीन। 'वह लोगों से अवश्य दण्ड पायेगा' यह सोचकर राजा ने उसका नाम दण्ड रखा और विन्ध्य एवं शैवल पर्वत के बीच का भूभाग उसे राज्य में दे दिया। दण्ड ने उस वन प्रान्त में अपने लिए मधुवन्त नाम का नगर बसाया और शुक्राचार्य को गुरु रखा (उ.७९)।

एक बार उन्होंने गुरुकन्या अरजा को देखा और मोहित होकर उससे समागम का प्रस्ताव किया। अरजा ने समागम की अनुमति न देकर विवाह के लिए पिता से मिलने को कहा। परन्तु दण्ड ने उसकी इच्छा के विरुद्ध बलपूर्वक उससे समागम किया (उ. ८०)।

भृगु ने यह ज्ञात होने पर दण्ड को शाप दिया कि उसका साम्राज्य धूल की वर्षा के कारण सूना हो जायेगा। शाप के कारण वह वन प्रदेश निर्जन हो गया और दण्डकारण्य कहलाया (उ. ८१)।

दधिमुख: वानर; सुग्रीव के मन्त्रियों में से एक (कि. ३३)। सुग्रीव का मामा; सुग्रीव के प्रिय एवं सुरक्षित उपवन मधुवन का रक्षक।

लंका में सीता का पता लगाकर जब हनुमान वानरों सहित लौट रहे थे, तब मधुवन में फल एवं मधु देखकर सभी वानरों का जी ललचा उठा। यह भूलकर कि

वह राजा द्वारा सुरक्षित उपवन है, वे सभी वानर अपनी सफलता के मद में मधुवन में घुस गये । दधिमुख ने उन्हें रोका तो सब ने मिलकर दधिमुख को मारा-पीटा (सु.६२)। हारकर दधिमुख ने जाकर सुग्रीव से शिकायत की (सु. ६३)।

दन्तवक्त्र: राम के घनिष्ठ मित्रों में से एक (उ. ४३)।

दम्भ: राम की सेना का एक वानर यूथपति; इन्द्र का उपासक (यु. २७)।

दरीमुख: वानर यूथपति । सुग्रीव के आदेश पर जो वानर यूथपति सेनाएँ एकत्रित करके किष्किन्धा पहुँचे थे, उनमें से एक (कि. ३९)।

दशरथ: अयोध्या के सम्राट, इक्ष्वाकुवंशी । राम के पिता ।

उनके आठ मन्त्री थे—धृष्टि, जयन्त, विजय, सुराष्ट्र, राष्ट्रवर्धन, अकोप, धर्मपाल, और सुमन्त्र । दो मुख्य ऋत्विज (पुरोहित) थे—वसिष्ठ एवं वामदेव । अन्य पुरोहित थे सुयज्ञ, जाबालि, काश्यप, गौतम, मार्कण्डेय और कात्यायन (इन्हें मन्त्री भी कहा गया है) (बा. ७)।

तीन पटरानियाँ थीं—कौसल्या, कैकेयी एवं सुमित्रा—तथा अन्य लगभग ३५० रानियाँ । पुत्र-प्राप्ति के लिए यज्ञ द्वारा चार बेटों की प्राप्ति ।

विश्वामित्र के आग्रह पर उनके यज्ञ की रक्षा के लिए उन्होंने अपने पुत्र राम एवं लक्ष्मण को उनके साथ भेज दिया था (बा. १९-२२)।

राम को राज्य देने का निश्चय, राम की योग्यता और अपनी वृद्धावस्था देखकर (अ. १)।

मंत्रियों, पुरोहितों एवं सभासदों से राम के राज्याभिषेक के प्रस्ताव पर अनुमोदन प्राप्त करके, दशरथ ने गुरु वसिष्ठ द्वारा राम एवं सीता को व्रत उपवास आदि की दीक्षा दिलाई और अन्त:पुर में प्रवेश किया (अ. ५)। वहाँ कैकेयी को न पाकर उन्हें ज्ञात हुआ कि वे कोप-भवन में हैं । कैकेयी की स्थिति देखकर वे दुखी हुए और हर प्रकार सान्त्वना देकर उनके क्रोध का कारण पूछने लगे (अ. १०)। कैकेयी ने उन्हें पहले दिए दो वरदानों की याद दिलाई। (विस्तृत विवरण के लिए देखें)—कैकेयी) और उनके बदले भरत का राज्याभिषेक और राम के लिए चौदह वर्ष का वनवास माँगा (अ. ११)।

दशरथ ने हर प्रकार समझाते हुए तथा अनुनय-विनय करके भी कैकेयी से कहा कि वे भरत के लिए राज्य भले ही ले लें, परन्तु राम के वनवास का आग्रह त्याग दें, परन्तु कैकेयी नहीं मानीं। हारकर उन्हें राम को बुलवाना पड़ा (अ. १२-१५)।

राम आए तो वे उनसे कुछ नहीं कह पाए और, कैकेयी के मुख से सुनकर, राम का वनगमन स्वीकार करना देखकर विलाप करते रहे (अ. १८-२०)।

राम को, सीता एवं लक्ष्मण सहित, वन जाने के लिए उद्यत देख दशरथ मूर्छित हो गए । चेत होने पर उन्होंने सीता को रोकने का प्रयत्न किया और राम के साथ सेना एवं कोष भेजने का प्रस्ताव भी किया परन्तु कैकेयी के हठ के आगे उनका वश नहीं चला (अ. ३४-३८)।

राम के वनगमन के समय रथ के पीछे दौड़ते हुए वे गिरे और उठाने के लिए बढ़ी अपनी तीनों रानियों में से कैकेयी को त्यागकर वे कौसल्या के भवन में गए। उन्होंने यह भी कहा कि यदि भरत यह राज्य पाकर प्रसन्न हो तो वह उनका श्राद्ध, प्रेतकर्म आदि न करे (अ. ४०-४२)।

राम को वन पहुँचाकर लौटे सुमन्त्र को देख वे मूर्छित हुए (अ. ५७); वे सुमन्त्र से राम-लक्ष्मण के संदेश सुनकर (अ. ५८-५९) दुखी हुए, सुमन्त्र ने उन्हें समझाया (अ. ६०) तथा कौसल्या ने ताना भी दिया(अ. ६१) जिसे सुनकर उन्होंने कौसल्या से रोकर क्षमा माँगी (अ. ६२) और रोकर एक मुनि द्वारा दिए गए शाप की पूर्वकालीन धटना बताई:

तब वे युवराज ही थे और अविवाहित तरुण....... शब्द-वेधी वाण में निपुण तथा प्रशंसा के मद में चूर्ण। एक बार वर्षा ऋतु में रात्रि के समय नदी के किनारे कुछ स्वर सुनकर उन्होंने हिंसक पशु का अनुमान लगाकर एक बाण छोड़ा। परन्तु वहाँ मनुष्य का करुण स्वर सुनकर उन्हें ज्ञात हुआ कि उन्होंने एक मुनिकुमार को मार दिया है। मरते-मरते उस व्यक्ति ने बताया कि वह अपने प्यासे एवं अंधे माँ-बाप के लिए पानी लेने आया था। दशरथ ने जाकर उन्हें पीने का जल दिया और उनके बेटे के वध का समाचार सुनाकर क्षमा माँगी। यह सुनकर उन दोनों ने भी पुत्र-वियोग में प्राण त्यागे और मरते-मरते शाप दिया कि तुम्हें भी ऐसा ही दुख भोगना पड़ेगा; तुम भी पुत्र-शोक से ही प्राण त्यागोगे।

यह घटना सुनाते हुए, आधी रात के बाद दशरथ ने शरीर त्याग दिया (अ.६४)।

अंत्येष्टि के लिए सभी पुत्रों के अभाव में, दशरथ का शव ओषधियुक्त तेल में डुबाकर रख दिया गया और गुरु वसिष्ठ ने भरत को बुलाने के लिए दूत भेजे (अ. ६६-६८)।

भरत ने अयोध्या लौटकर राजपद अस्वीकार करते हुए दशरथ का अंत्येष्टि संस्कार किया (अ. ७६)।

राम की लंका-विजय के बाद, आकाश में स्थित रहते हुए, उन्होंने राम को दर्शन दिया और आशीर्वाद-साधुवाद दिया। उन्होंने राम से कुछ माँगने को कहा तो राम ने प्रार्थना की कि वे कैकेयी एवं भरत के प्रति अपना क्रोध त्यागकर उन्हें अपना लें। दशरथ ने उनकी यह प्रार्थना स्वीकार की (अ. ११९)।

दितिः दैत्यों की माता। मरीचिनन्दन कश्यप की पत्नी। देवताओं की माँ, अदिति की बहन।

सागर-मन्थन के पश्चात इन्द्र द्वारा दैत्यों की हत्या-पराजय से दुःखी होकर वे तप द्वारा ऐसा पुत्र उत्पन्न करने चलीं, जो इन्द्र का वध करे। वे कश्यप के आदेशानुसार कुशप्लव वन में शौचाचारपूर्वक तप करने लगीं। वहाँ इन्द्र ने उनकी सेवा द्वारा उनका रोष शान्त किया, परन्तु अवसर पाकर उनके गर्भ के टुकड़े कर दिए (बा. ४६)।

दिलीपः इक्ष्वाकुवंशी; अयोध्या के सम्राट । अंशुमान के पुत्र । रोग एवं सगर-पुत्रों को तारने के लिए गंगा न ला पाने की चिन्ता में मृत्यु । भगीरथ उनके पुत्र थे, जो अन्ततः गंगा को लाये (बा. ४२)।

दुन्दुभिः दैत्य, जिसे वाली ने मारा था ।

मय दानव का छोटा पुत्र, मायावी का छोटा भाई—भैंसे के आकार का (कि.१२)।

बल के घमण्ड में वह सागर से लड़ने पहुँचा तो सागर ने अपने को अयोग्य बताते हुए उसे हिमवान पर्वत से लड़ने भेजा । हिमवान ने भी उसकी चुनौती स्वीकार नहीं की और वाली को ही युद्ध के लिए उपयुक्त बताया ।

दुन्दुभि ने वाली को जाकर ललकारा और उन दोनों के प्राणान्तक युद्ध में दुन्दुभि की मृत्यु हुई । वाली ने उसे उठाकर फेंका तो उसके रक्त की बूँदें मतंग मुनि के आश्रम पर गिरीं । मतंग मुनि ने वाली को मतंग वन में न आने का शाप दिया (कि. ११)।

दुर्जयः जनस्थान का एक राक्षस; खर का एक प्रमुख सैनिक—उन बारह में से एक जो राम पर आक्रमण के समय खर को घेरकर चल रहे थे (अर. २३)।

रावण को समर्थन देने वाला योद्धा (यु.९)।

दुर्धरः रावण का एक सेनापति, जिसे रावण ने अशोक वाटिका नष्ट होने का समाचार पाकर हनुमान को पकड़ने के लिए भेजा था (सु. ४६)।

जब हनुमान रावण के दरबार में इन्द्रजित द्वारा बन्दी बनाकर लाये गये तब दुर्धर भी रावण के पास बैठा था (सु. ४९)।

दुर्मुख (१): वानर यूथपति । सुग्रीव का आदेश पाकर जो वानर यूथपति सेनाएँ एकत्रित करके किष्किन्धा पहुँचे थे, उनमें से एक (कि. ३९)।

प्रहस्त के साथ आये उसके सेनापति—समुन्नत—को दुर्मुख ने मारा था (यु.५८)।

दुर्मुख (२): लंकावासी राक्षस; रावण का एक सेनापति ।

राम की ओर से लंका पर आक्रमण की आशंका पर जब रावण ने अपने मन्त्रियों से परामर्श किया था तब अन्य मन्त्रियों के साथ दुर्मुख ने भी रावण से निश्चिन्त रहने को कहा था । उसका दावा था कि वह अकेला ही समस्त वानरों को मार भगायेगा (यु. ८)।

माल्यवान एवं सुन्दरी का पुत्र; वज्रमुष्टि, विरूपाक्ष, सुप्तघ्न, यज्ञकोप, मत्त, उन्मत्त, और अनला का भाई (यु. ५)।

रावण द्वारा देवलोक पर आक्रमण के समय दुर्मुख भी उसके साथ था (उ.२७)।

दुर्मुखीः लंका की राक्षसी । अशोक वाटिका में सीता पर पहरा रखने के लिए रावण ने जो राक्षसियाँ रखी थीं उनमें से एक (सु. २३)।

दुर्वासाः एक ऋषि; अत्रि के पुत्र; अपने क्रोधी स्वभाव के लिए विख्यात ।

उन्होंने राम के बचपन में ही, दशरथ को सुमन्त्र की उपस्थिति में, बता दिया था कि राम जीवन भर कष्ट उठाएँगे । वे समय आने पर पत्नी तथा भाइयों को भी त्याग देंगे (उ.५०)।

काल जब राम से मिलने अयोध्या पहुँचा, तब राम से एकान्त में बात करते समय काल ने शर्त रखी थी कि जो उन्हें बात करते देखे या उनकी बात सुने, राम उसे प्राण दण्ड दें । तब लक्ष्मण पहरे पर थे । तभी दुर्वासा ने वहाँ पहुँचकर तुरन्त राम से मिलने का आग्रह किया । लक्ष्मण के समझाने पर दुर्वासा ने राम, उनके पूरे परिवार तथा अयोध्यावासियों को शाप देने की धमकी दी । हारकर लक्ष्मण को, प्राण-संकट जानते हुए भी, राम के सम्मुख जाना पड़ा ।

राम जब उनसे मिलने आये तो उन्होंने बताया कि वे लम्बी अवधि के उपवास के बाद उनके यहाँ भोजन करना चाहते हैं । राम ने उन्हें भोजन तो करा दिया परन्तु उन्हें लक्ष्मण को (प्राण) दण्ड देना पड़ा (उ. १०५)।

दूषणः राक्षस; रावण एवं खर का भाई । जनस्थान में खर का सेनापति, जो खर के साथ राम पर आक्रमण करने गया था और वहाँ मारा गया (अर. २६)।

लंकावासी राक्षस । रावण द्वारा देवलोक पर आक्रमण के समय दूषण भी उसके साथ था (उ. २७)।

दृढ़नेत्रः महर्षि विश्वामित्र के तीसरे पुत्र, जिनका जन्म विश्वामित्रजी के ब्राह्मणत्व प्राप्ति के लिए, दक्षिण दिशा में, तपस्या काल में हुआ (बा. ५७)।

देवताः ३३ देवता–१२ आदित्य, ११ रुद्र, ८ वसु, और दो अश्विनीकुमार ।

देवयानीः ययाति की दूसरी पत्नी । शुक्राचार्य की पुत्री । यदु की माँ । सुन्दर होने पर भी पति को प्रिय नहीं थी । अपनी माँ के प्रति पिता का दुर्व्यवहार देखकर यदु ने देवयानी से कहा कि इससे अच्छा तो यह होगा कि वे दोनों अग्नि में प्रवेश कर जाएँ और यदि देवयानी इसके लिए तैयार न हो तो वह अकेला ही आत्मदाह कर लेगा । यह सुनकर तथा पति की उदासीनता देखकर देवयानी ने अपने पिता को बुलवाया और अपने तथा पुत्र यदु के प्रति पति की उदासीनता की सूचना दी । क्रोधित होकर शुक्राचार्य ने ययाति को जरा एवं शारीरिक शिथिलता का शाप दिया (उ. ५८)।

देवरातः एक राजा; निमि के पुत्र; महाराज जनक के पूर्वज । शिवजी का धनुष, जो राम के हाथों टूटा था, महाराज देवरात को धरोहर के रूप में मिला था (बा. ७१)।

देववतीः ग्रामणी नामक गन्धर्व की कन्या, जिसका विवाह राक्षस सुकेश के साथ हुआ था । माल्यवान, सुमाली एवं माली उसके पुत्र थे (उ. ५)।

देवसेनः देवताओं के सेनापति होने के कारण, कार्तिकेय का ही एक नाम (उ. ८७)। महासेन भी।

देवान्तकः रावण का एक पुत्र (यु. ६८)।

कुम्भकर्ण की मृत्यु के पश्चात चार रावण पुत्र (देवान्तक, नरान्तक, त्रिशिरा एवं अतिकाय), महोदर एवं महापार्श्व के साथ वानर सेना से युद्ध करने गये थे (यु.६९)।

वानर यूथपतियों से भीषण युद्ध के बाद वह हनुमान द्वारा मारा गया (यु.७०)।

रावण द्वारा देवलोक पर आक्रमण के समय देवान्तक भी उसके साथ था (उ.२७)।

द्विजिह्वः लंकावासी राक्षस । लंका में सीता की खोज करते हुए, हनुमान द्विजिह्व के महल में भी गए थे (सु. ६)।

द्विविदः अश्विनीकुमार द्वारा उत्पन्न, वानर । सुग्रीव के मन्त्रियों में से एक (कि. ३३)। सुग्रीव ने सीता की खोज के लिए दक्षिण दिशा में जो दल भेजा, उसमें द्विविद भी थे (कि. ४१)।

दक्षिण सागर पार करने की समस्या आने पर द्विविद ने कहा कि वे एक छलाँग में सत्तर योजन तक ही जा पाऐंगे (कि. ६५)।

ब्रह्माजी की आज्ञा से मैन्द एवं द्विविद ने अमृतपान किया था (यु. २८)। लंका पर आक्रमण के समय द्विविद, नील एवं मैन्द के साथ पूर्व द्वार पर डट गये थे (यु. ४१)। फिर युद्ध में अशनिप्रभ द्वारा, घायल होने के बाद एक साल वृक्ष के आघात से उन्होंने अशनिप्रभ को मार गिराया (यु. ४३)।

जब अकम्पन युद्ध के लिए आया तो कुमुद, नल और मैन्द के साथ द्विविद ने उससे टक्कर ली (यु. ५५)। तब हनुमान ने आकर उन सबको बचाया (यु.५६)।

प्रहस्त के साथ आये चार सेनापतियों में से एक–नरान्तक–को द्वविद ने मारा था (यु. ५८)।

अंगद के मामा तथा मैन्द के छोटे भाई । भीषण युद्ध करके शोणिताक्ष का वध (यु.७६)।

राम के देह-त्याग का निर्णय सुनकर द्विविद भी राम के साथ ही देह त्यागने का निश्चय करके अयोध्या पहुँचे थे परन्तु राम ने उन्हें दीर्घ काल तक जीवित रहने का आदेश दिया (उ. १०८)।

ध

धर्मपालः दशरथ के आठ मन्त्रियों में से एक–सातवें (बा. ७)।

धर्मभृतः एक मुनि । चित्रकूट से दण्डकारण्य जाते समय, राम के साथ जो मुनि सुतीक्ष्ण आश्रम होते हुए गये थे , उनमें से एक (अर. ११)।

धान्यमालिनीः राक्षसी; रावण की प्रमुख पत्नियों में से एक । सीता को फुसलाने में असफल होकर जब रावण उन्हें आंतकित करने लगा था तो मंदोदरी के साथ ही धान्यमालिनी ने भी उसे सीता के प्रति विमुख करते हुए समझाया था कि सीता के भाग्य में आपका वैभव नहीं है, अतः उसे छोड़ दीजिए । जो स्त्री प्रेम नहीं करती उसकी कामना करने से दुख ही मिलता है, प्रेम करने वाली स्त्री ही सुख दे सकती हैं (सु. २२)।

धुन्धुमारः इक्ष्वाकुवंशी, अयोध्या के एक राजा । त्रिशंकु के पुत्र और युवनाश्व के पिता (बा. ७०)।

धूमकेतुः राक्षस; रावण का एक मन्त्री जो रावण के देवताओं के विरुद्ध युद्ध में भी उसके साथ था (उ. २७)।

धूम्रः रीछों का यूथपति; सुग्रीव का प्रधान समर्थक (कि. ३९)। ऋक्षवान पर्वत-निवासी जो नर्मदा का जल पीता था। जाम्बवान का बड़ा भाई (यु. २७)।

लंका पर आक्रमण के समय धूम्र राम के साथ उत्तर द्वार पर युद्ध करने जा पहुँचे (यु. ४२)।

धूम्राक्षः लंकावासी राक्षस (सु. ६); रावण को समर्थन देने वाला योद्धा (यु. ९)।

रावण को जब यह सूचना मिली कि राम एवं लक्ष्मण इन्द्रजित के सर्पपाश से मुक्त हो गये, तब उसने धूम्राक्ष को सेना लेकर राम का वध करने की आज्ञा दी। धूम्राक्ष विशाल सेना लेकर चला, तो उसने कई अपशकुन देखे परन्तु वह बढ़ता ही गया। वह लंका के पश्चिम द्वार से निकला जहाँ हनुमान मार्ग रोके खड़े थे (यु.५१)। भीषण युद्ध में वानर सेना की क्षति करने के बाद हनुमान द्वारा उसका वध हुआ (यु.५२)।

सुमाली एवं केतुमती का पुत्र; प्रहस्त, अकम्पन, विकट, कालिकामुख, दण्ड, सुपार्श्व, संह्लादि, प्रघस तथा भासकर्ण का भाई। उसकी बहनें थी—राका, पुष्पोत्कटा, कैकसी और कुम्भीनसी (उ. ५)।

रावण जब कुबेर पर आक्रमण करने कैलास पर्वत पर गया था तब शुक, सारण एवं मारीच के साथ धूम्राक्ष भी साथ गया था (उ. १४)।

धूम्राश्वः इक्ष्वाकुवंशी। विशाला नगरी के एक राजा सुचन्द्र के पुत्र और सृंजय के पिता। विशाला के राजा सुमति के एक पूर्वज (बा. ४६-४८)। देखिए, विशाल भी।

धृष्टिः दशरथ के आठ मन्त्रियों में से एक—पहले। अयोध्या के एक मन्त्री (यु.१२७) भरत के काल में भी।

धौम्यः पश्चिम दिशा के ऋषि; राम के राज्याभिषेक के बाद, अन्य ऋषियों के साथ, उनसे मिलने अयोध्या गये (उ. १)।

ध्रुवसन्धिः इक्ष्वाकुवंशी; अयोध्या के राजा। सुसन्धि के पुत्र और भरत (पूर्वकालीन) के पिता। प्रसेनजित उनके भाई थे (बा. ७०)।

ध्वजग्रीवः लंकावासी राक्षस। लंका में सीता की खोज करते हुए, हनुमान ध्वजग्रीव के महल में भी गए थे (सु. ६)।

न

नन्दकः विष्णु के खड्ग का नाम।

नन्दनः वसिष्ठजी द्वारा भरत-शत्रुघ्न को राजगृह नगर से वापस लाने के लिए भेजे गये पाँच दूतों में से एक (अ .६८)।

नन्दीश्वरः भगवान शंकर के पार्षद। विकराल रूप; काली एवं पिंगल अंग कान्ति।

कुबेर को जीतकर लौटते समय, शरवण के पास एक पर्वत पर पुष्पक विमान रुक गया। तभी नन्दी ने रावण को यह बताते हुए लौट जाने को कहा कि उस पर्वत

पर शंकर क्रीड़ा-रत हैं, परन्तु रावण ने उनका उपहास किया। इस पर क्रुद्ध होकर नन्दी ने रावण को शाप दिया (उ. १६)।

नमुचिः दक्षिण दिशा के निवासी ऋषि; राम के राज्याभिषेक के बाद, अन्य ऋषियों के साथ, राम से मिलने अयोध्या गये (उ. १)।

नरकः एक दुष्टात्मा दानव जो पश्चिम दिशा में चक्रवान पर्वत के आगे समुद्र के बीच स्थित वराह पर्वत के शिखर पर प्राग्ज्योतिष नगर में रहता था (कि. ४२)।

नरान्तक (१): लंकावासी राक्षस; प्रहस्त का एक सेनापति, जो प्रहस्त के साथ वानर सेना से युद्ध करने के लिए गया था और वहाँ द्विविद ने उसका वध कर दिया (यु.५८)।

नरान्तक (२): जब रावण वानर सेना से युद्ध करने गया तब उसके साथ नरान्तक नाम का एक और योद्धा था (रावण का पुत्र; यु. ६८) जो पहाड़ की चोटी पर चढ़कर युद्ध करता था।

कुम्भकर्ण की मृत्यु के पश्चात नरान्तक, महोदर एवं महापार्श्व के साथ, वानर सेना से युद्ध के लिए गया था–देवान्तक, त्रिशिरा एवं अतिकाय भी साथ थे। भीषण युद्ध के बाद, नरान्तक को अंगद ने मार डाला (यु. ६९)। रावण द्वारा देवलोक पर आक्रमण के समय नरान्तक भी उसके साथ था (उ. २७)।

नर्मदाः एक गन्धर्वी; सुन्दरी, केतुमती एवं वसुदा की माँ, जिसने अपनी पुत्रियों का विवाह माल्यवान, सुमाली एवं माली नामक राक्षसों से कर दिया था (उ. ५)।

नलः वानर सरदार। विश्वकर्मा द्वारा जन्म।

सुग्रीव के विश्वासपात्र एवं समर्थक। जब सुग्रीव राम के परामर्श पर वाली से लड़ने गये तब नल भी साथ थे (कि. १३)।

सागर पार जाने के लिए राम के क्रुद्ध होने पर स्वयं सागर ने प्रकट होकर राम को सलाह दी कि नल सागर पर पुल का निर्माण करें। यह सुनकर नल ने स्वीकार किया कि वह पुल बना सकता है। फिर उसके निरीक्षण में सेतु निर्माण प्रारम्भ हुआ (यु.२२)।

लंका पर पहले आक्रमण के समय नल ने वीरबाहु, सुबाहु और पनस के साथ लंका के परकोटे पर चढ़कर वहीं अपना पड़ाव डाल दिया (यु. ४२)। फिर युद्ध में नल ने रथ के पहिये से निकुम्भ का सर काट दिया (यु. ४३)।

जब अकम्पन युद्ध के लिए निकला तो कुमुद, मैन्द और द्विविद के साथ नल ने उससे टक्कर ली (यु. ५५)। तब हनुमान ने आकर उन सबको बचाया (यु.५६)।

रावण जब वानर सेना से युद्ध के लिए आया और उसने सुग्रीव को अचेत कर दिया तब गवय, गवाक्ष, सुषेण, ज्योतिर्मुख, ऋषभ और नल ने उस पर आक्रमण किया, परन्तु रावण ने उन सभी को क्षत-विक्षत कर दिया (यु. ५७)।

नलकूबरः कुबेर का पुत्र। देवलोक की अप्सरा रम्भा उससे प्रेम करती थी। एक बार रम्भा उससे मिलने आ रही थी, तभी राह में रावण ने उसके साथ बलात्कार किया। रम्भा से यह बात सुनकर नलकूबर ने रावण को शाप दिया था कि यदि फिर कभी वह किसी नारी के साथ बिना उसकी सहमति के समागम करेगा तो रावण के सर

के सात टुकड़े हो जायेंगे । रावण उस शाप को सदैव याद रखकर डरता रहता था (उ.२७)।

नहुषः इक्ष्वाकुवंशी; अयोध्या के राजा । अम्बरीष के पुत्र और ययाति के पिता (बा.७०)।

वृत्रासुर पर वज्र का प्रहार करके जब इन्द्र ब्रह्महत्या के भय से छिप गये थे, तब नहुष ने इन्द्र पद पर रहकर देवलोक पर शासन किया था (उ. ५६)।

नाभागः इक्ष्वाकुवंशी; अयोध्या के राजा । ययाति के पुत्र और अज के पिता (बा.७०)।

नारद (महर्षि): महर्षि वाल्मीकि ने नारद से ही जिज्ञासा की थी कि संसार में हर प्रकार से आदर्श एवं उत्कृष्ट चरित्र वाला व्यक्ति कौन है । तब महर्षि नारद ने उन्हें राम के विषय में बताते हुए रामायण की कथा का वर्णन किया था (बा. १)।

रामराज्य में जब एक बालक की अकाल मृत्यु हुई तब राम ने अपने भाइयों तथा मन्त्री-महर्षियों की सभा बुलायी—उसमें नारद भी थे । नारद ने ही राम को वर्ण-भेद एवं तपस्या के अधिकार पर विस्तृत व्याख्या सुनायी और कहा कि कहीं कोई शूद्र तपस्या कर रहा है जिसके कारण ब्राह्मण-बालक की अकाल मृत्यु हुई है (उ. ७४)।

निकुम्भ (१): रावण का एक मन्त्री (सु. ४९)। राम की ओर से लंका पर आक्रमण की आशंका होने पर जब रावण ने मन्त्रियों को परामर्श के लिए बुलाया, तब अन्य मन्त्रियों के साथ निकुम्भ ने भी अकेले ही राम, लक्ष्मण, सुग्रीव, हनुमान आदि को मार डालने का विश्वास दिलाते हुए रावण से निश्चिन्त रहने के लिए कहा था (यु.८)।

लंका पर प्रथम आक्रमण के दिन नल और निकुम्भ का युद्ध हुआ जिसमें नल ने रथ के पहिये से निकुम्भ का सर काट दिया (यु. ४३)।

निकुम्भ (२): कुम्भकर्ण का बेटा । जब रावण वानर सेना से युद्ध के लिए गया तब उसके साथ निकुम्भ भी गया था (यु. ५७)।

जब हनुमान द्वारा लायी औषधियों से राम, लक्ष्मण आदि पुनः स्वस्थ हो गये, तब रावण ने वानर सेना पर आक्रमण के लिए कुम्भकर्णपुत्र कुम्भ एवं निकुम्भ को भेजा था (यु.७५)।

कुम्भ की मृत्यु के पश्चात निकुम्भ ने परिघ लेकर सुग्रीव पर आक्रमण किया तो हनुमान बीच में आ गये । घनघोर युद्ध के बाद हनुमान ने भीषण युद्ध करके निकुम्भ का गला मरोड़कर मार डाला (यु. ७७)।

रावण द्वारा देवलोक पर आक्रमण के समय निकुम्भ भी उसके साथ था (उ.२७)।

निमिः महाराज मिथि (जो जनक भी कहलाए और जिनके नाम से जनक वंश चला) के पिता; महाराज जनक के पूर्वज (बा. ७१)।

महाराज इक्ष्वाकु के सौ पुत्रों में से बारहवें। उन्होंने वैजयन्त नामक एक सुन्दर नगर, गौतम आश्रम के पास बनाया था। नगरस्थापना के बाद एक दीर्घकालीन यज्ञ

का आयोजन करके उसके लिए महर्षि वसिष्ठ को बुलाया। उस समय वसिष्ठ इन्द्र के यहाँ यज्ञ के लिए जा रहे थे। इस कारण निमि से प्रतीक्षा करने को कहकर वे चले गये। परन्तु उनके पीछे महर्षि गौतम ने यज्ञ सम्पन्न करा दिया। लौटकर वसिष्ठ निमि से प्रतीक्षा न करने के कारण क्रोधित हुए और उन्हें शरीर अचेतन हो जाने का शाप दिया। यह सुनकर निमि ने भी वसिष्ठ को शरीर अचेतन होने का शाप दिया। इस प्रकार दोनों ही विदेह हो गये (उ. ५५)।

निमि के शरीर को पुरोहितों ने तेल के कढ़ाव में रखा और उनकी आत्मा से उनकी इच्छा जानकर उन्हें लोगों की आँखों में बसा दिया। साथ ही, होम करके उनसे उनके पुत्र मिथि को उत्पन्न किया जो जीव रहित शरीर से उत्पन्न होने के कारण जनक एवं विदेह कहलाये। उन्हीं से जनक वंश की स्थापना हुई (उ. ५७)।

निशाकर: एक मुनि जो पूर्वकाल में विन्ध्य पर्वत के दक्षिणी भाग में रहते थे। सम्पाति जब पंख झुलस जाने के कारण विन्ध्य पर्वत पर गिरा, तब छह दिन बाद चेत होने पर मुनि निशाकर से मिलने गया, जहाँ वह जटायु के साथ पहले भी कई बार गया था। निशाकर मुनि ने उसके रोग का कारण पूछा (कि. ६०)।

नील: वानर सरदार। अग्निपुत्र। नीलवर्ण।

सुग्रीव के विश्वासपात्र एवं समर्थक। राम के परामर्श पर जब सुग्रीव वाली से युद्ध के लिए गया, तब नील भी राम आदि के साथ गये थे (कि. १३)।

राज्याभिषेक के बाद, हनुमान के याद दिलाने पर, सुग्रीव ने सीता की खोज के लिए नील को आदेश दिया कि पन्द्रह दिन में सारी वानर सेना एकत्रित की जाए (कि.२९)। सुग्रीव की सेना के लिए असंख्य वानरों को लेकर नील भी पहुँचे थे (कि. ३९)।

सुग्रीव ने दक्षिण दिशा में सीता की खोज के लिए जिस वानर दल को भेजा, उसमें नील भी थे (कि. ४१)।

राम की सेना जब किष्किन्धा से दक्षिण की ओर चली, तब आगे जाकर मार्ग में व्यवस्था बनाने का काम नील को सौंपा गया था। वे ऋषभ एवं कुमुद के साथ यह कार्य करते चल रहे थे (यु. ४)।

लंका पर प्रथम आक्रमण के समय जब राम ने पुरुष-व्यूह बनाया तब नील, अंगद के साथ, हृदय स्थान पर नियुक्त किये गये थे (यु. २४)।

लंका पर आक्रमण के समय नील, मैन्द एवं द्विविद के साथ, पूर्व द्वार पर डट गये थे (यु. ४१)।

रावण ने जब वानर सेना पर आक्रमण करके सुग्रीव, गवय, गवाक्ष, नल, हनुमान आदि वीरों को अचेत कर दिया तब नील ने बड़ी चपलता के साथ उससे विचित्र युद्ध किया। परन्तु रावण के आग्नेय बाण की मार से वह अचेत हो गये (यु.५७)।

कुम्भकर्ण की मृत्यु के बाद जब रावण के बेटे और दो सौतेले भाई युद्ध के लिए आये थे, तब नील ने महोदर का वध किया (यु. ७०)।

नृग: एक सदाचारी, धर्मात्मा राजा, जिन्होंने अनजाने में एक निर्धन ब्राह्मण की गाय एक

अन्य ब्राह्मण को दान कर दी थी । दोनों ब्राह्मण उस गाय पर अपना अधिकार जताते हुए राजा के पास गये परन्तु राजा उनसे मिल नहीं पाये । इस पर क्रुद्ध होकर ब्राह्मणों ने राजा को गिरगिट हो जाने का शाप दिया (उ. ५३)। शाप सुनकर नृग ने राज्य अपने पुत्र वसु को दे दिया और स्वयं तीन गड्ढे बनवाकर उसके चारों ओर वृक्ष लगवाकर उनमें रहने चले गये (उ. ५४)।

नृषंगुः पश्चिम दिशा के ऋषि; राम के राज्याभिषेक के बाद, अन्य ऋषियों के साथ, उनसे मिलने अयोध्या गये (उ.१)।

प

परशुरामः भृगुकुल में उत्पन्न, जमदग्नि के पुत्र । ब्राह्मण योद्धा, जिन्होंने पिता के वध का बदला लेने के लिए क्षत्रियों का संहार किया था ।

राम जब विवाह के बाद बरात सहित अयोध्या लौट रहे थे, तब परशुराम ने उन्हें द्वन्द्व के लिए ललकारा था (बा. ७४-७५)।

कई बार क्षत्रियों का विनाश करके फिर सारी पृथ्वी जीतकर, पृथ्वी ऋषि कश्यप को दक्षिणा में दे दी (बा. ७५) और महेन्द्र पर्वत पर रहने लगे ।

परुषः राक्षस; खर का एक प्रमुख सैनिक—उन बारह में एक जो राम पर आक्रमण के समय खर को घेरकर चल रहे थे (अर. २३)।

पनसः सुग्रीव की सेना में एक वानर यूथपति (कि. ३९) जो परियात्र पर्वत पर रहता था (यु. २६)।

लंका पर प्रथम आक्रमण के समय पनस ने वीरबाहु, सुबाहु और नल के साथ जाकर लंका के परकोटे पर ही पड़ाव डाल दिया (यु. ४२)। फिर वे पूर्व द्वार पर जाकर डट गये ।

पर्वतः एक ब्रह्मर्षि, जिन्होंने नारद के साथ जाकर महाराज नृग को बताया था कि दो ब्राह्मण उनको गिरगिट हो जाने का शाप देकर चले गये हैं (उ. ५४)।

पशुपतिः देखिए, शिव भी।

दक्षयज्ञ ध्वंस करने के पश्चात अपना धनुष देवताओं पर रोष में तानकर उन्होंने खेल एवं रोष में उन सब का वध करने की धमकी दी, परन्तु उनकी विनती सुनकर उन्हें क्षमा किया और धनुष उन्हें दे दिया (बा. ६६)।

पार्श्वमौलिः देखिए, मणिभद्र ।

पावकाक्षः राम की वानर सेना के योद्धा । उन श्रेष्ठ वानर वीरों में से एक जिन्हें मेघनाद ने अपने बाणों से घायल कर दिया था (यु. ७३)।

पिशाचः लंकावासी राक्षस । लंका में सीता को खोजते हुए, हनुमान पिशाच के भवन में भी गए थे (सु. ६)।

पुंजिकस्थला (१): एक अप्सरा, वरुण की कन्या, जिसके साथ रावण ने बलात्कार किया था और फिर ब्रह्मा ने रावण को शाप दिया था कि फिर कभी यदि उसने किसी के साथ बलात्कार किया तो उसके सर के सौ टुकड़े हो जाएँगे (यु. १३)।

पुंजिकस्थला (२): एक सुन्दर अप्सरा जो शापवश कपियोनि में वानर राज कुंजर के यहाँ अंजनि नाम से जन्मी और केसरी से विवाह करके हनुमान की माँ बनी (कि.६५)।

पुरु: ययाति एवं शर्मिष्ठा के पुत्र । पिता के लाडले । यदु के सौतेले बड़े भाई ।

शुक्राचार्य द्वारा जरा का शाप पाकर, ययाति ने, यदु से निराश होने के बाद, पुरु से कुछ समय के लिए अपना बुढ़ापा देकर उसका यौवन माँगा, जो पुरु ने सहर्ष दे दिया। दीर्घकाल तक यौवन भोगने के बाद ययाति ने उसका यौवन लौटाकर पुरु को राज्य भी दे दिया । तब पुरु ने काशी की राजधानी प्रतिष्ठानपुर में रहकर राज्य का पालन किया (उ. ५९)।

पुरूरवा: इला रूप में इल के पुत्र; बुध के पुत्र ।

इल ने बाह्लीक शशबिन्दु को देकर मध्य भाग में प्रतिष्ठानपुर बसाया । वे ब्रह्मलोक जाते समय प्रतिष्ठानपुर का राज्य पुरूरवा को दे गये (उ. ९०)।

बुध के औरस पुत्र; प्रतिष्ठानपुर (झूसी, प्रयाग) के राजा नहुष के पिता ।

मित्र द्वारा ठुकरायी जाने पर उवर्शी पुरुरवा के पास मृत्यु लोक में चली आयी थी । वहीं उसके गर्भ से नहुष का जन्म हुआ (उ. ५६)।

पद्म: यक्ष । धनाध्यक्ष । रावण के आक्रमण पर कुबेर जब उससे युद्ध करने गये तब पद्म भी साथ थे (उ. १५)।

पावकाक्ष: वानर सेना का एक योद्धा । राम एवं लक्ष्मण को अपने बाणों से अचेत करने से पहले, मेघनाद ने जिन वानर वीरों को घायल किया था उनमें पावकाक्ष भी था (यु. ७३)।

पुलस्त्य: महर्षि, जिनके कुल में रावण का जन्म हुआ था । ब्रह्मा के मानसपुत्र; छह प्रजापतियों में चौथे (उ. २)।

पुलस्त्य के मानसपुत्र थे महर्षि विश्रवा, जो रावण के पिता थे (उ. २)।

एक बार वे मेरु के निकट राजर्षि तृणबिन्दु के आश्रम में रहने लगे । वहाँ प्रतिदिन कन्याओं के आगमन एवं क्रीड़ा से उनके अध्ययन में विघ्न पड़ता था । इस कारण उन्होंने कहा कि कल से जो कन्या यहाँ आयेगी वह गर्भवती हो जायेगी । अगले दिन तृणबिन्दु की कन्या अनजाने में वहाँ पहुँची और पुलस्त्य के देखते ही गर्भवती हो गयी ।

तृणबिन्दु ने पुलस्त्य को अपनी कन्या विवाह में प्रदान की । कुछ समय बाद उनके विश्रवा नामक पुत्र हुआ (उ. २)।

महिष्मतीपुरी के राजा अर्जुन द्वारा रावण के बन्दी बनाये जाने का समाचार पाकर महर्षि पुलस्त्य देवलोक से चलकर महिष्मती नगरी पहुँचे और उन्होंने अर्जुन से रावण को मुक्त करने को कहा । अर्जुन ने उनका सत्कार करते हुए उनके पौत्र रावण को मुक्त कर दिया (उ.३३)।

पुलोम: दैत्य; शची का पिता ; और इन्द्र-पुत्र जयन्त का नाना ।

रावण द्वारा देवलोक पर आक्रमण के समय, जब मेघनाद से टक्कर लेने के लिए जयन्त गया था, तब पुलोम जयन्त की सुरक्षा के लिए उस को लेकर दूर हटा ले गये (उ. २८)।

शची इन्द्र के प्रति अनुरक्त है, यह जानते हुए भी अनुह्लाद के फुसलाने पर पुलोम ने अनुमति दी कि अनुह्लाद शची को हर ले। बाद में इन्द्र ने अनुह्लाद का वध करके शची को प्राप्त किया था (कि. ३९)।

पुष्कल: भरतपुत्र; तक्ष के छोटे भाई।

युधाजित एवं राम के अदेश पर भरत ने सिन्धु तटवर्ती साम्राज्य गन्धर्व प्रदेश पर आक्रमण करके उसे जीता और वहाँ दो सुन्दर नगर बसाकर तक्षशिला पर तक्ष को तथा पुष्कलावती पर पुष्कल को स्थापित किया (उ.१०१)।

पुष्पोत्कटा: लंकावासी राक्षसी; सुमाली एवं केतुमती की पुत्री; प्रहस्त, अकम्पन, विकट, कालिकामुख, धूम्राक्ष, दण्ड, सुपार्श्व, संह्रादि, प्रघस तथा भासकर्ण की बहन। उसकी अन्य बहनें थीं—राका, कैकसी और कुम्भीनसी (उ. ५)।

पूषा: अदिति के पुत्र; त्वष्टा के भाई।

देवताओं पर रावण द्वारा आक्रमण के समय पूषा ने भी अपने भाई त्वष्टा के साथ मिलकर राक्षस सेना से युद्ध किया था (उ. २७)।

पृथु (१): इक्ष्वाकुवंशी, अयोध्या के एक राजा। अनरण्य के पुत्र और त्रिशंकु के पिता (बा. ७०)।

पृथु (२): राम की सेना के वानर यूथपति। राम जब इन्द्रजित द्वारा घायल होकर पड़े थे तब अन्य यूथपतियों के साथ पृथु भी उनकी रक्षा के लिए पहरा दे रहे थे (यु.४७)।

पृथुग्रीव: राक्षस; खर का एक प्रमुख सैनिक—उन बारह में से एक, जो राम पर आक्रमण करते समय खर को घेर कर चले थे (अर . २३)।

प्रघस (१): एक वानर योद्धा; लंका पर आक्रमण के पूर्व प्रघस एवं प्रमाथी ने हनुमान के साथ पश्चिम द्वार घेरा था (यु. ४१)। आक्रमण प्रारम्भ होने पर प्रघस कुमुद के साथ पूर्व द्वार पर जाकर डट गये (यु. ४२)।

प्रघस (२): रावण का एक सेनापति, जिसे अशोकवाटिका नष्ट होने का समाचार पाकर रावण ने हनुमान को पकड़ने के लिए भेजा था (सु. ४६)।

राक्षस प्रघस और सुग्रीव का भंयकर युद्ध हुआ जिसमें सुग्रीव ने उसे वृक्ष से मारकर धराशायी कर दिया (यु. ४३)।

सुमाली तथा केतुमती का पुत्र। प्रहस्त, अकम्पन, विकट, कालिकामुख, धूम्राक्ष, दण्ड, सुपार्श्व, संह्रादि तथा भासकर्ण का भाई। उसकी बहनें थीं—राका, पुष्पोत्कटा, कैकसी तथा कुम्भीनसी (उ. ५)।

प्रघसा: लंका की राक्षसी। अशोक वाटिका में सीता पर चौकसी के लिए रावण ने जो राक्षसियाँ रखी थीं, उनमें से एक (सु. २४)।

प्रघास: लंकावासी राक्षस योद्धा जिसका लक्ष्मण द्वारा इन्द्रजित-वध के लिए निकुम्भिला मंदिर पर आक्रमण के पूर्व वध हो चुका था (यु. ८९)।

प्रजंघ (१): एक वानर यूथपति, जो दक्षिण की ओर बढ़ती राम की सेना को आगे बढ़ने के लिए प्रोत्साहित करता चल रहा था (यु. ४)।

प्रजंघ (२): एक राक्षस, जिसके साथ लंका पर प्रथम आक्रमण के दिन सम्पाति का मल्लयुद्ध हुआ था (यु. ४३)। फिर सम्पाति ने प्रजंघ को वृक्ष से मारकर गिरा दिया।

प्रजंघ (३): राम, लक्ष्मण आदि जब हनुमान की जड़ी-बूटियों से पुनः स्वस्थ हो गये, तब रावण ने कुम्भकर्ण के पुत्र कुम्भ-निकुम्भ के साथ जिन राक्षस योद्धाओं को भेजा, उनमें प्रजंघ भी था। अंगद ने मुष्टिका-प्रहार से उसका वध कर दिया (यु. ७५)।

प्रजापतिः मरीचि, अत्रि, अंगिरा, पुलस्त्य, पुलह और क्रतु—ये छह प्रमुख प्रजापति हैं (सु.२३)। एक अन्य मत के अनुसार कुल सत्रह प्रजापति हैं:

कर्दम, विकृत, शेष, संश्रय, बहुपुत्र, स्थाणु, मरीचि, अत्रि, क्रतु, पुलस्त्य, अंगिरा, प्रचेता (वरुण), पुलह, दक्ष (जिनकी साठ पुत्रियाँ थीं), विवस्वान, अरिष्टनेमि और कश्यप (दक्ष की आठ पुत्रियों से विवाह—अदिति, दिति, दनु, कालका, ताम्रा, क्रोधवशा, मनु, अनला)(अर. १४)।

अदिति के गर्भ से ३३ देवता उत्पन्न हुए—बारह आदित्य, आठ वसु, ग्यारह रुद्र और दो अश्विनीकुमार।

दिति ने दैत्यों को जन्म दिया; पूर्वकाल में पृथ्वी तथा सागर उन्हीं के अधिकार में थे।

दनु ने अश्वग्रीव नामक पुत्र को जन्म दिया। मनु ने ब्राह्मण, क्षत्रिय, वैश्य, शूद्र आदि मानव उत्पन्न किए।

अनला ने वृक्ष और कालका ने नरक एवं कालक नामक पुत्रों को जन्म दिया।

ताम्रा ने क्रौंची, भासी, श्येनी, धृतराष्ट्री तथा शुकी नाम की ५ कन्याओं को जन्म दिया।

क्रौंची ने उल्लुओं को, भासी ने भासपक्षी को, श्येनी ने बाज़ और गीध को, धृतराष्ट्री ने हंस, कलहंस और चक्रवाक को तथा शुकी ने नता नामक पुत्री को जन्म दिया, नता की पुत्री विनता थी।

क्रोधवशा की पुत्रियाँ थीं—मृगी, मृगमन्दा, हरी, भद्रमदा, मातंगी, शार्दूली, श्वेता, सुरभी, सर्वलक्षणसम्पन्ना सुरसा तथा कद्रुका।

मृगी से सारे मृग; मृगमन्दा से ऋक्ष, सृमर और चमर; हरी से सिंह, वानर लंगूर; भद्रमदा से इरावती और उससे ऐरावत; मातंगी से हाथी; शार्दूली से व्याघ्र; श्वेता से दिग्गज; सुरभी से रोहिणी और गन्धर्वी जिनके सन्तान रूप में गौ और घोड़े हुए; सुरसा से नाग तथा कद्रुका से पन्नग उत्पन्न हुए (अर. १४)।

प्रतपनः लंकावासी राक्षस योद्धा, जो लंका पर प्रथम आक्रमण के दिन मल्ल-युद्ध में नल के साथ भिड़ गया था जिसमें नल ने प्रतपन की दोनों आँखें निकाल लीं (यु. ४३)।

प्रतर्दनः काशी-नरेश। राम के वन से लौटने पर उनके राज्याभिषेक के समय प्रतर्दन भी अयोध्या आये थे (उ. ३८)।

प्रभावः सुग्रीव के मन्त्रियों में से एक; किष्किन्धावासी वानर (कि. ३१)।

लक्ष्मण जब क्रोध में भरे, सुग्रीव को उनके वचन की याद दिलाकर सीता की खोज के लिए प्रेरित करने गये थे, तब प्लक्ष एवं प्रभाव ने राम का बल बताते हुए सुग्रीव से अपने वचन अनुसार कार्य करने का परामर्श दिया था।

प्रभासः वरुण के मन्त्री (उ. २३)। रावण जब वरुण पर आक्रमण करने पहुँचा तो प्रमाथ ने उसे बताया कि वरुण संगीत सुनने ब्रह्मलोक गए हुए हैं।

प्रमाथी (१): राम की सेना का एक वानर यूथपति। गंगातट पर स्थित उशीरबीज तथा मन्दराचल का निवासी (यु. २७)।

लंका पर आक्रमण से पूर्व प्रमाथी एवं प्रघस ने हनुमान के साथ पश्चिम द्वार घेरा था (यु. ४१)।

प्रमाथी (२): खर की सेना का प्रमुख योद्धा, जो राम पर आक्रमण के समय सेनापति दूषण के पीछे-पीछे सेना का नेतृत्व करता चल रहा था (अर. २३)।

प्रमुचिः दक्षिण दिशा के एक ऋषि; राम के राज्याभिषेक के बाद अन्य ऋषियों के साथ राम से मिलने अयोध्या गये (उ. १)।

प्रमोदनः एक महात्मा, जिन्हें अन्य महात्माओं के साथ, बुध ने इल के उपचार के लिए परामर्शार्थ आमन्त्रित किया था (उ. ९०)।

प्रवृत्तिः महर्षि भरद्वाज के एक शिष्य जो समय-समय पर अयोध्या जाते रहते थे और उन्हें अयोध्या के नवीनतम समाचारों से अवगत कराते रहते थे (यु. १२४)।

प्रवृद्धः इक्ष्वाकुवंशी; अयोध्या के एक राजा। रघु के पुत्र और शंखण के पिता। वे शाप द्वारा राक्षस हो गये थे और कल्माषपाद नाम से भी जाने गये थे (बा. ७०)। मित्रसह अथवा वीरसह नाम से भी उनका उल्लेख है (उ. ६५)।

प्रशुश्रुकः इक्ष्वाकुवंशी; अयोध्या के राजा। मरु के पुत्र और अम्बरीष के पिता (बा.७०)।

प्रसेनजितः इक्ष्वाकुवंशी राजा; सुसन्धि के दूसरे पुत्र; महाराज ध्रुवसन्धि के भाई (बा.७०)।

प्रहस्तः लंकावासी राक्षस (सु. ६)।

राम की ओर से लंका पर आक्रमण की आशंका होने पर जब रावण ने अपने मन्त्रियों से परामर्श किया था, तब कई अन्य राक्षसों की तरह ही प्रहस्त ने भी रावण से सीता-हरण के विषय में चिन्ता न करने को कहा था। प्रहस्त ने कहा था कि मेरे होते आप कोई चिन्ता न करें (यु. ८-९)।

रावण का एक सेनापति (यु. १२)।

राम द्वारा लंका पर आक्रमण सुनकर रावण ने प्रहस्त को पूर्व द्वार पर तैनात किया था (यु. ३६)।

धूम्राक्ष, वज्रदंष्ट्र और अकम्पन के वध के बाद रावण ने प्रहस्त को युद्ध के लिए भेजा। प्रहस्त ने रावण से कहा कि वह पहले ही कह चुका है कि राम को सीता लौटाने में ही सब का कल्याण है, परन्तु यदि अब भी रावण का आदेश है तो

वह अवश्य युद्ध के लिए जायेगा। वह अपने सर्प चिह्नित ध्वज वाले रथ में बैठकर, नरान्तक, कुम्भहनु, महानाद और समुन्नत नामक सचिवों के साथ चला (यु. ५७)। अपशकुनों की चिन्ता किये बिना उसने वानरों पर घोर आक्रमण किया। तभी द्विविद, तार, जाम्बवान एवं दुर्मुख ने क्रमशः उसके चारों सचिवों को मार डाला। उधर नील द्वारा राक्षस सेना का संहार देख, प्रहस्त ने नील पर धावा बोला। बाद में दोनों में मल्ल-युद्ध हुआ जिसमें नील ने प्रहस्त को मार गिराया (यु. ५८)।

सुमाली तथा केतुमती का पुत्र; अकम्पन, विकट, कालिकामुख, धूम्राक्ष, दण्ड, सुपार्श्व, संह्रादि, प्रघस तथा भासकर्ण एवं राका, पुष्पोत्कटा, कैकसी तथा कुम्भीनसी का भाई (उ. ५)।

रावण द्वारा देवलोक पर आक्रमण के समय प्रहस्त भी उसके साथ था (उ.२७)।

जब हनुमान ने अशोक वाटिका नष्ट करके, उन्हें पकड़ने के लिए रावण द्वारा भेजी किंकर सेना को मार डाला था, तब रावण ने उन्हें वश में करने के लिए प्रहस्त के पुत्र जम्बुमाली को भेजा (सु. ४२)।

रावण आदि के वरदान पा लेने पर जब सुमाली का कहना रावण ने नहीं सुना तो सुमाली ने प्रहस्त को भेजा। सुमाली के आदेश पर प्रहस्त ने रावण को समझाया कि लंका प्रारम्भ से राक्षसों की ही थी और रावण को चाहिए कि वह उसे कुबेर से लेकर वहाँ पुनः राक्षसों का राज्य स्थापित करे। यह तर्क रावण की समझ में आ गया और उसने प्रहस्त को ही कुबेर के पास भेजा। कुबेर ने रावण का सन्देश पाकर, और फिर अपने पिता विश्रवा के परामर्श पर, लंका रावण को सौंप दी (उ.११)।

प्रहेतिः हेति का भाई; ये दोनों आदिकालीन राक्षस, राक्षसों (सृष्टि की रक्षा करने वाले) के अधिपति थे। प्रहेति धर्मात्मा होने के कारण तपोवन में तपस्या करने लगा (उ.४)।

प्राप्तिज्ञः मगधदेश के राजा शूरवीर, सर्व शास्त्र विशारद (बा. १३)।

प्रौष्ठपदः यक्ष। कुबेर के एक मन्त्री। कुबेर जब रावण के आक्रमण का उत्तर देने गये तब प्रौष्ठपद भी साथ थे (उ. १५)।

प्लक्षः सुग्रीव के एक मन्त्री; किष्किन्धावासी वानर (कि. ३१)। लक्ष्मण जब क्रोध में भरे सुग्रीव को उनके वचन की याद दिलाकर सीता की खोज के लिए प्रेरित करने गये थे तब प्लक्ष और प्रभाव ने राम का बल बताते हुए सुग्रीव से अपने वचन अनुसार कार्य करने का परामर्श दिया था (कि. ३१)।

ब

बलिः असुरराज; विरोचन के पुत्र। जब विष्णु सिद्धाश्रम में तपस्यारत थे, बलि ने इन्द्र एवं मरुद्गणों सहित सभी देवताओं को पराजित करके उनका राज्य ले लिया।

तब विष्णु ने वामन अवतार लेकर बलि से दान में तीन पग धरती माँगी और उसका सारा साम्राज्य लेकर इन्द्र को लौटा दिया (बा. २९)।

बाणः इक्ष्वाकुवंशी, अयोध्या के राजा । विकुक्षि के पुत्र और अनरण्य के पिता (बा.७०) ।

बाणासुरः एक असुर जिससे रावण भी डरता था (सु. ५०)।

बुधः चन्द्रमा के पुत्र ।

एक बार जब बुध तपस्या कर रहे थे, तब उन्होंने नारी बने हुए इल को सखियों सहित सरोवर में स्नान-क्रीड़ा करते देखा । इला को देख वे मोहित हुए और उनकी सखियों को निकटवर्ती वन में निवास के लिए भेजकर, इला से स्वीकृति प्राप्त कर, उसके साथ रमण करने लगे ।

एक मास बाद जब इला को पुरुष-रूप प्राप्त हुआ और स्त्री-रूप विषयक व्यवहार का विस्मरण हो गया तब इल ने अपने सैनिकों के विषय में पूछा और अपने राज्य में लौटने का आग्रह किया । इस पर बुध ने उनकी सेना नष्ट हो चुकने की बात कहकर उन्हें बहला दिया और किसी प्रकार एक वर्ष तक अपने पास रहने के लिए सहमत कर लिया । नवें मास में इला ने पुरूरवा को जन्म दिया (उ.८८-८९)।

जब इल, एक मास तक इला रहने के बाद, पुरुष-रूप को प्राप्त हुए तब बुध ने महात्मा संवर्त, च्यवन, अरिष्टनेमि, प्रमोदन, मोदकर, दुर्वासा आदि को इल/इला के उपचार के लिए बुलाया, साथ ही इल के पिता कर्दम के साथ पुलस्त्य, क्रतु, वषट्कार, ओंकार भी बुध के आश्रम पर जा पहुँचे । तब कर्दम ने परामर्श दिया कि शिवजी को प्रसन्न किया जाए, और शिव को प्रसन्न करने के लिए अश्वमेध यज्ञ सर्वोत्तम है । इल को आगे करके अश्वमेध यज्ञ करने से शिवजी प्रकट हुए । उन्होंने इल को पुरुषत्व प्रदान किया (उ. ९०)।

ब्रह्मदत्तः महर्षि चूली का, गन्धर्वकन्या सोमदा के गर्भ से उत्पन्न, मानसपुत्र । बड़े होकर वे काम्पिल्या नामक नगरी के राजा बने । कुशनाभ की रोग से कुबड़ी बनी हुई सौ कन्याओं का उनसे विवाह हुआ और विवाह के बाद वे सब स्वस्थ एवं नीरोग हो गयीं (बा. ३३) ।

ब्रह्माः आदिदेव; सृष्टि के रचयिता ।

महर्षि वाल्मीकि द्वारा रामकथा लिखने का प्रस्ताव प्राप्त होने के बाद ब्रह्माजी स्वयं वाल्मीकि के आश्रम पर पहुँचे । वहाँ उन्होंने वाल्मीकि को क्रौंच-वध तथा उसके उपरान्त उनके मुख से निकले हुए गेय श्लोक में व्यस्त देखकर उसी श्लोकरूप में रामकथा लिखने के लिए प्रोत्साहित किया (बा. २)।

विश्वामित्र की घोर तपस्या से प्रभावित होकर, देवता, किन्नर, ऋषि, गन्धर्व, राक्षस आदि के सर्वसम्मत आग्रह पर उन्हें ब्राह्मणत्व प्रदान किया (बा. ६४)।

जब मेघनाद इन्द्र को बाँधकर लंका ले गया तो देवताओं सहित ब्रह्माजी उन्हें मुक्त कराने के लिए रावण के पास गये और मनचाहा वरदान लेकर इन्द्र को मुक्त करने के लिए कहा । परन्तु बीच में मेघनाद ने ही उनसे अमरत्व का वरदान माँगा जो ब्रह्माजी ने असम्भव बताते हुए मना कर दिया । तब उस ने अग्निपूजा के बाद युद्ध के लिए रथ पर आरूढ़ रहते हुये अवध्य होने का वरदान माँगा, जो ब्रह्माजी ने देकर इन्द्र को मुक्त कराया (उ. ३०)।

सीता की अग्नि-परीक्षा के समय, अन्य देवताओं के साथ, ब्रह्मा ने प्रकट होकर राम से कहा कि 'आप ही विष्णु हैं.... आप साधारण मनुष्य की भाँति सीता की उपेक्षा क्यों कर रहे हैं।'

सीता के रसातल-प्रवेश के बाद राम जब विह्वल हो रहे थे, तब ब्रह्माजी ने उन्हें समझाकर सान्त्वना दी और शेष रामायण सुनने का परामर्श दिया (उ. ९८)।

भ

भगीरथः इक्ष्वाकुवंशी अयोध्या के राजा। दिलीप के पुत्र जो तप द्वारा धरती पर गंगा को लाये। ककुत्स्थ के पिता (बा.४२-४३ तथा ७०)।

भद्रः राम के घनिष्ठ मित्रों में से एक (उ. ४३)। भद्र ने ही राम को बताया था कि पुरवासी सीता के लंका में निवास को लेकर सन्दिग्ध बातें करते हैं (उ. ४३)।

भयाः काल की बहन; देखने में भयानक; आदि राक्षसाधिपति हेति की पत्नी। विद्युत्केश की माँ (उ. ४)।

भरत (१): इक्ष्वाकुवंशी अयोध्या के राजा; ध्रुवसन्धि के पुत्र और असित के पिता (बा.७०)।

भरत (२): दशरथ के चार पुत्रों में से दूसरे; राम के छोटे भाई; कैकेयी के पुत्र।

राम ने जब लव-कुश को अपने भवन में बुलाकर रामायण का गान करने को कहा, तब अन्य भाइयों सहित भरत भी वहाँ उपस्थित थे (बा. ४)।

पुष्य नक्षत्र, मीन लग्न में जन्म (बा. १८)।

राम एवं सीता के विवाह के उपरान्त, विश्वामित्र ने भरत के साथ कुशध्वज की बड़ी कन्या का विवाह प्रस्ताव किया (बा. ७२)। माण्डवी से विवाह (बा.७३)।

अयोध्या लौटने के कुछ दिन बाद ही भरत अपने मामा युधाजित के साथ अपनी ननिहाल चले गये; उनके साथ ही शत्रुघ्न भी गए थे (बा. ७७)।

दशरथ की मृत्यु के बाद जब दूत उन्हें केकय प्रदेश से बुलाने के लिए भेजे गये, उसी रात भरत ने एक अप्रिय स्वप्न देखा, जो उन्होंने चिन्तित होकर अपने मित्रों को सुनाया (अ. ६९)। दूतों ने वसिष्ठजी का सन्देश सुनाया तो वे पिता आदि का कुशल समाचार पूछकर अयोध्या के लिए प्रस्थित हुए (अ. ६०)। वे साथ चलती सेना के पीछे दौड़ते हुए तीव्र गति से आगे बढ़े और सालवन को पार करके, दुःखी अयोध्या को देखते हुए, राजभवन में प्रविष्ट हुए (अ. ७१)। कैकेयी से उन्हें पिता की मृत्यु का समाचार मिला और फिर राम के विषय में पूछने पर उनके वनवास की बात पता चली (अ. ७२)। यह सुनकर वे कैकेयी पर क्रोधित हुए और उन्हें धिक्कारते हुए बोले वे कि राम को लौटा लाएँगे (अ. ७३-७४)।

उन्होंने कौसल्या के सामने रोते हुए शपथपूर्वक कहा कि राम के वनगमन में उनका कोई हाथ नहीं था (अ. ७५)।

शत्रुघ्न जब मन्थरा को प्रताड़ित कर रहे थे तब कैकेयी द्वारा सूचना पाकर, वे तुरन्त गये और शत्रुघ्न को यह कहकर रोका कि स्त्रियाँ अवध्य होती हैं (अ. ६८)।

तत्पश्चात जब मन्त्रियों ने भरत से राज्य ग्रहण करने को कहा, तो भरत ने

अभिषेक की सामग्री पर राम का अधिकार बताते हुए, उन्हें वन से लौटा लाने के लिए, वन की ओर चलने का आदेश दिया (अ. ७९-८२)। भरत ने वन के लिए प्रस्थान किया और राह में शृंगवेरपुर में विश्राम किया (अ. ८४)। निषादराज गुह ने उनका सत्कार किया और पूछा कि वे सेना सहित राम के प्रति कोई दुर्भावना लेकर तो नहीं जा रहे हैं । भरत ने दुःखी होकर बताया कि वे राम को लौटा लाने के लिए ही जा रहे हैं । गुह से राम और लक्ष्मण के विषय में सुनकर भरत दुःखी हुए (अ.८५-८८)।

अगले दिन गुह की सहायता से सेना सहित गंगा पार करके भरत भरद्वाज मुनि के आश्रम पर पहुँचे, जहाँ उन्होंने राम का पता बताया और उनको सेना सहित अपने आश्रम पर ठहराकर उनका दिव्य सत्कार किया (अ. ८९-९१)।

राम को देखकर वे दुःखविह्वल होकर पृथ्वी पर गिर पड़े (अ. ९९)। राम ने उनका कुशलक्षेम पूछते-पूछते राजनीति सम्बन्धी उपदेश दिया (अ. १००)। तब उन्होंने राम को पिता की मृत्यु का समाचार सुनाकर अयोध्या लौट चलने का आग्रह किया (अ. १०१)।

भरत ने पुनः माताओं, गुरुओं तथा नगरवासियों के सामने राम से अयोध्या लौटने का आग्रह किया (अ. १०५-१०६)। भरत ने यह भी प्रस्ताव किया कि उनके बदले भरत और शत्रुघ्न चौदह वर्ष का वनवास कर आएँगे । राम जब महर्षि वसिष्ठ के समझाने पर भी अपने वचन पर दृढ़ रहे तो भरत धरना देने को उद्यत हुए । इस पर राम ने कहा कि चौदह वर्ष भरत राज्य करें, तदुपरान्त वन से लौटकर वे अयोध्या का राज्य ग्रहण करेंगे (अ. १११)। इस पर ऋषियों ने भरत को समझाया, भरत ने एक बार फिर राम के चरणों में गिरते हुए उनसे अयोध्या लौटने की प्रार्थना की । तब राम ने अपनी पादुका देकर उन्हें अयोध्या का शासन स्वीकार करने को कहा । भरत ने, स्वयं वल्कल वस्त्रों में राम की ओर से, उनकी पादुकाओं को सिंहासन पर रखकर, शासन करना स्वीकार किया (अ. ११२)।

राम से विदा लेकर भरत भरद्वाज मुनि के आश्रम पर पुनः रुकते हुए अयोध्या लौटे (अ. ११३), और नन्दिग्राम में रहकर, राम की पादुकाओं को सिंहासन पर अभिषिक्त करके, राम की ओर से राज्य संचालन करने लगे (अ. ११५)।

वनवास से लौटकर राम ने, स्वयं प्रयाग स्थित भरद्वाज आश्रम में रुककर, हनुमान को भरत की वास्तविक इच्छा जानने के लिए भेजा था । हनुमान ने उन्हें अयोध्या से एक कोस दूर नन्दिग्राम में दुबले एवं तापस वेष में पाया । हनुमान द्वारा राम का कुशल समाचार एवं आगमन सुनकर वे अत्यन्त प्रसन्न हुए और सुखद समाचार सुनाने के लिए हनुमान को अनेकानेक पुरस्कार प्रदान किये (यु. १२५)। उन्होंने हनुमान से राम के सम्बन्ध में विस्तृत जानकारी प्राप्त की और अगले दिन, पुष्य नक्षत्र में, राम के अयोध्या पहुँचने की बात सुनकर अपना मनोरथ सिद्ध होता पाया (यु. १२६)।

भरत ने राम के भव्य स्वागत के लिए व्यापक प्रबन्ध कराये और आगे बढ़कर उनके सत्कार के लिए गये । राम को साष्टांग प्रणाम करके उन्होंने सुग्रीव,

जाम्बवान आदि का भी सम्मान सहित स्वागत किया। फिर सिंहासन से राम की पादुकाएँ लेकर उनके पैरों में पहना दीं और राज्य उन्हें अर्पित कर दिया (यु. १२७)।

स्नान के बाद, राम जिस रथ पर बैठकर अयोध्या चले, उसके सारथि स्वयं भरत थे। फिर उन्होंने सुग्रीव से कहकर वानरों द्वारा चारों सागरों का जल, राम के अभिषेक के लिए मँगाया।

राज्य ग्रहण करने के बाद, राम ने लक्ष्मण को युवराज बनाने का निश्चय किया, परन्तु लक्ष्मण इसके लिए बिल्कुल तैयार नहीं थे। अतः भरत को युवराज पद प्रदान किया गया (यु. १२८)।

राम ने जब महाराज जनक को विदा दी तो भरत उन्हें पहुँचाने गये।

राम को रावण के विरुद्ध युद्धरत होने का समाचार पाकर भरत ने उनकी सहायतार्थ सेना जुटाने के लिए तीन सौ नरेशों को बुलाया था (उ. ३८)।

शम्बूक-वध के उपरान्त राम ने राजसूय यज्ञ का विचार किया और भरत से परामर्श किया। भरत ने इससे असहमति प्रकट करते हुए कहा कि इसमें राजवंशों के विनाश का भय है। राम ने उनका तर्क स्वीकार करके उन्हें साधुवाद दिया (उ.८३)।

केकय नरेश ने राम के पास सन्देश भेजा कि सिन्धु के तटों पर बसे तीन करोड़ गन्धर्वों को जीतकर दो सुशासित नगर बसाना हितकर होगा। राम ने भरत के दोनों पुत्रों—तक्ष और पुष्कल—का उन नगरों पर अभिषेक कर दिया। अपने पुत्रों को स्थापित करके भरत को अयोध्या लौट आना था (उ. १००)।

मार्ग में डेढ़ माह यात्रा करके भरत सेना सहित वहाँ पहुँचे और युधाजित से मिलकर उन्होंने गन्धर्वों से युद्ध किया, जो सात दिन चला। युद्ध जीतकर उन्होंने तक्षशिला और पुष्कलावत नामक दो नगर बसाये और वे राज्य अपने पुत्रों को सौंप दिये। उन राज्यों को स्थापित करके भरत पाँच वर्ष बाद अयोध्या लौट आये (उ.१०१)।

भरत ने लक्ष्मण के दोनों पुत्रों के लिए पश्चिम स्थित कारुपथ और उत्तर स्थित चन्द्रकान्ता बसाने का प्रस्ताव किया। चन्द्रकेतु के साथ चन्द्रकान्ता बसाने के लिए वे स्वयं गये और एक वर्ष उसके साथ राज्य स्थापित कराके अयोध्या लौटे (उ.१०२)।

लक्ष्मण के देहान्त के बाद राम ने भरत को राज्य सौंप कर वन जाने का निर्णय लिया, परन्तु भरत को यह प्रस्ताव स्वीकार नहीं था। उन्होंने राम का अनुसरण करने का निश्चय सुनाकर अयोध्या का राज्य लव-कुश को देने का प्रस्ताव किया (उ.१०७)।

राम के साथ ही सरयू में जलसमाधि (उ. १०८)।

भरद्वाजः ऋषि। प्रयाग में, संगम के पास वास।

राम, सीता एवं लक्ष्मण सहित, वन जाते समय भरद्वाज आश्रम होते हुए गये थे। महर्षि भरद्वाज ने ही उन्हें चित्रकूट में रहने का परामर्श दिया था (बा. ५४-५५)।

भरत जब राम को वन से अयोध्या लौटा लाने के लिए जा रहे थे, तब समस्त

अयोध्यावासियों के साथ प्रयाग में उनके आश्रम पर रुके। महर्षि भरद्वाज ने सबका अभूतपूर्व स्वागत करके उन्हें राजोचित आतिथेय प्रदान किया (अ. ९१)।

वन में राम के पास से लौटते समय भरत भरद्वाज मुनि से उनके चित्रकूट एवं यमुना के बीच स्थित एक आश्रम पर मिले और राम के निर्णय से उन्हें अवगत कराया (अ. ११३)।

लंका से अयोध्या लौटते समय, राम पहले भरद्वाज आश्रम पर रुके। राम के पूछने पर उन्होंने अयोध्या के कुशल समाचार के साथ भरत का हाल भी बताया—यह कि वे राम के लौटने की उत्सुकता से प्रतीक्षा कर रहे हैं। इस बीच राम के साथ जो बीता, उससे वे परिचित थे (यु. १२४)।

उन्होंने अपनी कन्या का विवाह पुलस्त्य के पुत्र विश्रवा से किया था (उ.३)।

राम के राज्याभिषेक के बाद, अन्य ऋषियों के साथ, उनसे मिलने वे भी अयोध्या गये थे (उ.१)।

भानुमानः कोशल प्रदेश के एक राजा। दशरथ के पुत्रेष्टि यज्ञ में आमंत्रित (बा. १३)।

भासकर्णः रावण का एक सेनापति जिसे अन्य सेनापतियों के साथ रावण ने, अशोक वाटिका नष्ट होने का समाचार पाकर, हनुमान को पकड़ने के लिए भेजा था (सु.४६)।

सुमाली तथा केतुमती का पुत्र; प्रहस्त, अकम्पन, विकट, कालिकामुख, धूम्राक्ष, दण्ड, सुपार्श्व, संह्लादि तथा प्रघस का भाई। उसकी बहनें थीं—राका, पुष्पोत्कटा, कैकसी और कुम्भीनसी (उ. ५)।

भीमः लंकावासी राक्षस। लंका में सीता की खोज करते हुए, हनुमान भीम के भवन में भी गए थे (सु. ६)।

भृगुः एक ऋषि; शुक्राचार्य के पिता। भृगुऋषि की पत्नी इन्द्र को समाप्त करना चाहती थीं, तो भगवान विष्णु ने उनका वध किया। देवासुर संग्राम में देवताओं से पीड़ित हो दैत्यों ने भृगु-पत्नी की शरण ली। इससे क्रोधित हो विष्णु ने भृगु-पत्नी का सर काट दिया। तब भृगु ऋषि ने विष्णु को शाप दिया कि वे मनुष्य लोक में जन्म लें और पत्नी का वियोग सहें। शाप देकर भृगु चिन्तित हुए कि विष्णु उनका शाप विफल कर देंगे। अतः उन्होंने विष्णु की ही आराधना की कि वे उनका शाप विफल न करें। भृगु की तपस्या एवं आराधना को देखते हुए विष्णु ने उनका शाप स्वीकार कर लिया (उ. ५१)।

राजा निमि ने वैजयन्त नामक भवन बनवाकर, दीर्घकालीन यज्ञ के समय जिन महर्षियों को आमन्त्रित किया था, उनमें भृगु भी थे (उ. ५५)।

म

मंगलः राम के घनिष्ठ मित्रों में से एक (उ. ४३)।

मकराक्षः लंकावासी राक्षस; खर का पुत्र।

कुम्भ-निकुम्भ की मृत्यु के बाद रावण ने मकराक्ष को युद्ध के लिए भेजा। उसने राम से घोर युद्ध किया परन्तु अन्त में राम के अग्नेयास्त्र द्वारा मारा गया (यु.७९)।

मणिभद्रः कैलाश पर्वत पर कुबेर का सेनापति । उसे युद्ध में रावण के सेनापति प्रहस्त ने हरा दिया था (यु. १९)।

यक्षवीर। रावण ने जब कैलाश जाकर कुबेर पर आक्रमण किया तो संयोधकण्टक की पराजय के बाद, कुबेर ने मणिभद्र को भेजा । उन्होंने कई राक्षस सेनापतियों को आहत किया पर रावण ने उन्हें मार भगाया । सर पर आघात द्वारा मुकुट खिसकने के कारण वे पार्श्वमौलि भी कहलाये (उ. १५)।

मतंगः एक मुनि; जिनका आश्रम जनस्थान से दक्षिण की ओर क्रौंचारण्य के पास था ।

सीता की खोज करते हुए राम-लक्ष्मण मतंग मुनि के आश्रम के पास गये थे और वहीं से कुछ आगे उन्हें अयोमुखी नाम की राक्षसी मिली थी (अर. ६९)।

पम्पासर के पास का सारा वन मतंग वन के नाम से विख्यात था । वह प्रदेश अत्यन्त सुन्दर एवं दिव्य था जहाँ हिरन एवं व्याघ्र साथ-साथ मित्रवत रहते थे ।

वाली ने जब दुन्दुभि को मारकर फेंका तो उसके रक्त की कुछ बूँदें मतंग मुनि के आश्रम पर गिरीं । इससे, क्रोध में आकर, मतंग मुनि ने वाली को शाप दिया कि यदि वह कभी मतंग वन के आस-पास एक योजन की भूमि में भी पैर रखेगा तो प्राणहीन हो जायेगा (कि. ११)।

मत्तः लंकावासी राक्षस (सु. ६)। देखिए, महोदर भी ।

माल्यवान एवं सुन्दरी का पुत्र; वज्रमुष्टि, विरूपाक्ष, दुर्मुख, सुप्तघ्न, यज्ञकोप, मत्त, उन्मत्त एवं अनल का भाई; रावण का एक सहयोगी । रावण द्वारा देवलोक पर आक्रमण के समय महोदर भी उसके साथ था (उ. २७)।

मदयन्तीः अयोध्या के राजा (सौदास) मित्रसह (वीरसह भी) की पत्नी ।

मित्रसह जब क्रोधित होकर अपने गुरु वसिष्ठ को शाप देने लगे थे तब मदयन्ती ने उन्हें यह समझाकर रोका कि गुरु को शाप देना अधर्म होगा (उ. ६५)।

मधुः दानव । रावण की बहन कुम्भीनसी का पति; मधुपुर का शासक ।

मधु कुम्भीनसी को लंका से बलपूर्वक उस समय हर लाया था, जब रावण दिग्विजय के लिए निकला था, कुम्भकर्ण निद्रा में मग्न थे और विभीषण जल के नीचे समाधि लगाये तपस्या कर रहे थे । कुम्भीनसी का हरण सुनकर रावण मधु को मारने के लिए गया, परन्तु पहले कुम्भीनसी ने रावण का स्वागत करके पति की रक्षा के लिए प्रार्थना की, तो उसने मधु को न मारने का निश्चय किया । फिर मधु रावण के साथ देवलोक पर आक्रमण के लिए चला गया (उ. २५)।

सतयुग में जन्मे दैत्य लोला का बड़ा बेटा । ब्राह्मण-भक्त तथा शरणागत-वत्सल शिव की आराधना करके उसने शक्तिशाली त्रिशूल वरदान में पाया जो शत्रु को भस्म करके मधु के हाथ में लौट आने की क्षमता रखता था–तब तक, जब तक कि वह ब्राह्मणों तथा देवताओं से विरोध न करे । मधु ने वर माँगा कि वह त्रिशूल उसके वंशजों के पास भी रहे । परन्तु महादेव ने बस इतना वर दिया कि वह मधु के मात्र एक पुत्र के पास रह सकता है । वह त्रिशूल जब तक पुत्र के हाथ में रहेगा, वह अवध्य बना रहेगा ।

कालान्तर में पत्नी कुम्भीनसी ने लवण को जन्म दिया जो पापाचारी था। उसकी उद्दण्डता से दुःखी होकर मधु ने त्रिशूल उसे देकर स्वयं समुद्र में रहने के लिए प्रस्थान किया और, जाते समय लवण को वरदान की बात भी बता दी (उ.६१)।

मधुमन्तः राम के घनिष्ठ मित्रों में से एक (उ. ४३)।

मधुरेश्वरः वृत्रासुर का ज्येष्ठ पुत्र, जिसे तप के लिए जाते समय वृत्रासुर राज्य दे गये थे (उ. ८४)।

मधुष्पन्दः महर्षि विश्वामित्र के दूसरे पुत्र—उन चार में, जिनका जन्म विश्वामित्र की, ब्राह्मणत्व प्राप्ति के लिए, दक्षिण दिशा में, तपस्या-काल में हुआ (बा. ५७)।

मन्त्रपालः भरत शासन-काल में, अयोध्या के आठ मन्त्रियों में एक (यु. १२७)।

मन्थराः कैकेयी के साथ मायके से आयी हुई एक दासी; कुब्जा। कैकेयी की मुँहलगी। राम के राज्याभिषेक की बात सुनकर उसने कैकेयी को भड़काया (अ. ७)।

भरत-शत्रुघ्न जब ननिहाल से लौटे तब, सारा हाल जान लेने पर, शत्रुघ्न ने मन्थरा को पीटा और भरत के रोकने पर ही उसे अचेत अवस्था में छोड़ा (अ.७८)।

मन्दः लंकावासी राक्षस योद्धा (यु. ८९)।

मन्दोदरीः मय दानव तथा अप्सरा हेमा की पुत्री। रावण की पत्नी। मेघनाद की माँ। मायावी और दुन्दुभि की बहन (उ. ११)।

मयः एक दानव। मन्दोदरी, मायावी एवं दुन्दुभि का पिता।

उत्तर में क्रौंचगिरि के आगे मैनाक पर्वत पर उसने अपने लिए घर बनाया था (कि. ४३)। पहले वह दानवों का विश्वकर्मा था। बाद में अपनी गुफ़ा में सुखपूर्वक रहते हुए हेमा नाम की एक अप्सरा से उसका सम्पर्क हो गया। इन्द्र को जब पता चला तो उन्होंने मयासुर को मार भगाया और वह उत्तम गुफ़ा हेमा को दे दी। हेमा ने वह गुफ़ा अपनी सखी स्वयंप्रभा को देखभाल करने के लिए दे दी (कि. ५१)।

दिति का पुत्र। मन्दोदरी का पिता। हेमा नाम की स्वर्ग की एक अप्सरा का पति। हेमा की मृत्यु के बाद मन्दोदरी को साथ लेकर उसके लिए पति की खोज में, एक वन में, उसकी भेंट आखेट करते रावण से हुई। परिचय पाकर उसने मन्दोदरी का रावण के साथ विवाह प्रस्ताव रखा और स्वीकृति पाकर उनका विवाह कर दिया। उसने रावण को एक दिव्य शक्ति भी उपहार में दी (उ. ११)।

मरीचि (१): ब्रह्मा द्वारा उत्पन्न; इक्ष्वाकु के पूर्वज कश्यप के पिता (बा. ७०)।

मरीचि (२): एक महर्षि; वानर अर्चिष्मान तथा अचिर्माल्य के पिता (कि. ४२)।

मरुः अयोध्या के एक इक्ष्वाकुवंशी राजा। शीघ्रग के पुत्र और प्रशुश्रुक के पिता (बा.७०)।

मरुत्तः एक राजर्षि; महात्मा संवर्त के शिष्य।

इल के उपचार के लिए, कर्दम के परामर्श पर, बुध ने ऋषि-महात्माओं के साथ जो अश्वमेध यज्ञ किया था, वह मरुत्त ने आयोजित किया था (उ. ९०)।

उशीरबीज नामक देश के राजा। एक समय वे देवताओं के साथ बैठे

माहेश्वर यज्ञ कर रहे थे तभी रावण ने आकर उन्हें युद्ध के लिए ललकारा। वे धनुष-बाण लेकर युद्ध के लिए उठे, परन्तु उनके मन्त्री संवर्त ने उन्हें यह कहकर युद्ध करने से रोक दिया कि माहेश्वर यज्ञ करने वाले को न तो क्रोध करना चाहिए और न ही यज्ञ छोड़ना चाहिए। वे बैठ गये तो रावण ने उन्हें परास्त घोषित कर दिया (उ. १८)।

महाकपालः जनस्थान का राक्षस; खर की सेना का प्रमुख सैनिक—जो राम पर आक्रमण के समय सेना के आगे, सेनापति दूषण के पीछे उसके साथ चल रहा था (अर. २३)।

महाकायः रावण द्वारा देवलोक पर आक्रमण के समय महाकाय भी उसके साथ था (उ. २७)।

महादंष्ट्रः लंकावासी राक्षस। रावण का एक मन्त्री।

रावण द्वारा देवलोक पर आक्रमण के समय महादंष्ट्र भी उसके साथ था (उ.२७)।

महानादः लंकावासी राक्षस; प्रहस्त का एक सेनापति जो प्रहस्त के साथ वानर-सेना से युद्ध करने गया था, जहाँ जाम्बवान ने उसका वध कर दिया (यु. ५८)।

महापद्मः पृथ्वी को धारण करने वाला, दक्षिण दिशा का दिग्गज (बा. ४०)।

महापार्श्वः लंकावासी राक्षस (सु. ६)। रावण का एक मन्त्री (सु. ४९)। रावण का समर्थक (यु. ९)।

रावण ने जब प्रमुख राक्षसों को परामर्श के लिए बुलाया था तब महापार्श्व ने उसे सीता के साथ बलात्कार करने की सलाह दी थी (यु. १३)।

राम द्वारा लंका पर आक्रमण की बात सुनकर रावण ने महापार्श्व और महोदर को दक्षिण द्वार की रक्षा के लिए लगाया था (यु. ३६)। रावण का सौतेला भाई (यु.६८)।

युद्धोन्मत्त नाम से भी उल्लेख (यु. ६९)। कुम्भकर्ण की मृत्यु के पश्चात जब चार रावण पुत्र—देवान्तक, नरान्तक, त्रिशिरा और अतिकाय—युद्ध के लिए गये तब महापार्श्व और महोदर भी साथ थे (यु. ६९)।

वानर यूथपतियों के साथ भीषण युद्ध करता हुआ, महापार्श्व ऋषभ के हाथों मारा गया (यु. ७०)।

इन्द्रजित की मृत्यु के बाद रावण, महोदर, महापार्श्व और विरूपाक्ष को लेकर, युद्ध करने गया था (यु. ९५)। वहाँ महापार्श्व को अंगद ने मार डाला (यु. ९८)।

रावण द्वारा देवलोक पर आक्रमण के समय महापार्श्व भी उसके साथ था (उ.२७)।

महामालीः राक्षस; खर का एक प्रमुख सैनिक—उन बारह में से एक जो राम पर आक्रमण करते समय खर को घेर कर चले थे (अर. २३)।

महारथः महर्षि विश्वामित्र के उन चार पुत्रों में सबसे छोटा, जिसका जन्म विश्वामित्र की, ब्राह्मणत्व प्राप्ति के लिए, दक्षिण दिशा में, तपस्या के दिनों में हुआ (बा. ५७)।

महाह्रादः राक्षस; रावण का एक मन्त्री जो रावण द्वारा देवलोक पर आक्रमण के समय भी उसके साथ था (उ. २७)।

महोदयः एक ऋषि । जब त्रिशंकु को सशरीर स्वर्ग भेजने के लिए विश्वामित्रजी ने यज्ञ के लिए ब्राह्मणों/ऋत्विजों को बुलवाया था तब, वसिष्ठ-पुत्रों के अतिरिक्त, एक महोदय ने ही वह निमन्त्रण स्वीकार नहीं किया था (बा. ५९)।

महोदरः लंकावासी राक्षस (सु. ६)। रावण का समर्थक योद्धा (यु. ९)। राम द्वारा लंकापर आक्रमण की बात सुनकर रावण ने महोदर एवं महापार्श्व को दक्षिण द्वार की रक्षा के लिए नियुक्त किया था (यु. ३६)।

राम से परास्त होने के बाद (यु. ५८), रावण ने जब कुम्भकर्ण को जगाने के लिए सैनिक भेजे थे, उनका प्रमुख बनकर महोदर गया था (यु. ६०)।

रावण ने राम से युद्ध के लिए जब कुम्भकर्ण को जगाकर अपना दुखड़ा सुनाया और कुम्भकर्ण ने जब रावण पर मनमानी करने का उपालम्भ किया तब महोदर ने रावण का पक्ष लेते हुए कहा कि राजाओं के लिए काम का सेवन सर्वथा उचित है । साथ ही उसने कुम्भकर्ण से कहा कि वह राम का सामना नहीं कर सकता और व्यर्थ ही बढ़-बढ़कर बातें बना रहा है । उसने फिर रावण को परामर्श दिया कि वह सब ओर झूठ-मूठ समाचार फैला दे कि कुछ राक्षसों ने जाकर राम-लक्ष्मण को खा लिया । उसी के अनुरूप वह राक्षसों को पुरस्कार दे और नगर में मंगल-उत्सव मनाये । यह सब देखकर, सीता राम के निधन को सच मानकर रावण के प्रति आत्मसमर्पण कर देंगी (यु. ६४)।

रावण का सौतेला भाई (यु. ६८)।

मत्त नाम से भी उल्लेख है (यु. ६९)। कुम्भकर्ण की मृत्यु के बाद जब चार रावण-पुत्र–देवान्तक, नरान्तक, त्रिशिरा एवं अतिकाय–युद्ध के लिए गये तब महापार्श्व और महोदर भी उनके साथ गये थे (यु. ६९)।

नरान्तक को जब अंगद ने मारा तो महोदर ने हाथी पर बैठकर उस पर आक्रमण किया । साथ ही त्रिशिरा ने भी रथ पर बैठकर अंगद पर आक्रमण किया । वानर यूथपतियों के साथ भीषण युद्ध के बाद महोदर को नील ने मार डाला (यु.७०)।

इन्द्रजित की मृत्यु के बाद राम द्वारा राक्षसों का व्यापक संहार देखकर, रावण महोदर, महापार्श्व और विरूपाक्ष को साथ लेकर युद्ध करने गया था (यु. ९५)। उसमें महोदर को सुग्रीव ने मार डाला (यु. ९७)।

माण्डकर्णिः एक ऋषि, जिन्होंने तप द्वारा पंचाप्सर सरोवर का निर्माण किया था (अर.११)।

मातलिः इन्द्र के रथ का सारथि । राम को रावण के विरुद्ध निर्णायक युद्ध के लिए जाते देख इन्द्र ने मातलि को रथ सहित उनकी सेवा में भेजा (यु. १०२)।

मातलि ने राम को रावण पर ब्रह्मास्त्र प्रयोग करने की याद दिलायी (यु.१०८), जिससे रावण का वध हुआ ।

रावण-वध के बाद राम ने मातलि का सम्मान करके इन्द्र का रथ लौटा ले जाने की आज्ञा दी (यु. ११२)।

मान्धाताः अयोध्या के एक राजा; इक्ष्वाकुवंशी; राम के पूर्वज । युवनाश्व के पुत्र और सुसन्धि के पिता (बा. ७०)।

उन्होंने सारी पृथ्वी को जीतने के लिए देवलोक पर विजय पाने का प्रयत्न किया तो इन्द्र ने उन्हें पहले सारी पृथ्वी पर.विजय पाने को कहा । उनके पूछने पर इन्द्र ने उन्हें बताया कि मधुवन का लवणासुर ही उनका शासन नहीं मानता । यह सुनकर उन्होंने लवणासुर पर आक्रमण किया परन्तु उसने अपने दिव्य शूल से उन्हें सेना सहित भस्म कर डाला (उ. ६७)।

मायावीः एक दानव; मय दानव का पुत्र और दुन्दुभि एवं मन्दोदरी का बड़ा भाई ।

मारीचः सुन्द नामक दैत्य का पुत्र । ताटका नामक यक्षिणी का पुत्र । राक्षस; बलवान एवं सुशिक्षित । सुबाहु के साथ मिलकर विश्वामित्र के यज्ञ अनुष्ठान में विघ्न डालने वाला उपद्रवी (बा. ३०)।

खर-दूषण आदि के वध का समाचार पाकर, अकम्पन की सलाह पर रावण सीता-हरण के लिए मारीच की सहायता माँगने गया । मारीच ने उसे राम से वैर न लेने का परामर्श देकर लौटा दिया (अर. ३१)।

शूर्पणखा के उकसाने पर रावण पुनः मारीच के पास गया (अर. ३५), परन्तु मारीच ने उसे बार-बार राम से वैर न लेने की ही सलाह दी (अर. ३६-४१)। अन्त में रावण के भय से वह मृग-रूप धारण करके राम के आश्रम पर गया और लुकता-छिपता राम को दूर ले गया । अन्त में वह राम के बाण से मारा गया...परन्तु मरते-मरते उसने राम के स्वर में, जैसा रावण ने सिखाया था, 'हे लक्ष्मण, हे सीता' कहते हुए पुकारा (अर. ४२-४४)।

रावण जब कुबेर पर आक्रमण करने कैलाश पर्वत पर गया था, तब अन्य तीन मन्त्रियों सहित मारीच भी उसके साथ था । उसने युद्ध में संयोधकण्टक नामक यक्ष को मार भगाया था (उ. १४)।

रावण द्वारा देवलोक पर आक्रमण के समय मारीच भी उसके साथ था (उ.२७)।

मार्कण्डेयः महाराज दशरथ के आठ ऋत्विजों में से एक—मन्त्री नाम से भी इनका उल्लेख है (बा. ७)।

मालीः सुकेश एवं देववती का तीसरा पुत्र । माल्यवान एवं सुमाली का छोटा भाई । देवताओं की तपस्या द्वारा अविजित एवं अक्षय भ्रातृप्रेम का वर पाकर वे तीनों देवों एवं असुरों को सताने लगे थे । उन्हीं दिनों नर्मदा नामक गन्धर्वी ने अपनी तीन कन्याओं का विवाह उन तीनों से कर दिया ।

माली की पत्नी वसुदा थी । उनके चार पुत्र थे—अनल, अनिल, हर और सम्पाति । आगे चलकर वे विभीषण के मन्त्री बने (उ. ५)।

विष्णु ने जब माल्यवान, माली एवं सुमाली को मारने का निश्चय किया तो माल्यवान ने चिन्ता व्यक्त की थी । परन्तु माली तथा सुमाली ने चिन्ता न करने का परामर्श दिया और वे तीनों सेना लेकर देवलोक पर आक्रमण करने चल पड़े (उ.६)। माली ने विष्णु से घोर युद्ध किया परन्तु अन्त में विष्णु ने उसका मस्तक काट गिराया (उ. ७)।

माल्यवान: रावण का नाना और उसका एक मन्त्री, जिसने रावण को राम के पराक्रम की ओर इंगित करते हुए, सीता को लौटाकर राम से सन्धि का परामर्श दिया था (यु.३५)। रावण ने उसे डाँटते हुए उसकी उपेक्षा की (यु. ३६)। रावण को क्रोधित देखकर माल्यवान चुप होकर अपने घर चला गया।

सुकेश एवं देववती का बड़ा पुत्र; सुमाली एवं माली का भाई। तपस्या द्वारा ब्रह्मा को प्रसन्न करके उसने अविजित रहकर भ्रातृ-प्रेम बने रहने का वरदान पाया था (उ.५)। फिर वह भाइयों सहित देवों एवं असुरों को सताने लगा। फिर विश्वकर्मा के बताने पर वे तीनों लंका में जाकर बस गये तथा नर्मदा नामक एक गन्धर्वी ने अपनी तीन कन्याओं का विवाह उन तीनों से कर दिया। माल्यवान की स्त्री का नाम सुन्दरी था। उनके सात पुत्र हुए—वज्रमुष्टि, विरूपाक्ष, दुर्मुख, सुप्तघ्न, यज्ञकोप, मत्त और उन्मत्त, और एक कन्या हुई—अनला (उ. ५)। विष्णु ने देवताओं की पीड़ा सुनकर जब माल्यवान, सुमाली एवं माली को मारने का निश्चय किया, तब माल्यवान ने चिन्ता व्यक्त की। परन्तु सुमाली एवं, माली के उकसाने पर वह उन दोनों को साथ ले, सेना सहित देवताओं को मार डालने के लिए निकल पड़ा (उ.६)।

माली की मृत्यु के बाद, विष्णु से कुछ टक्कर लेकर हारने के बाद, वह सुमाली तथा अन्य राक्षसों सहित पाताल में रहने चला गया (उ. ७)।

मित्र: देवता। उर्वशी का वरण करने के बाद उन्हें पता चला कि वरुण ने उर्वशी को समागम के लिए आमन्त्रित किया था। यद्यपि उर्वशी ने वह निमन्त्रण स्वीकार नहीं किया तथापि मित्र ने उसे क्रोधित होकर त्याग दिया, जिससे वह मृत्यु लोक में पुरूरवा के पास चली गयी (उ. ५६)। मित्र एवं वरुण के तेज से अगस्त्य तथा वसिष्ठ का, शाप के बाद, पुनः जन्म हुआ (उ. ५७)।

मित्रसह: देखिए, वीरसह तथा सुदास।

मेघनाद: लंकावासी राक्षस। देखिए, इन्द्रजित भी।

रावण एवं मंदोदरी का बेटा।

हनुमान ने जब लंका पार करके अशोक वाटिका उजाड़ कर रावण के अनेक योद्धाओं को मार दिया था, तब इन्द्रजित ही उन्हें बाँधकर रावण के सम्मुख ले गया था (सु. ४८)। विभीषण ने जब रावण को सीता को लौटाने की सलाह दी तो मेघनाद ने उसका उपहास किया था, परन्तु विभीषण ने उसे फटकार कर चुप कर दिया (यु. १४-१५)।

मेघनाद ने अपने नागमय वाणों से राम एवं लक्ष्मण को बाँधकर अचेत कर दिया और लंका जाकर रावण को यह हर्ष-समाचार सुनाकर उसका आशीर्वाद पाया (यु. ४४-४६)। रावण सेना की व्यापक क्षति के बाद इन्द्रजित ने पुनः युद्ध क्षेत्र में जाकर राम एवं लक्ष्मण को ब्रह्मास्त्र से मूर्च्छित कर दिया, परन्तु वे हनुमान द्वारा लाई औषधियों से फिर स्वस्थ हो गए (यु. ७३-७४)। रावण की आज्ञा पर उसने पुनः जाकर धोर युद्ध किया और वानर सेना का मनोबल तोड़ने के लिए एक माया-निर्मित सीता का युद्ध भूमि में ही वध किया (यु.८०-८१)। फिर निकुम्भिला

मंदिर में जाकर होम करने लगा। तभी विभीषण ने राम को बताया कि यदि उस होम के पहले ही मेघनाथ का वध न हुआ तो वह अपराजेय एवं अवध्य हो जाएगा। तब लक्ष्मण ने सेना सहित जाकर उसे मंदिर में ही ललकारा और उसका वध किया (यु.८२-९०)। वह युद्ध तीन दिन और तीन रात लगातार चला था (यु.८१)।

निकुम्भिला मन्दिर में मेघनाद ने, शुक्राचार्य को पुरोहित बनाकर, बड़े विस्तार के साथ सात यज्ञों का अनुष्ठान किया—वे थे अग्निष्टोम, अश्वमेध, बहुसुवर्णक, राजसूय, गोमेध, वैष्णव तथा माहेश्वर। उसे भगवान पशुपति ने अनेक दिव्य वरदान दिये, जिनमें आकाशचारी रथ, अन्धकार उत्पन्न करने वाली तामसी माया, बाणों से भरे दो अक्षय तरकस, अटूट धनुष तथा शत्रुघाती अस्त्र सम्मिलित थे। उसे यज्ञ करते देख रावण को कुछ दुःख हुआ क्योंकि उन यज्ञों में रावण के इन्द्रादि शत्रुओं का पूजन हुआ था (उ. २५)।

रावण द्वारा देवलोक पर आक्रमण के समय मेघनाद भी उसके साथ था। सुमाली वध के पश्चात मेघनाद ने अपनी सेना को पुनः एकत्रित कर देवताओं से टक्कर ली (उ. २८)। जब इन्द्र आदि देवताओं ने रावण को सब ओर से घेर लिया तब मेघनाद ने वरदान में मिली तमोमयी माया द्वारा अपने को छिपाकर देवसेना पर धावा किया। फिर इन्द्र को थकाकर उन्हें बाँध लाया। उसने थके और आहत रावण को यह कहकर युद्धभूमि से वापस बुला लिया कि इन्द्र बन्दी बन चुके हैं, इस कारण देवसेना हार चुकी है (उ. २९)।

इन्द्र को मुक्त कराने के लिए देवताओं सहित ब्रह्माजी आये और उन्होंने मेघनाद को इन्द्रजित नाम देकर इन्द्र की मुक्ति के बदले में रावण से मनचाहा वरदान लेने को कहा। परन्तु बीच में ही मेघनाद ने अमरत्व का वरदान माँगा। जब ब्रह्माजी ने अमरत्व असम्भव बताया तो इन्द्रजित ने कहा कि उसे यह वरदान मिले कि जब वह अग्नि की पूजा करके युद्ध के लिए रथ पर सवार हो तो, जब तक वह रथ पर सवार है, तब तक उसे कोई न मार सके। ब्रह्माजी ने यह वरदान देकर इन्द्र को छुड़ा लिया (उ.३०)।

मेनकाः एक सुन्दरी अप्सरा, जो पुष्कर में स्नान करने गयी थी और वहाँ तपस्यारत विश्वामित्र के कामासक्त हो जाने के कारण उनके पास दस वर्ष तक रही। फिर विश्वामित्र ने क्षमायाचना सहित उसे विदा कर दिया (बा. ६३)।

मेनाः हिमवान की (सांकेतिक) पत्नी। गंगा एवं उमा की जननी (बा. ३५)।

मेरु सावर्णिः महर्षि, जो मेरुगिरि पर रहते थे।

मैन्दः अश्विनीकुमार द्वारा उत्पन्न किष्किन्धावासी वानर। द्विविद के बडे भाई; सुग्रीव के मामा।

सुग्रीव के मन्त्रियों में से एक (कि. ३३)। सुग्रीव ने सीता की खोज के लिए दक्षिण दिशा में जो वानर दल भेजा, उसमें मैन्द भी थे (कि. ४१)।

दक्षिण सागर पार करने की समस्या आने पर मैन्द ने कहा कि वे एक छलाँग में साठ योजन तक ही जा पाएँगे (कि. ६५)।

ब्रह्माजी की आज्ञा से मैन्द एवं द्विविद ने अमृतपान किया था (यु. २८)।

लंका पर आक्रमण के समय मैन्द, नील एवं द्विविद के साथ, पूर्व द्वार पर डट गये थे (यु. ४१)।

जब अकम्पन युद्ध के लिए निकला तो कुमुद, नल और द्विविद के साथ मैन्द ने उससे टक्कर ली (यु. ५५) और हनुमान ने आकर उन सबको बचाया (यु.५६)। भीषण युद्ध करके यूपाक्ष का वध (यु.७६)।

राम के देह-त्याग का निर्णय सुनकर मैन्द भी अयोध्या गये थे—यह निश्चय करके कि वे भी राम के साथ ही देह त्याग देंगे, परन्तु राम ने उन्हें जीवित रहने का आदेश दिया (उ. १०८)।

मोदकरः एक महात्मा जिन्हें, अन्य महात्माओं के साथ, बुध ने इल के उपचारार्थ परामर्श के लिए आमन्त्रित किया था (उ. ९०)।

य

यज्ञकोपः लंकावासी राक्षस; रावण का समर्थक योद्धा (यु. ९)।

लंकापर प्रथम आक्रमण के दिन अन्य राक्षसों सहित वह राम से जा भिड़ा था (यु.४३), जिसमें वह मारा गया।

माल्यवान एवं सुन्दरी का पुत्र; विरूपाक्ष, वज्रमुष्टि, दुर्मुख, सुप्तघ्न, मत्त, उन्मत्त और अनला का भाई (उ. ५)।

रावण द्वारा देवलोक पर आक्रमण के समय यज्ञकोप भी उसके साथ था (उ.२७)।

यज्ञशत्रुः राक्षस; खर का एक प्रमुख सैनिक—उन बारह में से एक जो राम पर आक्रमण करते समय खर को घेरकर चले थे (अर. २३)।

यदुः ययाति एवं देवयानी का पुत्र। पिता के प्रेम से वंचित और इस कारण दुःखी। उसने अपनी माँ से दुःखी होकर प्राण त्यागने की बात कही (उ. ५८)।

शुक्राचार्य से जरा का शाप पाकर ययाति ने यदु से कुछ समय के लिए अपनी जरा के बदले में उसका यौवन लेने की बात कही थी, परन्तु यदु ने उसे यह कहकर मना कर दिया कि ययाति अपने लाडले बेटे पुरु को ही अपना बुढ़ापा दें। यदु से ना सुनकर ययाति ने उसे तथा उसके वंश को राज्याधिकार से वंचित कर दिया और शाप दिया कि वह भयंकर राक्षसों और यातुधानों को जन्म देगा। कालान्तर में यदु ने नगर में तथा भयंकर क्रौंचवन में यातुधानों को जन्म दिया (उ.५९)।

यमराजः मृत्यु के देवता; धर्मराज नाम से भी विख्यात।

नारद मुनि के कहने पर जब रावण ने यमलोक पर आक्रमण किया तब अपने सैनिकों को रावण के हाथों मरता देख, यमराज स्वयं उससे युद्ध करने गये। रावण से उन्होंने लगातार सात रात-दिन युद्ध किया। अन्त में यमराज ने रावण पर प्रहार करने के लिए कालदण्ड उठाया, जो अमोघ था। यह देखकर ब्रह्मा स्वयं प्रकट हुए और, उन्होंने सृष्टि नष्ट होने का भय दिखाकर तथा रावण को देवताओं द्वारा अवध्य होने के अपने वरदान की याद दिलाकर, कालदण्ड वापस लेने को कहा। यमराज उनकी बात मानकर रावण को मारे बिना ही लौट गये (उ. २१-२२)।

ययातिः इक्ष्वाकुवंशी; राम के पूर्वज । नहुष के पुत्र; नाभाग के पिता (बा. ७०)।

उनके दो पत्नियाँ थीं–दैत्यकुल की वृषपर्वापुत्री शर्मिष्ठा और शुक्राचार्य की पुत्री देवयानी। शर्मिष्ठा ने पुरु को जन्म दिया और देवयानी ने यदु को । पुरु एवं शर्मिष्ठा पर ययाति का प्रेम अधिक था। यदु अपनी माँ एवं अपने प्रति ययाति की उदासीनता से दुःखी था। बेटे का दुःख देखकर देवयानी ने अपने पिता को बुलाकर ययाति की शिकायत की तो क्रोधित होकर शुक्राचार्य ने ययाति को जीर्णावस्था एवं शारीरिक शिथिलता का शाप दिया (उ. ५८)।

शाप द्वारा प्राप्त उस वृद्धावस्था को किसी के भी यौवन से बदला जा सकता था । ययाति ने यदु से कुछ समय के लिए वृद्धावस्था लेकर यौवन देने को कहा। परन्तु यदु ने यह कहकर मना कर दिया कि आप अपने चहेते पुत्र पुरु से ही यौवन ले लें । ययाति ने पुरु के आगे वही प्रस्ताव रखा तो पुरु ने उसे स्वीकार कर लिया । पुनः यौवन पाकर ययाति ने लम्बी अवधि तक सुखपूर्वक राज्य का पालन किया और फिर वह यौवन पुरु को देकर उसे ही राज्य भी दे दिया । ययाति ने यदु से क्रुद्ध होकर उसे तथा उसके वंश को राज्य से वंचित करके यातुधानों को जन्म देने का शाप दिया (उ. ५९)।

यवक्रीतः पूर्व दिशा के निवासी ऋषि; राम के राज्याभिषेक के बाद अयोध्या में अन्य ऋषियों के साथ वे भी उनसे मिलने गये थे (उ. १)।

युद्धोन्मत्तः लंकावासी राक्षस (सु. ६)। लंका में सीता की खोज करते हुए, हनुमान युद्धोन्मत्त के भवन में भी गए थे । देखिए, महापार्श्व ।

युधाजितः केकय-नरेश अश्वपति के पुत्र, भरत के मामा, कैकेयी के भाई । पिता के आदेश पर भरत को लेने वे अयोध्या पहुँचे, परन्तु यह सुनकर कि दशरथ आदि राम के विवाह के लिए सभी मिथिला गये हुए हैं, वे मिथिला जा पहुँचे (बा. ७३)। मिथिला से लौटने के बाद वे भरत-शत्रुघ्न सहित केकय लौटे (बा. ७३)।

राम के वन से लौटने पर, उनके राज्याभिषेक के समय, युधाजित भी अयोध्या आये थे । केकय देश लौटते समय उनकी सहायता के लिए लक्ष्मण उनके साथ गये थे (उ. ३८)।

युधाजित ने गार्ग्य को सन्देश लेकर राम के पास भेजा कि वे शैलूष-शासित गन्धर्व प्रदेश पर आक्रमण करके उसे अपने अधीन करें । राम ने उनकी बात मानकर भरत को, तक्ष एवं पुष्कल के साथ, गन्धर्व प्रदेश पर आक्रमण के लिए भेजा । भरत की सेना युधाजित की सेना के साथ गन्धर्वों से लड़ी और जीती (यु. १००)।

युवनाश्वः इक्ष्वाकुवंशी, अयोध्या के राजा । धुन्धुमार के पुत्र और मान्धाता के पिता (बा. ७०) ।

यूपाक्षः लंकावासी राक्षस; रावण के मुख्य वीरों में से एक, जिन्हें अशोकवाटिका नष्ट होने का समाचार, एवं किंकर सेना तथा मन्त्रीपुत्रों का वध, सुनकर रावण ने हनुमान को पकड़ने के लिए भेजा था (यु. ४६)।

राम-लक्ष्मण आदि हनुमान द्वारा लायी बूटियों से जब पुनः स्वस्थ हो गये, तब रावण ने कुम्भकर्णपुत्र कुम्भ-निकुम्भ के साथ जिन योद्धाओं को भेजा, उनमें यूपाक्ष भी था (यु.७५)। प्रजंघ का भतीजा; शोणिताक्ष का भाई ।

मैन्द ने बाँहों में दबाकर यूपाक्ष को मार डाला (यु. ७६)।

रावण का एक सचिव, जो राक्षसों के साथ रावण के कहने पर कुम्भकर्ण को जगाने गया था। उसने ही कुम्भकर्ण को रावण पर आयी विपत्ति की सूचना दी थी (यु.६०)।

र

रंहः सुग्रीव की सेना में वानर यूथपति। सुग्रीव की आज्ञा से राम की सहायता के लिए जो यूथपति वानर सेना एकत्रित करके लाए थे उनमें से एक (कि. ३९)।

रघुः इक्ष्वाकुवंशी अयोध्या के राजा। ककुत्स्थ के पुत्र और प्रवृद्ध के पिता (बा. ७०)।

रम्भः वानर यूथपति; लाल वर्ण का। सुग्रीव के आदेश पर जो यूथपति विशाल सेनाएँ लेकर पहुँचे थे, उनमें से एक (कि. ३९)। वह विन्ध्य, कृष्णगिरि, सह्य और सुदर्शन आदि पर्वतों पर रहता था (यु. २६)।

रम्भाः इन्द्र के दरबार की एक सुन्दर अप्सरा। इन्द्र के आदेश पर विश्वामित्र का तप भंग करने के लिए गयी (बा. ६४)। विश्वामित्र ने उसे दस हज़ार वर्ष तक पत्थर की प्रतिमा बने खड़े रहने का शाप दिया, जिसे कालान्तर में वसिष्ठ मुक्त करेंगे।

एक समय वह सज-धजकर प्रेमेच्छा से नलकूबर के पास जा रही थी तभी कैलास पर्वत पर पड़ाव डाले हुए रावण ने उसे देखा और उस पर मुग्ध हो गया। रम्भा ने उसे बताया कि वह नलकूबर को चाहती है और इस कारण रावण की पुत्रवधू समान है, परन्तु फिर भी रावण ने उससे बलात्कार किया। रम्भा ने यह घटना नलकूबर को बतायी तो नलकूबर ने रावण को शाप दिया (उ. २७)।

रश्मिकेतुः लंकावासी राक्षस (सु. ६)।; रावण का समर्थक योद्धा (यु. ९)। लंकापर प्रथम आक्रमण के दिन वह अन्य राक्षसों के साथ राम से भिड़ गया था (यु. ४३)। फिर राम द्वारा उसका वध।

रसभः (१) एक वानर यूथपति जो दरीमुख, प्रजंघ तथा जम्भ के साथ वानरसेना को आगे बढ़ने की प्रेरणा देता चल रहा था (यु. ४)।

रसभः (२) एक लंकावासी राक्षस–रावण का समर्थक; उसने भी, अन्य राक्षसों के साथ, रावण को राम की ओर से निश्चिन्त रहने को कहा था (यु. ९)।

राकाः राक्षसी। सुमाली एवं केतुमती की पुत्री।

प्रहस्त, अकम्पन, विकट, कालिकामुख, धूम्राक्ष, दण्ड, सुपार्श्व, संह्लादि, प्रघस तथा भासकर्ण की बहन। उसकी अन्य बहनें थीं–पुष्पोत्कटा, कैकसी तथा कुम्भीनसी। रावण की मौसी (उ. ५)।

रामः इक्ष्वाकुवांशी; दशरथ एवं कौसल्या के ज्येष्ठ पुत्र; भरत, लक्ष्मण तथा शत्रुघ्न के बड़े भाई। अयोध्या के राजा। रामायण के नायक। सीता के पति। एक बार अकस्मात राम की दृष्टि रामायण का गान करते हुए लव-कुश पर पड़ी। उन दोनों को सम्मानपूर्वक वे अपने भवन लाये और वहाँ उनसे गायन करने के लिए कहा (बा.४)।

चैत्र, शुक्ल पक्ष, नवमी को, पुनर्वसु नक्षत्र एवं कर्क लग्न में जन्म। उस

समय पाँच ग्रह (सूर्य, मंगल, शनि, गुरु और शुक्र) अपने उच्च स्थान में थे; तथा लग्न में चन्द्रमा एवं वृहस्पति थे (बा. १८)।

अपने भाइयों में सर्वाधिक तेजस्वी और सबको प्रिय। हाथी, घोड़ा, रथ आदि की सवारी में निपुण। धनुर्वेद के अभ्यास एवं पिता की सेवा में रत (बा. १८)।

राम जब लगभग सोलह वर्ष के थे, तब महर्षि विश्वामित्र दशरथ के दरबार में पहुँचे और अपने यज्ञ की रक्षा के लिए उनसे राम को अपने साथ भेजने का प्रस्ताव किया। उन्होंने राम को ज्ञान देने का भी वचन दिया (बा. १९)। दशरथ ने उनका प्रस्ताव भय के कारण नहीं माना, परन्तु विश्वामित्र के क्रोध एवं वसिष्ठ के समझाने के कारण वे राम को भेजने के लिए तैयार हो गये। राम के साथ लक्ष्मण भी गये (बा.२२)।

विश्वामित्र ने राम को बला-अतिबला विद्याएँ प्रदान कीं। राम वन की राह में तृण की शैया पर ही सोये (बा. २२)। राम को मलद एवं करूष जनपदों का परिचय तथा ताटका द्वारा वहाँ की विनाशलीला का वर्णन; ताटका के वध का आदेश (बा.२५)। ताटका का वध (बा. २६)। विश्वामित्र द्वारा राम को दिव्यास्त्र प्रदान करना और संहार विधि बताना (बा. २७-२८)। राम को सिद्धाश्रम का पूर्व वृत्तान्त बताते हुए विश्वामित्र उन्हें वहाँ ले गये (बा. २९)। राम द्वारा विश्वामित्र के यज्ञ की रक्षा; मारीच को मूर्छित करके दूर फेकना; सुबाहु तथा अन्य राक्षसों का वध (बा.३०)।

विश्वामित्र के साथ मिथिला के लिए प्रस्थान तथा शोणभद्र तट पर विश्राम (बा. ३१)। विशाला नगरी में रात्रिवास और राजा सुमति से भेंट (बा. ४७-४८)।

मिथिलापुरी के पास अहल्या के उजड़े आश्रम के विषय में विश्वामित्र द्वारा उसका इतिहास ज्ञान और अहल्या की शाप-मुक्ति (बा. ४९)।

महाराज जनक से भेंट और उनके द्वारा शिवधनुष का परिचय। राम को धनुष पर प्रत्यंचा चढ़ाने के लिए आमन्त्रण। राम का प्रत्यंचा चढ़ाना और धनुष भंग (बा.६६-६७)। राम के लिए सीता का प्रस्ताव (बा. ७०)। सीता से विवाह (बा.७३)। अयोध्या लौटते समय परशुराम से भेंट और उनका राम को अपने धनुष पर बाण चढ़ाने के लिए ललकारना (बा. ७५)। परशुराम से संवाद और उनके धनुष पर बाण चढ़ाकर, परशुराम के पुण्यलोकों का विनाश (बा. ७६)। अयोध्या लौटना; राम का परिजनों एवं नागरिकों के प्रति प्रेम व्यवहार (बा. ७८)।

राम के सद्‌गुणों का वर्णन और दशरथ द्वारा उन्हें युवराज बनाने का निश्चय (अ.१)। दशरथ द्वारा राम को राजकर्म सम्बन्धी शिक्षा (अ. ३-४)। राम ने कौसल्या को अपने युवराज होने का समाचार सुनाया और लक्ष्मण को राजकार्य में भागीदारी के लिए आमन्त्रित किया (अ. ४)। वसिष्ठ द्वारा राम को व्रत-उपवास की शिक्षा (अ.५)। राम का पत्नी सहित पूजन एवं नियमानुसार अनुष्ठान (अ.६)।

सुमन्त्र द्वारा दशरथ का आदेश पाकर, राम सीता से अनुमति लेकर, लक्ष्मण के साथ, दशरथ के पास गये (अ. १६)। उन्होंने कैकेयी से दशरथ की चिन्ता-व्यथा का कारण पूछा तो कैकेयी ने अपने वरदानों का विवरण देते हुए राम को वन जाने के लिए प्रेरित किया (अ. १८)। यह सुनकर राम ने वन जाने की आज्ञा स्वीकार

की और माँ कौसल्या से आज्ञा लेने उनके भवन को गये (अ. १९)। राम जैसे अपनी माँ का सम्मान करते थे, वैसे ही दशरथ की अन्य सभी रानियों का भी मान करते थे (अ. २०)। राम ने कौसल्या को महाराज दशरथ के कैकेयी को दिये वरदान एवं अपने वनवास की बात सुनायी। उस समय राम की आयु सत्ताईस वर्ष की थी (अ. २०)।

लक्ष्मण ने राम को सलाह दी कि वे बलपूर्वक दशरथ से राज्य छीन लें। कौसल्या ने भी उन्हें बनवास की अनुचित आज्ञा न मानने का परामर्श दिया (अ.२१)। परन्तु राम ने तर्कपूर्वक कहा कि उनके लिए पिता की आज्ञा मानना ही उचित है। उन्होंने कौसल्या तथा लक्ष्मण दोनों को ही समझाया कि जो धर्म है और जो भाग्य में है, उसे स्वीकार कर लेना ही उचित है। यह कहकर उन्होंने अपने अभिषेक की सामग्री हटा ले जाने का आदेश दिया (अ. २१-२२)। लक्ष्मण ने उन्हें भाग्य की बात छोड़कर पराक्रम के लिए प्रेरित किया, परन्तु राम पिता की आज्ञा मानने के अपने निश्चय पर अड़े रहे। उन्होंने कौसल्या को भी, अयोध्या में रहकर, दशरथ की सेवा में रत रहने के लिए प्रेरित किया (अ. २३-२४)।

राम ने, सीता को अपने वनगमन का समाचार सुनाया (अ. २६), और सीता के साथ चलने के आग्रह पर उन्हें वन के कष्ट बताते हुए साथ चलने से मना किया (अ.२८)। सीता के अधिक आग्रह पर उन्होंने सीता को साथ चलने की अनुमति दी और घर की वस्तुएँ दान कर देने का आदेश दिया (अ. ३०)।

उन्हें वन जाने को उद्यत देख, लक्ष्मण ने भी साथ चलने का आग्रह किया तो राम ने उन्हें अनुमति प्रदान की (अ. ३१)।

वनगमन से पूर्व उन्होंने ब्राह्मणों, ब्रह्मचारियों, सेवकों आदि को धन वितरित किया (अ. ३२)। फिर वे सीता एवं लक्ष्मण सहित पिता के दर्शन के लिए कैकेयी के भवन में गये (अ. ३३)। पिता को दुःखी देख उन्होंने दशरथ को समझाया। दशरथ ने उनसे कहा था कि वे उनकी आज्ञा न मानें और उन्हें बन्दी बनाकर अयोध्या का शासन अपने हाथ में ले लें (अ. ३४)।

कैकेयी ने राम को वल्कल वस्त्र धारण करने को दिये (अ. ३७)। राम ने वल्कल वसन धारण करके, दशरथ से कौसल्या पर कृपा-दृष्टि रखने के लिए प्रार्थना की (अ. ३८) और कौसल्या से कहा कि वे दशरथ के प्रति दोष-दृष्टि न रखें (अ.३९)।

लक्ष्मण एवं सीता सहित वन के लिए प्रस्थान (अ. ४०)।

वन जाते समय राम ने नगरवासियों से भरत एवं दशरथ के प्रति प्रेमभाव बनाये रखने का आग्रह किया और नगरवासियों से अयोध्या लौट जाने को कहा। परन्तु जब वे सब साथ चलते ही रहे तो राम उन सबके साथ रात्रि को तमसा नदी के तट पर रुके (अ. ४५)। फिर वे, पुरवासियों को वहीं सोता छोड़, चुपचाप वन की ओर बढ़ गये (अ. ४६)। वेदश्रुति, गोमती एवं स्यन्दिका नामक नदियाँ पार करते हुए, अयोध्यापुरी की सीमा से बाहर श्रृंगवेरपुर पहुँचे, जहाँ निषादराज गुह ने उनका स्वागत किया। राम ने वनवास के वचन के कारण गुह के नगर में जाना

स्वीकार नहीं किया, भोजन भी ग्रहण नहीं किया और वे रात में भूमि पर तृण शैय्या बिछाकर ही सोये (अ. ५०)।

गुह से नाव मँगवाकर उन्होंने गंगा पार की और वत्सदेश पहुँचकर रात एक वृक्ष के नीचे काटी । गंगापार करने से पहले उन्होंने सुमन्त्र को अयोध्या वापस लौट जाने के लिए समझाया (अ. ५२)।

राम ने अयोध्या में दशरथ कौसल्या आदि के प्रति चिन्ता करते हुए, उनकी रक्षा के लिए, लक्ष्मण से अयोध्या लौट जाने को कहा (अ. ५३)।

वत्सदेश (प्रयाग) में राम भरद्वाज आश्रम में गये, जहाँ मुनि ने उनका स्वागत-सत्कार किया और वनवासकाल में अपने आश्रम पर ही रहने का प्रस्ताव किया । परन्तु राम ने उनसे अन्य कोई स्थान सुझाने को कहा तो उन्होंने चित्रकूट के लिए परामर्श दिया (अ.५४)।

राम ने बेड़ा बनाकर यमुना नदी पार की फिर उसी के तट पर रात बितायी । फिर वे चित्रकूट पहुँचे और महर्षि वाल्मीकि से मिलने के बाद वहीं पर्णशाला बनाकर रहने लगे (अ. ५५-५६)।

चित्रकूट में कोलाहल के कारण जब जीव-जन्तु व्याकुल होकर भागने लगे, तो राम ने लक्ष्मण से इसका कारण पता लगाने को कहा (अ. ९६)। लक्ष्मण जब भरत को सेना सहित आते देख क्रुद्ध होकर भरत के प्रति कटुवचन कहने लगे, तब राम ने भरत के सौम्य स्वभाव का वर्णन करके लक्ष्मण को शान्त किया (अ.९६-९७)।

भरत ने राम को पिता की मृत्यु का समाचार सुनाकर (अ. १०१) अयोध्या लौट चलने का आग्रह किया, जिसे राम ने अस्वीकार कर दिया । उन्होंने परिजनों एवं अयोध्या का कुशल-क्षेम जानने के साथ ही भरत को राजनीति सम्बन्धी उपदेश दिया (अ. १००)। पिता के निधन के समाचार से सन्तप्त होकर मन्दाकिनी में जलांजलि दी और पिण्डदान किया (अ. १०३), और तभी उन्हें कौसल्या तथा अन्य माताएँ आती दिखाई दीं । राम ने बढ़कर उनके चरणों में प्रणाम किया ।

भरत ने जब पुनः माताओं गुरुओं तथा नगरवासियों के सामने राम से अयोध्या लौटने का आग्रह दुहराया तो उन्होंने पिता के वचन की रक्षा के हित में उसे अस्वीकार कर दिया (अ. १०५)। उन्होंने भरत को आदेश दिया कि वे लौटकर अयोध्या का शासन-भार सँभालें (अ. १०७)।

जब जाबालि ने उन्हें आदर्शवाद त्याग कर, और व्यवहारिक बनकर, अपना हित देखने और इस प्रकार अयोध्या लौटने के लिए उकसाया तो राम ने तर्कपूर्वक उनके मत का खण्डन किया और धर्म के मार्ग की महत्ता बतायी (अ. १०९)।

महर्षि वसिष्ठ ने भी राम को यह कहकर समझाने का प्रयत्न किया कि ज्येष्ठ पुत्र ही राज्य का अधिकारी होता है । परन्तु जब राम फिर भी नहीं माने तो भरत राम को लौटाने के लिए धरना देने को उद्यत हुए । तब राम ने उन्हें समझाकर अयोध्या लौटने का आदेश दिया और कहा कि चौदह वर्ष की अवधि के बाद लौटकर वे अयोध्या का राज्य ग्रहण करेंगे (अ. १११)।

फिर भी, भरत के आग्रह पर उन्होंने भरत को प्रतिनिधि-स्वरूप अपनी पादुकाएँ देकर दुःखी मन से विदा किया (अ. ११२) और आदेश दिया कि वे कैकेयी के प्रति कोई कटु विचार मन में न रखें। भरत के लौटने के बाद, राम ने चित्रकूट के तपस्वियों के व्यवहार में परिवर्तन एवं उद्वेग देखा। वे धीरे-धीरे अपने आश्रम छोड़ अन्यत्र जा रहे थे। राम को ज्ञात हुआ कि उनके कारण रावण का भाई खर तपस्वियों को सताता था, जिससे भयभीत होकर वे आश्रम छोड़कर जा रहे थे (अ.११६)। राम ने भी वह स्थान छोड़ दिया और वे अत्रि मुनि से मिले। वहाँ उन्होंने सीता को मुनिपत्नी अनसूया के पास ज्ञानार्जन के लिए भेजा (अ. ११७)।

अत्रि से विदा लेकर राम ने दण्डकारण्य में प्रवेश किया, जहाँ मुनियों के आश्रम देख वे, धनुष की प्रत्यंचा उतारकर, उनसे मिले। मुनियों ने राम से अपनी रक्षा के लिए प्रार्थना की (अर. १)।

वहाँ से आगे चलकर राम को एक दुर्गम वन मिला, जहाँ उन्होंने राक्षस विराध को देखा। उसने सीता को पकड़ लिया। यह देख राम बड़े दुःखी हुए (अर. २)। फिर उन्होंने लक्ष्मण के साथ उस पर प्रहार किया। जब विराध सीता को छोड़ उन दोनों को बाँहों में दबाकर ले चला तो राम एवं लक्ष्मण ने उसकी दोनों भुजाएँ तोड़ डालीं। फिर भूमि में गाड़कर, उसकी बतायी विधि से, उसका वध किया (अर.४)। तत्पश्चात, सीता एवं लक्ष्मण सहित वे शरभंग मुनि के आश्रम पर गये। शरभंग मुनि उन्हें सुतीक्ष्ण मुनि के पास जाने की सलाह देकर अग्नि-समाधि को प्राप्त हुए (अर. ५)।

आगे जाने पर अनेक मुनियों से उनकी भेंट हुई, जिन्होंने राक्षसों द्वारा वानप्रस्थ मुनियों के वध का वर्णन सुनाया। राम ने उनकी रक्षा का वचन दिया (अर. ६)। फिर वे सुतीक्ष्ण मुनि के आश्रम पर गये जहाँ मुनि ने उन लोगों को वहीं निवास करने का सुझाव दिया। परन्तु राम ने उनके आश्रम पर एक रात आतिथ्य ग्रहण करके, उनसे आज्ञा ली (अर. ७-८)।

राह में सीता ने राम से निरपराध प्राणियों को न मारने तथा अंहिसाव्रत धारण करने का अनुरोध किया (अर. ९) परन्तु राम ने ऋषियों की रक्षा के लिए दिये गये वचन पर दृढ़ रहकर राक्षसों के वध का निश्चय प्रकट किया (अर. १०)।

फिर पंचाप्सर के पास एक आश्रम मण्डल में लगभग दस वर्ष तक उन्होंने निवास किया और बीच-बीच में उन ऋषियों से भी पुनः मिलने गये, जिनसे वे पहले मिल चुके थे। इसी प्रकार पुनः सुतीक्ष्ण से मिलकर उन्होंने अगस्त्य मुनि का पता पूछा और उनसे मिलने को चल पड़े। राह में उन्होंने अगस्त्य के भाई का आतिथ्य ग्रहण किया (अर. ११)।

अगस्त्य ने राम का सत्कार करके उन्हें दिव्यास्त्र प्रदान किये। राम उनके आश्रम में ही वनवास के शेष दिन बिताना चाहते थे, फिर भी उन्होंने अगस्त्य से अपने रहने के लिए उपयुक्त स्थान पूछा। अगस्त्य ने उन्हें जनस्थान जाकर पंचवटी में, गोदावरी नदी के पास, रहने का परामर्श दिया (अर. १२-१३)।

पंचवटी की राह में उन्हें जटायु मिला, जिसने उनके साथ रहकर रक्षा करने की इच्छा प्रकट की। राम उसे साथ लेकर पंचवटी की ओर चल दिये (अर.१४)।

पंचवटी पहुँचकर राम ने लक्ष्मण से पर्णशाला बनाने को कहा और वे सीता एवं लक्ष्मण सहित वहाँ रहने लगे (अर. १५)।

पर्णशाला में एक दिन शूर्पणखा ने आकर राम से प्रेम-प्रस्ताव किया। राम ने अपने को विवाहित बताते हुए, टालने की इच्छा से, उसे लक्ष्मण के पास भेजा दिया। लक्ष्मण से भी अस्वीकृत होकर वह पुनः राम के पास आयी और सीता को अपनी राह में बाधा समझकर, सीता पर टूट पड़ी। तब राम ने उसे रोककर लक्ष्मण से कहा कि ऐसी क्रूरकर्मा को किसी प्रकार कुरूप कर देना चाहिए (अर. १८)।

शूर्पणखा का बदला लेने जब खर के चौदह राक्षस राम को मारने आये तो राम ने उन्हें अकेले ही मार दिया (अर. १९)। इस समाचार से क्रुद्ध होकर जब खर चौदह हज़ार सैनिकों के साथ आया तो राम ने शपथ देकर सीता को लक्ष्मण के संरक्षण में पेड़ों के पीछे भेज दिया और अकेले ही राक्षसों के आक्रमण का सामना करते हुए उनका संहार किया (अर. २४-२९)।

त्रिशिरा का वध (अर. २७)। खर के साथ युद्ध और उसका वध (अर.२८-३०)।

कंचनमृग देखकर जब सीता ने राम से उसे लाने का आग्रह किया तो, लक्ष्मण की शंका को अनसुना करते हुए, वे उसे लाने के लिए निकल पड़े और सीता की सुरक्षा का भार लक्ष्मण पर छोड़ गये (अर. ४३)। जब वह मृग लुक-छिपकर राम को खिझाता रहा तो राम ने उसे किसी राक्षस की माया समझकर मारना ही उचित समझा। परन्तु मरते समय उस राक्षस के मुँह से 'हा सीते, हा लक्ष्मण' सुनकर वे व्याकुल हो गये और तत्काल अपने आश्रम की ओर चले (अर. ४४)।

चिन्तितमन राम, जब अपने आश्रम की ओर लौट रहे थे, तब राह में उन्हें लक्ष्मण मिले। सीता को छोड़ आने के लिए, उन्होंने लक्ष्मण को उलाहना दिया और चिन्ता व्यक्त की (अर. ५७)। वहाँ सीता को न पाकर वे व्यथित हो उठे (अर.५८)। लक्ष्मण के बारम्बार बताने पर भी, कि वे सीता के आग्रह एवं कटु वचनों से दुःखी होकर ही आये थे, राम ने कहा कि जो भी हो 'तुम्हें आना नहीं चाहिए था' (अर.५९)। राम ने सीता को आश्रम के आस-पास हर सम्भव स्थान पर ढूँढा और उन्हें कहीं न पाकर अनिष्ट की सम्भावनाओं से व्यथित होकर विलाप करने लगे (अर. ६०-६३)। कुछ संकेतों का अनुसरण करते हुए वह कुछ दूर दक्षिण की ओर गये। वहाँ उन्हें सीता की वेणी के फूल भूमि पर बिखरे हुए मिले, सीता के पद चिह्न और टूटे धनुष, तरकस, रथ आदि भी दिखे। तब सीता के अपहरण के निश्चित संकेत पाकर वे अपराधी को दण्ड देने का निश्चय कर के क्रोध से भर उठे (अर. ६४)। तब लक्ष्मण ने उन्हें सान्त्वना देते हुए धैर्य धारण करने को कहा। राम उनकी बात को स्वीकार करके सीता की खोज में आगे बढ़े और उन्होंने मरणासन्न जटायु को देखा। जटायु ने उन्हें बताया कि रावण सीता का अपहरण करके, उन्हें दक्षिण दिशा में ले गया है। यह बताकर जटायु ने प्राण त्यागे तो राम ने उसका अन्तिम संस्कार करके उसे जलांजलि दी (अर. ६५-६८)।

मुनि मतंग के आश्रम से दक्षिण की ओर एक गहन वन में उन्हें एक

विशालकाय राक्षस मिला जो कबन्ध कहलाता था। उसने राम एवं लक्ष्मण को पकड़ लिया (अर. ६९)।

लक्ष्मण के परामर्श पर राम ने कबन्ध की दाहिनी भुजा काट डाली और लक्ष्मण ने बायीं। इस प्रकार उससे मुक्त होकर उन्होंने कबन्ध को अपना परिचय दिया और उसका परिचय पूछा (अर. ७०)। कबन्ध ने उनसे अपना दाह करने की प्रार्थना की और अपने एक अच्छे मित्र का पता बताकर उनकी सहायता का वचन दिया (अर. ७१)। दाह द्वारा शाप-मुक्त होकर कबन्ध ने राम को ज्ञान का उपदेश दिया और ऋष्यमूक पर्वत पर जाकर सुग्रीव से मित्रता करने का परामर्श दिया। कबन्ध ने उन्हें ऋष्यमूक पर्वत का मार्ग भी विस्तार से समझाया और मतंग वन का इतिहास बताया (अर. ७२-७३)।

वहाँ से पश्चिम दिशा की ओर बढ़ने पर वे पम्पासर के पश्चिमी तट पर, शबरी के आश्रम पर जा पहुँचे। शबरी ने उनका स्वागत करके अपने गुरु एवं आश्रम से उन्हें परिचित कराया और उनकी आज्ञा लेकर शरीर त्याग दिया (अर. ७४)।

पम्पासर का प्राकृतिक सौन्दर्य देखकर राम सीता के स्मरण से व्यथित हो उठे। तब लक्ष्मण ने उन्हें धीरज बँधाया और वे सुग्रीव की खोज में चल पड़े (कि.१)।

उन्हें देखकर सुग्रीव ने हनुमान को उनका भेद लेने के लिए भेजा था। राम हनुमान के ज्ञान एवं व्यवहार से प्रभावित हुए। हनुमान ने उन्हें सुग्रीव का परिचय दिया तथा उनसे मित्रता का प्रस्ताव रखा (कि. ३)।

ऋष्यमूक पर्वत पहुँचने पर सुग्रीव ने उनसे मित्रता की इच्छा व्यक्त की और राम ने अग्नि को साक्षी रखकर उन्हें अपने वक्ष से लगा लिया। सुग्रीव ने उनसे अपनी व्यथा सुनायी और राम ने उन्हें राज्य एवं पत्नी वापस पाने में सहायता का वचन दिया (कि. ५)। उत्तर में सुग्रीव ने भी सीता को खोज निकालने का वचन दिया और उन्हें सीता द्वारा चादर में लपेटकर फेंके गये आभूषण दिखाये। राम वे आभूषण पहचान कर व्यथित हो उठे (कि. ६)। सुग्रीव ने उन्हें सान्त्वना दी और सीता को ढूँढ निकालने का प्रण दुहराया (कि. ७)।

सुग्रीव ने राम को अपनी दुःखभरी कहानी सुनायी तो राम ने उनके प्रति वाली के द्वेष का कारण पूछा। कारण सुनकर राम ने उनकी सहायता का वचन दिया (कि.८-९)।

वाली के बल से परिचित होने के कारण, सुग्रीव ने राम की सामर्थ्य के प्रति संशय व्यक्त किया। तब सुग्रीव को अपने बल का विश्वास दिलाने के लिए राम ने पैर के अँगूठे से दुन्दुभि के कंकाल को दूर फेंक दिया और एक बाण से सात ताल के वृक्षों को वेध दिया। फिर राम ने सुग्रीव को वाली से द्वन्द्व के लिए भेजा, परन्तु सुग्रीव कुछ ही देर में वाली से हारकर भाग आये। सुग्रीव के उलाहना देने पर उन्होंने बताया कि वे वाली एवं सुग्रीव की समानता के कारण भ्रम में पड़ गये। ठीक से न पहचान पाने के कारण उन्होंने वाली पर बाण नहीं छोड़ा। अतः राम ने

सुग्रीव के गले में पहचान के लिए गजपुष्पी की लता पहना दी और उन्हें पुनः वाली के पास भेजा (कि. १०-१२)।

राम, सुग्रीव को लेकर पुनः किष्किन्धा पुरी पहुँचे (कि. १३), और गहन वृक्षों की ओट में खड़े हो गये (कि. १४)। द्वन्द्व में सुग्रीव को निर्बल पड़ते देख उन्होंने बाण चलाकर वाली को गिरा दिया (कि. १६)। घायल वाली के पास जब राम गये तो उसने उन्हें बहुत धिक्कारा और बुरा-भला कहा (कि. १७)। राम ने वाली पर आघात करने का कारण बताते हुए कहा कि इस समय पृथ्वी पर भरत का राज्य है और उनकी ओर से धर्म की रक्षा के लिए अधर्मी को दण्ड देना उनका कर्त्तव्य है। उसने अपने छोटे भाई की पत्नी के साथ व्यभिचार किया, जिसके लिए उसे दण्ड मिलना आवश्यक था। वाली की प्रार्थना पर राम ने वचन दिया कि उसके बाद उसके पुत्र अंगद को कोई कष्ट नहीं होगा और उसे उसका अधिकार अवश्य प्राप्त होगा (कि. १८)।

वाली की मृत्यु के पश्चात सुग्रीव ने आत्मग्लानि से पीड़ित होकर राम से आत्मघात के लिए आज्ञा माँगी। वाली की पत्नी तारा ने भी रोते हुए राम से कहा कि जिस बाण से उन्होंने उसके पति को मारा था, उसी से उसे भी मार दें। राम ने उन दोनों को समझाकर शान्त किया (कि. २४) और वाली के दाह-संस्कार के लिए उन्हें प्रेरित किया।

हनुमान ने सुग्रीव के अभिषेक के लिए राम से किष्किन्धापुरी में चलने का अनुरोध किया था, परन्तु वे वनवास के वचन के कारण उस नगरी में नहीं गये। उन्होंने बाहर रहकर ही सुग्रीव से, शुभकामना एवं उपदेश के साथ ही, अंगद को युवराजपद देने का भी अनुरोध किया (कि. २६)।

सुग्रीव के राज्याभिषेक के बाद, वर्षाकाल के कारण प्रतीक्षा करने के लिए, राम प्रस्रवण गिरि पर जाकर रहने लगे—यद्यपि प्रतीक्षा के लिए बाध्य होने के कारण वे चिन्तित भी थे और दुखी भी (कि. २८)।

वर्षा ऋतु बीतने पर, सुग्रीव की ओर से विलम्ब होता देख राम व्याकुल हो उठे और उन्होंने लक्ष्मण को भेजा कि वे सुग्रीव को उसके वचन का ध्यान दिलाएँ और परिणाम का भय दिखाकर भी उसे सीधी राह पर लाएँ (कि. ३०)। चलते-चलते राम ने लक्ष्मण से रोष त्यागकर मात्र यह कहने का परामर्श दिया कि उसके द्वारा कहा हुआ सीता की खोज का समय बीता जा रहा है।

लक्ष्मण के धमकाने-समझाने पर जब सुग्रीव राम के पास पहुँचे तो राम ने उन्हें समझाया और सीता की खोज के लिए उद्यम प्रारम्भ करने को प्रेरित किया। जब सुग्रीव ने उन्हें बताया कि सेना जुटाने का कार्य प्रारम्भ हो चुका है तो वे आश्वस्त होकर प्रसन्न हुए (कि. ३८) और उन्होंने सुग्रीव के प्रति आभार प्रकट किया। सुग्रीव ने जब अपनी सारी सेना राम को अर्पित की तो राम ने उनसे रावण के प्रदेश में सीता का पता लगाने को कहा (कि. ३९-४०)।

हनुमान में सुग्रीव का विश्वास देखकर, राम ने हनुमान के हाथ में पहचान स्वरूप अपनी अँगूठी दी (कि. ४४)।

सुग्रीव के भूमण्डल-ज्ञान से प्रभावित होकर राम ने उनसे पूछा कि उन्हें सारे भूमण्डल का ज्ञान कैसे प्राप्त हुआ? उत्तर में सुग्रीव ने अपनी आपबीती सुनायी (कि. ४५)।

हनुमान की सफलता का समाचार पाकर राम प्रसन्न हुए। हनुमान ने उन्हें सीता का समाचार सुनाया और चिन्ह-स्वरूप सीता की चूड़ामणि देकर कौए और सीता के ललाट पर तिलक लगाने वाली घटनाएँ भी बतायीं (सु. ६५)। समाचार सुनकर राम रो पड़े और, उनके कहने पर, हनुमान ने उन्हें सीता-सम्बन्धी सारा समाचार विस्तार से बताया (सु. ६६-६८)।

सीता का समाचार पाकर राम अत्यन्त प्रसन्न हुए। उन्होंने हनुमान की प्रशंसा की और पुरस्कार देने योग्य वस्तु के अभाव में उन्हें हृदय से लगाया। परन्तु सीता द्वारा उठाये गये समुद्र पार करने के संशय को सुनकर वे चिन्ता में पड़ गये (यु.१)। तभी सुग्रीव ने वानरों के मनोबल की चर्चा करते हुए उनका उत्साह बढ़ाया (यु.२)।

राम ने हनुमान से लंका की सेना, दुर्ग-रचना, प्रहार-शक्ति आदि के विषय में ज्ञान प्राप्त किया, और तभी उत्तरफाल्गुनी नक्षत्र में, वे सेना लेकर चले। वे स्वयं हनुमान के कन्धे पर आरूढ़ थे। महेन्द्र पर्वत के पास पहुँचकर उन्होंने समुद्र को देखा और सेना को वहीं ठहराकर समुद्र लाँघने के प्रश्न पर विचार करने लगे। उनके शोकाकुल होने पर लक्ष्मण ने उन्हें धैर्य बँधाया (यु. ५)।

रावण से झगड़कर, विभीषण जब सागर-पार राम के पास आया तो सुग्रीव आदि अनेक वानर उस पर विश्वास करने के पक्ष में नहीं थे। राम ने अपना निर्णय लेने से पहले सबसे अपना-अपना मत व्यक्त करने को कहा (यु. १७)। अधिकांश वानरों की, विशेषतः सुग्रीव की, असहमति होने पर भी, शरणागत पर कठोर न होने के धर्माचार के नाते, उन्होंने विभीषण को स्वीकार करने का निर्णय लिया। उन्होंने यह भी कहा कि वे समर्थ हैं और विभीषण उनकी कोई हानि नहीं कर सकता है (यु. १८)।

विभीषण के आने पर उन्होंने उसे प्रेमपूर्वक सान्त्वना दी और रावण के बलाबल के विषय में विस्तृत जानकारी प्राप्त की। राम ने विभीषण को, लंका विजय करके, राजा बनाने का वचन दिया और समुद्र का जल मँगाकर विभीषण का अभिषेक भी कर दिया। तब सागर पार करने के चिन्तन के लिए, विभीषण की सलाह पर, वे सागर तट पर आसन बिछाकर बैठ गये (यु. १९)।

रावण ने सुग्रीव को फोड़कर अपनी ओर मिलाने के लिए शुक नाम का एक दूत भेजा था, जिसे वानरों ने पहचानकर पकड़ लिया। वानर उसे मार डालने के पक्ष में थे, परन्तु राम ने उसे यह कहते हुए मुक्त करा दिया कि वह दूत है (यु.२०)।

सागर के किनारे बैठे राम को तीन दिन बीत गये तो वे क्रोधित हो उठे। उन्होंने सागर में भयंकर बाण छोड़े जिनसे तूफ़ान-सा आ गया, तब लक्ष्मण ने दौड़कर उनके धनुष को पकड़ा और उन्हें शान्त किया (यु. २१)। राम के धनुष पर चढ़ा तेजस्वी बाण देखकर सागर ने सामने आकर राम से बाण न छोड़ने के लिए प्रार्थना की और नल के द्वारा सेतु बनवाने का परामर्श दिया, जिससे वे सागर पार

भी उतर जाएँ और सागर को भी कोई सन्ताप न हो । तब राम के आदेश पर नल ने पाँच दिन में सागर पार जाने के लिए सेतु बना दिया, और राम ने सेना सहित सागर पार करके लंका में प्रवेश किया (यु. २२)।

फिर राम ने लक्ष्मण से सेना को कई भागों में बाँटकर व्यूहबद्ध करने को कहा (यु.२३)। यह कहकर वे लंकापुरी की ओर बढ़े । लंका में सेना को व्यूहबद्ध करके सभी यूथपतियों को स्थान विशेष में रहने का आदेश दिया । वे स्वयं लक्ष्मण के साथ व्यूह के मस्तक पर रहे (यु. २४)।

विभीषण से रावण की सैन्य-व्यवस्था का हाल पाकर राम ने अपने यूथपतियों को अलग-अलग द्वारों पर जाकर आक्रमण करने का उत्तरदायित्व सौंपा (यु. ३७)। स्वयं राम ने प्रमुख वानरों के साथ सुवेल पर्वत पर चढ़कर लंका का निरीक्षण किया और वहीं रात बितायी (यु. ३८-३९)। अगले दिन सुग्रीव रावण को देखते ही उस पर झपट पड़े और उस पर आघात करके लौट आये । तब राम ने उन्हें समझाया कि ऐसा साहस उनके हित में नहीं होगा । यदि उन्हें कुछ हो गया तो वे विजय लेकर भी सुखी नहीं होंगे । फिर उन्होंने सेना की व्यूह-रचना करके, सबकी सम्मति से, अंगद को रावण के पास दूत बनाकर भेजा (यु. ४१)।

मेघनाद ने राम-लक्ष्मण को, अन्तर्धान होकर, सर्पाकार बाणों से घायल करके बाँध लिया (यु. ४४)।

राम ने यूथपतियों को आज्ञा दी कि वे इन्द्रजित को खोज निकालें, परन्तु इन्द्रजित अन्तर्धान रहते हुए ही उन सबको आहत करता रहा । राम को भी उसने बुरी तरह बींध डाला । राम को मृत समझ इन्द्रजित लंका चला गया और वानर सेना में दुःख छा गया (यु. ४६)। सभी वानर उनके शरीर को घेरकर उनकी रक्षा करने लगे ।

कुछ समय बाद राम, चेतना प्राप्त होने पर, लक्ष्मण को मृतप्राय देखकर विलाप करने लगे । उन्होंने सुग्रीव आदि को युद्ध समाप्त करके इच्छानुसार लौट जाने का आदेश दिया (यु. ४९)। तभी गरुड़ ने आकर उन दोनों को सर्प-बाणों से मुक्त किया (यु.५०)।

प्रहस्त की मृत्यु से विक्षुब्ध होकर रावण स्वयं युद्ध के लिए आया । उससे युद्ध के लिए राम स्वयं चले—लक्ष्मण भी उनके साथ थे । लक्ष्मण ने राम से आग्रह किया कि वे उन्हें अकेले ही रावण से युद्ध करने का अवसर दें । राम ने उन्हें सचेत रहने का परामर्श देकर युद्ध की अनुमति दी। युद्ध में रावण ने एक शक्ति चलाकर लक्ष्मण को आहत कर दिया । तब राम युद्ध करने गये और उन्होंने रावण के शस्त्र काट गिराये—परन्तु उसे मारा नहीं । उन्होंने रावण से कहा कि वह लंका में कुछ देर विश्राम करके आये तो वे उसे पुनः युद्ध का अवसर देंगे (यु. ५९)।

राम ने घोर युद्ध करके कुम्भकर्ण को मार गिराया (यु. ६७)।

अतिकाय की मृत्यु के बाद, मेघनाद ने छिपकर राम की सेना पर प्रबल आक्रमण किया । राम ने, कोई विकल्प न देखकर, बाण-वर्षा अपने शरीर पर झेलने का निर्णय लिया और वे लक्ष्मण सहित घायल होकर गिर पड़े (यु. ७३)। तब

जाम्बवान ने हनुमान को हिमालय भेजकर औषधियाँ मँगवायीं जिन्हें सूँघकर राम-लक्ष्मण स्वस्थ हो गये (यु. ७४)।

मकराक्ष को भीषण युद्ध करते देख, जब वानर भय से भागने लगे, तब राम ने उससे संग्राम किया और उसे मार गिराया (यु. ७९)।

इन्द्रजित ने पुनः युद्ध क्षेत्र में पहुँचकर अदृश्य रहते हुए बाणवर्षा की और राम तथा लक्ष्मण को घायल कर दिया। जब लक्ष्मण ने ब्रह्मास्त्र चलाना चाहा तो राम ने उन्हें यह कहकर रोक दिया कि एक के प्राण लेने के लिए व्यापक विनाश करने वाला अस्त्र चलाना उचित नहीं होगा। राम ने स्वयं मेघनाद को खोजकर मारने के लिए प्रयत्न किया (यु. ८०)।

हनुमान द्वारा मेघनाद के हाथों सीता का वध सुनकर राम शोक से मूर्छित हो गये। तब लक्ष्मण ने उन्हें सान्त्वना दी (यु. ८३)। तभी विभीषण ने आकर उन्हें समझाया कि रावण किसी भी स्थिति में सीता को मरने नहीं देगा। अतः मेघनाद द्वारा मारी गयी सीता माया-निर्मित सीता ही हो सकती हैं। मेघनाद द्वारा निकुम्भिला-मन्दिर में पूजा की बात बताकर विभीषण ने उनसे अनुरोध किया कि वे लक्ष्मण को उसका यज्ञ ध्वंस करने के लिए भेजें (यु. ८४)।

मेघनाद के अदृश्य रहकर युद्ध करने से क्रोधित होने के कारण राम ने लक्ष्मण को मेघनाद का यज्ञ ध्वंस करके उसका वध करने का आदेश दिया (यु.८५)।

लक्ष्मण ने जब आकर मेघनाद-वध का समाचार सुनाया तो राम ने उन्हें साधुवाद देते हुए उनकी प्रशंसा की और आशीर्वाद दिये; फिर सुषेण को बुलाकर लक्ष्मण का उपचार कराया (यु. ९१)।

मेघनाद की मृत्यु से दुखी रावण ने अपने प्रमुख सेनापतियों को एक साथ जाकर राम को मारने के लिए भेजा, परन्तु राम ने अकेले ही उन सबको परास्त कर दिया। जब सुग्रीव आदि ने उनकी प्रशंसा की तो उन्होंने कहा कि ऐसा दिव्य अस्त्र-बल या तो उनमें है या भगवान शंकर में (यु. ९३)।

अन्त में रावण विशाल सेना लेकर राम से युद्ध करने के लिए निकला और बीच में आये लक्ष्मण को लाँघता हुआ राम के पास जा पहुँचा। राम के साथ उसका घोर युद्ध चल रहा था, परन्तु बीच में ही उसने एक भयंकर शक्ति लक्ष्मण पर चलायी जिससे वे गिर पड़े। राम ने उस शक्ति को लक्ष्मण के शरीर से निकालकर नष्ट कर दिया। राम, सुग्रीव आदि को लक्ष्मण को घेरकर खड़े रहने का आदेश देकर, रावण पर टूट पड़े। उनकी बाण वर्षा से रावण भाग खड़ा हुआ (यु.१००)। उन्हें लक्ष्मण के लिए विलाप करते देख, सुषेण ने कहा कि लक्ष्मण के शरीर में प्राण हैं और उन्होंने हनुमान को पुनः हिमालय के दक्षिण शिखर से औषधियाँ लाने को कहा। उस समय मंगल विशाखा नक्षत्र पर था। हनुमान शिखर सहित औषधि लाये और उसके प्रयोग से लक्ष्मण स्वस्थ हो गये। स्वस्थ होकर लक्ष्मण ने राम से प्रार्थना की कि वे अपनी प्रतिज्ञा पूर्ण करने के लिए अविलम्ब रावण का वध करें (यु. १०१)।

राम ने रावण पर आक्रमण किया तो, राम को महारथी रावण के विरुद्ध भूमि पर खड़े युद्ध करते देख, इन्द्र ने उनके पास अपना रथ भेजा। सारथि मातलि ने उन्हें इन्द्र का धनुष एवं कवच भी दिये। तब राम ने रावण से द्वैरथ युद्ध किया। भयंकर युद्ध में रावण घायल होकर अचेत हुआ तो उसका सारथि उसे समरभूमि से बाहर ले गया (यु. १०२-१०३)।

रावण, जब चेत होने पर पुनः समरभूमि में आया, तो महर्षि अगस्त्य ने राम से विजय के लिए आदित्यहृदय मन्त्र का जप करने को कहा (यु. १०५)।

राम-रावण का घोर युद्ध हुआ तो दोनों पक्षों की सेनाएँ पारस्परिक प्रहार करना भूलकर उनका युद्ध देखती रहीं (यु. १०७)। दीर्घकालीन युद्ध के बाद, मातलि ने राम से अनुरोध किया कि वे, अगस्त्य मुनि द्वारा दिया हुआ, ब्रह्माजी का अस्त्र रावण पर चलाएँ। राम ने ऐसा ही किया और उस अस्त्र से रावण को धराशायी कर दिया (यु. १०८)।

तदनन्तर शोक करते हुए विभीषण को राम ने सान्त्वना दी और वैर भुलाकर उसका प्रेतकर्म करने का परामर्श दिया (यु. १०९)।

राम ने मातलि का सम्मान करते हुए इन्द्र के रथ सहित उसे विदा किया। फिर लक्ष्मण को भेजकर विभीषण का राज्याभिषेक कराया और हनुमान से कहा कि वे, विभीषण की आज्ञा लेकर, लंका नगरी में जाएँ और सीता का कुशल समाचार पूछें और उनका सन्देश लेकर लौट आएँ (यु. ११२)।

हनुमान ने लौटकर राम को बताया कि सीता उनका दर्शन करना चाहती हैं। सुनकर राम सहसा ध्यानस्थ हो गये। डबडबायी आँखों से भूमि की ओर देखते हुए उन्होंने विभीषण से कहा कि वे सीता को स्नान करा के और अंगराग आदि आभूषणों से विभूषित कराके उनके पास लिवा लाएँ। विभीषण जब सीता को लेकर आये तो राम को एक साथ ही रोष, हर्ष और दुःख का अनुभव हुआ। उन्होंने विभीषण से सीता को अपने सम्मुख लाने को कहा और जब विभीषण वानर आदि सैनिकों को हटाने लगे तो राम ने उन्हें पर्दा की व्यवस्था करने से मना किया। उन्होंने कहा कि सभी वानर आदि उनके अपने हैं और अवसर के अनुकूल यह उचित होगा कि सीता सवारी से उतरकर सबको दर्शन देती हुई उनके पास आएँ। उनकी यह बात सुनकर लक्ष्मण, सुग्रीव एवं हनुमान व्यथित हो उठे। उन तीनों को लगा कि राम पत्नी की ओर से निरपेक्ष हो गये हैं (यु. ११४)।

सीता को सम्मुख पाकर राम ने कहा कि शत्रु को परास्त करके उन्होंने सीता को मुक्त करा लिया और अपने ऊपर लगा कलंक भी धो लिया। उस समय लोकापवाद के भय से उनका हृदय विदीर्ण हो रहा था। उन्होंने कहा कि वह युद्ध उन्होंने मात्र सीता को पाने के लिए नहीं, सदाचार की रक्षा तथा कुल पर लगे कलंक के परिमार्जन के लिए भी किया। उस समय सीता के चरित्र पर सन्देह का अवसर उपस्थित था। उन्होंने सीता को इच्छानुसार कहीं भी जाने की अनुमति दी—शत्रुघ्न, सुग्रीव, विभीषण आदि किसी के भी आश्रय में, कहीं भी (यु. ११५)।

यह सुनकर जब सीता ने अग्नि-प्रवेश के लिए लक्ष्मण से कहा तो राम ने संकेत से अपना हार्दिक अभिप्राय समझाते हुए, लक्ष्मण को चिता तैयार करने की

अनुमति दी। जब अग्नि-प्रवेश से पहले सीता ने उनकी परिक्रमा की तो वे गम्भीर होकर सर झुकाये खड़े रहे । और उनके सामने सीता अग्नि में प्रवेश कर गयीं (यु.११६)।

तब ब्रह्माजी, वरुण, इन्द्र, शिव, कुबेर आदि ने आकर उनसे कहा कि आप भगवान विष्णु के अवतार हैं । आप सीता की उपेक्षा न करें (यु. ११७)। फिर अग्निदेव सीता को पिता की भाँति गोद में उठाये चिता से ऊपर उठे । उन्होंने सीता को राम को दिया और कहा कि सीता में कोई पाप अथवा दोष नहीं है। अग्निदेव ने आज्ञा दी कि वे सीता से कोई कठोर बात न कहें । राम ने अग्निदेव से कहा कि लोगों में सीता की पवित्रता का विश्वास दिलाने के लिए उनकी परीक्षा आवश्यक थी। वैसे मैं भी जानता था कि सीता निष्पाप हैं और मैं इन्हें त्यागने की बात सोच भी नहीं सकता था । ऐसा कहकर उन्होंने सीता को ग्रहण किया (यु. ११८)।

महादेव जी ने, राम को साधुवाद देकर, विमान पर बैठे दशरथ का दर्शन कराते हुए राम से उन्हें प्रणाम करने को कहा । दशरथ ने उन्हें साधुवाद एवं आशीर्वाद दिया तो राम ने उनसे प्रार्थना की कि वे कैकेयी एवं भरत को क्षमा करके उन्हें पुन: अपनाएँ। दशरथ ने उनकी प्रार्थना स्वीकार की (यु. ११९)।

तब इन्द्र ने राम को साधुवाद देते हुए मनचाहा वर माँगने को कहा । राम ने कहा कि वे इस युद्ध में हताहत सभी वानरों को पुन: जीवित, स्वस्थ एवं बल-पौरुष से सम्पन्न कर दें । इन्द्र ने वैसा ही किया (यु. १२०)।

विभीषण ने राम से आग्रह किया कि वे सीता एवं लक्ष्मण सहित कुछ दिन उनके यहाँ रुकें, परन्तु राम ने भरत द्वारा उनकी प्रतीक्षा का ध्यान दिलाते हुए विभीषण का आग्रह स्वीकार नहीं किया । वे अयोध्या लौटकर सभी परिजनों से मिलने के लिए उत्कण्ठित थे । तब राम के प्रस्थान के लिए विभीषण ने पुष्पक विमान मँगाया । विभीषण ने राम से और कुछ आदेश देने को कहा तो राम ने उनसे कहा कि वे सभी वानर वीरों को धन, रत्नादि देकर सम्मानित करें ।

राम ने तब सुग्रीव को भी साधुवाद देते हुए वानरों सहित किष्किन्धा लौटने को कहा। परन्तु विभीषण, सुग्रीव आदि प्रमुख वानर वीरों ने उनके साथ अयोध्या चलकर कुछ समय वहाँ रहने की इच्छा प्रकट की । तब राम ने उन सबको भी विमान पर चढ़ा लिया (यु. १२२)। विमान पर उत्तर की ओर अग्रसर होते समय, राम सीता को मार्ग के सब प्रमुख स्थान दिखाते जा रहे थे । सीता ने इच्छा प्रकट की कि विमान पर आसीन प्रमुख वानरों के साथ उनकी पत्नियाँ भी अयोध्या चलें । अत: विमान किष्किन्धा रुकता हुआ उन सभी की पत्नियों को साथ लेकर अयोध्या की ओर अग्रसर हुआ (यु.१२३)।

मार्ग में सभी तपस्वियों के आश्रम तथा अपने निवास एवं अन्य परिचित स्थान दिखाते हुए, राम अश्विनि शुक्ल पंचमी को प्रयाग स्थित भरद्वाज आश्रम पहुँचे। महर्षि भरद्वाज से उन्होंने भरत, अपनी माताओं तथा राज्य का कुशल समाचार पूछा और उनके आग्रह पर उस रात उन्हीं के आश्रम पर विश्राम किया (यु. १२४)।

भरद्वाज आश्रम पर रुकते ही उन्होंने हनुमान को, निषादराज गुह से मिलते हुए, अयोध्या जाकर भरत को सब समाचार देने का आदेश दिया । यह भी कहा कि

समाचार सुनाते समय भरत की मुखमुद्रा पर ध्यान रखते हुए वे उनके मन का भाव जानने का प्रयत्न करें। यदि भरत की राज्यपद पर बने रहने की लेशमात्र भी इच्छा हो तो वे सीता-लक्ष्मण सहित अन्यत्र कहीं चले जाएँगे (यु. १२५)।

राम का भव्य स्वागत करके भरत ने उन्हें सिंहासन पर रखी उनकी पादुकाएँ पहनायीं और राज्य उन्हें सौंप दिया। राम अपनी सभी माताओं को बराबर सम्मान देकर मिले (यु. १२७)।

राज्य स्वीकार करके, राम ने पहले भरत, सुग्रीव तथा विभीषण को स्नान कराया फिर स्वयं जटाशोधन करके स्नान किया। फिर वे एक उत्तम रथ पर बैठकर अयोध्या की ओर चले। अयोध्या पहुँचकर राम ने सुग्रीव को अपने अशोक वाटिका से घिरे मणिजटित विशाल भवन में ठहराया।

फिर आठों मन्त्रियों ने सुगन्धित जल से सीता एवं राम का अभिषेक किया। अभिषेक के बाद राम ने मुक्त हस्त से दान दिया और सुग्रीव को मणिमाला, अंगद को बाजूबन्द, तथा सीता को मुक्ताहार प्रदान किये। अन्य वानर वीरों को भी उन्होंने रत्नादि देकर विदा दी।

तदनन्तर राम ने लक्ष्मण को युवराज पद देने का निश्चय किया, परन्तु लक्ष्मण इसके लिए किसी भी प्रकार तैयार नहीं हुए। तब भरत का युवराज पद पर अभिषेक हुआ। राम ने अनेकानेक यज्ञ किये और राज्य में एक आदर्श एवं मंगलकारी व्यवस्था स्थापित की। उन्होंने ग्यारह हज़ार वर्षों तक राज्य किया (यु. १२८)।

अयोध्या का राज्य ग्रहण करने के बाद सब ऋषि-महर्षि उनका अभिनन्दन करने आये। राम ने सबका सादर अभिनन्दन किया। बात-बात में उन्होंने इन्द्रजित को रावण से भी बढ़कर पराक्रमी एवं अजेय बताया। राम ने इसका कारण जानने की इच्छा प्रकट की तो महर्षि अगस्त्य ने विस्तार से पुलस्त्य से लेकर रावण-मेघनाद तक का इतिहास बताया (उ. १)।

सारी बातें राम को बताकर (उ. २ से ३६ तक), सभी मुनियों ने राम से विदा माँगी। राम ने उनसे कहा कि उनके मन में अनेक यज्ञ करने की इच्छा है। उन्होंने सभी ऋषियों को उनमें उपस्थित रहने की प्रार्थना की (उ. ३६)।

कुछ दिन उपरान्त, राम ने रत्नादि भेंट देकर महाराज जनक को विदा किया—भरत उन्हें पहुँचाने गये। फिर राम ने अपने मामा युधाजित को सादर विदा दी, लक्ष्मण उन्हें पहुचाने गये। फिर अपने मित्र काशीनरेश प्रतर्दन को विदा किया। फिर राम ने उन तीन सौ नरेशों को विदा दी जिन्हें भरत ने, राम को रावण के विरुद्ध युद्धरत होने का समाचार पाकर, बुलाया था (उ. ३८)। उन लौटे हुए नरेशों ने राम को रत्नादि अनेकानेक वस्तुएँ भेंट में दीं। वह सारी वस्तुएँ राम ने वानर आदि अपने सहयोगियों को बाँट दीं (उ. ३९)।

तब उन्होंने (अयोध्या में एक मास से अधिक निवास के बाद) विभीषण, सुग्रीव, हनुमान आदि को सप्रेम विदाई दी (उ. ४०)।

एक दिन, उनके द्वारा कुबेर को वापस भेजा हुआ पुष्पक विमान उनके पास आया। कुबेर ने उसे राम के पास पुनः वापस भेज दिया था, क्योंकि राम ने उसे लंका विजय करके प्राप्त किया था। राम ने उसे स्वीकार कर लिया (उ. ४१)।

शिशिर ऋतु बीतने के बाद राम को यह जानकर आनन्द हुआ कि सीता ने गर्भ धारण किया है। उन्होंने सीता से उनके मन की इच्छा पूछी। सीता ने कहा कि वे गंगातट-वासी महर्षियों के दर्शन करना चाहती हैं और उनके तपोवन में एक रात रहना चाहती हैं। राम ने उनकी इच्छा स्वीकार की (उ. ४२)।

राम के पास उनके कुछ मित्र अक्सर आकर बैठते रहते थे—उनमें थे विजय, मधुमत्त, काश्यप, मंगल, कुल, सुराजि, कालिय, भद्र, दन्तवक्त्र और सुमागध। उनसे राम अपने तथा अपने परिजनों से सम्बन्धित प्रजाजन के विचार प्राप्त करते रहते थे। एक बार राम के कहने पर भद्र ने बताया कि लोग सीता को लेकर शंकापूर्ण बातें करते हैं। राम ने भद्र का यह कथन अपने मित्रों से पुष्ट कराया (उ.४३)।

राम ने अपने तीनों भाइयों को बुलवाया। उस समय राम उदास थे और उनकी आँखों में अश्रु भरे हुए थे (उ. ४४)। राम ने सीता सम्बन्धी लोकापवाद की चर्चा की और कहा कि वे सीता को निष्पाप समझते हैं, परन्तु जनपद में होने वाली निन्दा से व्यथित हैं। लोकनिन्दा के कारण वे अपने प्राण एवं भाइयों को भी त्याग सकते हैं। सीता को भी त्याग सकते हैं। उन्होंने लक्ष्मण को आदेश दिया कि वे सीता को गंगातट पर वाल्मीकि के आश्रम के निकट छोड़ आएँ और इस विषय में कोई बाधा न डालें। यह कहकर आँसू बहाते हुए राम अपने भवन में लौट गये (उ.४५)।

राम ने लक्ष्मण को ध्यान दिलाया कि दुःख प्रसंग में प्रजापालन किये बिना चार दिन बीत गये। नित्य ही प्रजा के हित में कार्य करते रहने का धर्म बताते हुए उन्होंने नृग की कथा सुनायी (उ. ५३)।

राम नित्यप्रति कार्यार्थियों की बात सुनकर यथोचित व्यवस्था करते थे। एक दिन उनके द्वार पर एक घायल कुत्ता आया। उन्होंने उसका दुःख सुनकर उसे भी न्याय प्रदान किया (सम्भवतः बोध कथा; उ. ५९ के बाद प्रक्षिप्त)।

वसन्त ऋतु में राम से मिलने सौ से अधिक यमुनातटवासी ऋषि च्यवन मुनि के साथ आये। राम ने उनका स्वागत करके उनके आगमन का प्रयोजन पूछा (उ.६०)। ऋषियों ने उन्हें मधुपुत्र लवणासुर द्वारा होने वाले अत्याचारों के विषय में बताया (उ. ६१)। उन्होंने उन ऋषियों से लवणासुर के विषय में कुछ जानकारी प्राप्त की और शत्रुघ्न की रुचि देखते हुए उन्हें लवणासुर-वध का कार्य सौंपा और मधुपुर के राजा के रूप में उनका अभिषेक भी कर दिया (उ. ६२-६३)।

मधुरापुरी बसाकर शत्रुघ्न, लगभग बारह वर्ष बाद, अयोध्या लौटे। वे स्थायी रूप से अयोध्या लौटना चाहते थे परन्तु राम ने उन्हें कर्त्तव्य-पालन के लिए मधुपुरी में ही बसने का आदेश दिया और कभी-कभी उनसे मिलने के लिए अयोध्या आते रहने को कहा (उ. ७२)।

कुछ दिन बाद एक बूढ़ा ब्राह्मण अपने चौदह-वर्षीय बालक का शव लेकर आया। उसके अनुसार ऐसी अकाल मृत्यु तभी हो सकती थी जब राजा अधर्म में प्रवृत्त हो। उसने बालक के जीवित न होने पर आत्मघात का निर्णय सुनाया (उ.७३)। जब राम ने अपने मन्त्रियों को बुलाकर इस विषय पर मन्त्रणा की तो नारद मुनि ने, वर्णाश्रम-व्यवस्था की विस्तृत चर्चा करते हुए, बताया कि उनके राज्य में कहीं कोई

अधर्म में रत है—सम्भवतः कोई शूद्र तपस्या कर रहा है। उन्होंने कहा कि राम इसका पता लगाकर दुष्कर्म करने वाले को रोकें (उ. ७४)।

राम ने तब ब्राह्मणपुत्र का शव औषधियुक्त तेल में रखवाकर, पुष्पक विमान द्वारा, खोज के लिए प्रस्थान किया। सभी दिशाओं में खोजने के बाद, दक्षिण की ओर शैवल पर्वत पर उन्हें एक तपस्वी घोर तपस्या करता दिखाई दिया (उ. ७५)। राम के पूछने पर उसने बताया कि वह शम्बूक नामक एक शूद्र है और सदेह स्वर्ग जाने के लिए तपस्या कर रहा है। यह सुनकर राम ने उसका वध कर दिया। इससे प्रसन्न होकर जब देवताओं ने उनसे वर माँगने को कहा तो उन्होंने उस ब्राह्मण-पुत्र का पुनर्जीवन माँगा। फिर राम देवताओं के साथ अगस्त्य मुनि के आश्रम पर गये जो बारह वर्ष से जलशय्या लिये हुए थे। अगस्त्य ने उनका स्वागत किया और उन्हें विश्वकर्मा द्वारा निर्मित एक दिव्य आभूषण दिया (उ. ७६)। अगस्त्य मुनि के साथ कुछ समय बिताकर राम अयोध्या लौटे (उ. ८२)।

लौटते ही उन्होंने भरत एवं लक्ष्मण को बुलाकर राजसूय यज्ञ करने का विचार प्रकट किया और इस विषय में उनका मत माँगा। इसमें भरत को आपत्ति थी, क्योंकि उसमें राजवंशों के विनाश का भय था। राम ने भरत का तर्क सुनकर उनकी सराहना की और राजसूय यज्ञ का विचार त्याग दिया (उ. ८३)। तब लक्ष्मण ने अश्वमेध यज्ञ का प्रस्ताव किया और राम के कहने पर वत्रासुर वध की पूरी कथा सुनायी (उ.८४-८५)।

अतः राम ने अश्वमेध यज्ञ का निर्णय लिया और गुरुजनों की स्वीकृति पाकर, लक्ष्मण से सुग्रीव, विभीषण, विद्वानों एवं तपस्वियों को यज्ञ में आमन्त्रित करने को कहा। नैमिषारण्य में गोमती तट पर यज्ञ-मण्डप बना। यज्ञ के लिए सीता की स्वर्ण प्रतिमा बनी (उ. ९१)। वह यज्ञ एक वर्ष तक चला (उ. ९३)।

अश्वमेध यज्ञ में राम ने लवकुश का गायन सुना। उन्होंने लवकुश से उस काव्य के विषय में पूछा और उसके रचयिता का नाम भी जानना चाहा (उ. ९४)। उस गान को कई दिन सुनने के बाद ही उन्हें पता चला कि लवकुश उन्हीं के पुत्र हैं। तब उन्होंने दूत द्वारा वाल्मीकि के पास सन्देश भेजा कि यदि सीता शुद्ध हैं तो जनसमुदाय के सम्मुख आकर अपनी शुद्धता प्रमाणित करें। दूत ने उन्हें बताया कि अगले दिन सीता आएँगी। राम ने सभी ऋषियों को सूचना दी कि कल सीता आएँगी और घोषणा करायी कि जो भी सीता की शपथ सुनना चाहे, कल राजसभा में उपस्थित हो (उ. ९५)।

विशाल जनसभा के बीच सीता के साथ वाल्मीकि ने आकर उन्हें विश्वास दिलाया कि सीता शुद्ध हैं (उ. ९६)। राम ने कहा कि यह जानते हुए भी कि सीता निष्पाप हैं, मैंने समाज के भय से इन्हें छोड़ा था। उन्होंने वाल्मीकि से इस अपराध की क्षमा माँगी। उन्होंने कहा कि वे जानते थे कि लव-कुश उन्हीं के पुत्र हैं, फिर भी जनसमुदाय के बीच सीता की शुद्धि प्रमाणित होने पर ही वे उन्हें स्वीकार कर सकते हैं। सीता ने शपथ ली और देखते ही देखते वे भूमि में समा गयीं (उ. ९७)।

राम दुःख से व्याकुल हो उठे। देवताओं ने उन्हें धीरज बँधाया। तब वे लव-कुश को साथ ले अपनी पर्णशाला में चले आये (उ. ९८)। प्रातः होने पर

उन्होंने शेष रामायण का पाठ सुना । तदनन्तर उन्होंने सभी अतिथियों को ससम्मान विदा किया । बाद में उन्होंने अनेकानेक यज्ञों का अनुष्ठान किया । कालान्तर में उनकी माताएँ कालधर्म को प्राप्त हुईं (उ. ९९)।

कालान्तर के बाद केकय नरेश युधाजित ने अपने पुरोहित गार्ग्य को राम के पास यह सन्देश लेकर भेजा कि सिन्धु के तटों पर बसे तीन करोड़ गन्धर्व हैं; उन्हें जीत कर दो सुशासित नगर बसाना उचित होगा । राम ने भरत को उनके दोनों पुत्रों के साथ भेजा । भरत के पुत्रों का उन नगरों पर अभिषेक कर दिया । योजना थी कि भरत अपने पुत्रों को स्थापित करके लौट आएँगे (उ. १००)।

तदनन्तर उन्होंने लक्ष्मण के पुत्रों के लिए दो नगर—अंगदीया एवं चन्द्रकान्त—बसाए (उ. १०२)।

दस सहस्त्र वर्ष बाद, काल एक तपस्वी के रूप में उनसे मिलने आया । राम ने उसके आगमन का हेतु पूछा तो उसने एकान्त में ही बात करने का आग्रह किया और कहा कि यदि कोइ भी उन दोनों को बात करते देखे या सुने तो आप उसे प्राण-दण्ड दें। राम ने उसकी शर्त मान ली और द्वार पर लक्ष्मण को खड़ा कर दिया, कि कोई भीतर न आने पाये (उ. १०३)। काल ने उन्हें अपना परिचय देकर कहा कि अब पृथ्वी पर उनका कार्य समाप्त हो चुका है और उनके साकेतधाम लौटने का समय आने वाला है। राम ने सहर्ष वह प्रस्ताव स्वीकार कर लिया (उ.१०४)।

तभी दुर्वासा ऋषि के क्रोध के कारण लक्ष्मण उन दोनों के सम्मुख आ गये । दुर्वासा का अभिप्राय पूर्ण करने के उपरान्त राम काल की शर्त का स्मरण करके व्यथित हो उठे (उ. १०५)। लक्ष्मण ने उन्हें समझाते हुए कहा कि आप मुझ पर प्रेम के कारण अपना वचन न तोड़ें—मुझे प्राण-दण्ड दें । व्यथित होकर राम ने अपने पुरोहितों से विचार-विमर्श करके लक्ष्मण को त्यागने का निर्णय लिया..... क्योंकि साधु पुरुषों को त्यागना भी वध के समान होता है (उ. १०६)।

लक्ष्मण के देहत्याग के बाद, राम ने भरत को राज्य सौंपकर वन जाने का निश्चय किया । परन्तु भरत एवं प्रजाजन को इससे बड़ा दुख हुआ । भरत ने राम के साथ ही संसार त्यागने का निर्णय लिया और कहा कि कुश को दक्षिण कोशल और लव को उत्तर कोशल का राज्य दे दिया जाए । यह समाचार लेकर शत्रुघ्न के पास भी दूत भेजे गये । प्रजाजन ने भी राम का अनुसरण करने के लिए विनती की । गुरु वसिष्ठ के आदेश पर उन्होंने प्रजानन की वह प्रार्थना स्वीकार की । उन्होंने लव-कुश को राज्य देकर विदा किया (उ. १०७)।

यह समाचार पाकर शत्रुघ्न भी अपना राज्य बेटों को सौंपकर अयोध्या पहुँचे और उन्होंने राम के साथ ही चलने का निश्चय घोषित किया । राम के देह-त्याग का निर्णय सुनकर सुग्रीव आदि प्रमुख वानर और विभीषण आदि अनेक राक्षस भी अयोध्या आये—वे सब राम के साथ ही जाने के इच्छुक थे । उन्होंने सुग्रीव के आग्रह को स्वीकार किया, परन्तु विभीषण, जाम्बवान, हनुमान, मैन्द तथा द्विविद को दीर्घकाल तक जीवित रहने का आदेश दिया (उ. १०८)।

अगले दिन प्रात:काल, राम सरयू नदी की ओर चले । उनके पीछे असंख्य नर-नारी महाप्रयाण के पथपर प्रसन्न मुद्रा में चल रहे थे (उ. १०९)। अयोध्या से

डेढ़ योजन दूर, सरयू के गोप्रतार घाट पर, राम ने अपने भाइयों तथा असंख्य अनुयाइयों के साथ जलसमाधि ली (उ. ११०)।

रावणः महर्षि पुलस्त्य का पौत्रः ऋषि विश्रवा एवं कैकसी का पुत्र । कुम्भकर्ण, शूर्पणखा तथा विभीषण का भाई । मेघनाद, अक्षकुमार आदि का पिता। लंका का राजा ।

जनस्थान में खर-दूषण आदि के वध का समाचार पाकर सीता को हर लाने का निश्चय करके रावण मारीच से सहायता माँगने पहुँचा तो मारीच ने राम से बैर मोल न लेने का परामर्श दिया । रावण अपना निश्चय त्याग कर लंका वापस लौट गया (अर. ३१)।

रावण के पास अनेक दिव्य अस्त्र थे । वह युद्ध में निपुण था । एक समय पाताल की भोगपुरी में नागराज वासुकी को परास्त करके, और तक्षक को भी हराकर, उसकी पत्नी को हर लाया था । इसी प्रकार कैलाश पर्वत पर जाकर कुबेर को हराकर उसके पुष्पक विमान को ले आया था । उसने लम्बी तपस्या करके और अपने मस्तकों की बलि देकर ब्रह्माजी को प्रसन्न किया था और आशीर्वाद पाया था कि उसे देवता, दानव, गन्धर्व, पिशाच, पक्षी, सर्पों आदि से कभी कोई भय नहीं होगा (अर. ३२)।

शूर्पणखा द्वारा उकसाये जाने पर रावण पुनः मारीच के पास गया और, राम की बुराई करके, सीता को हरने की योजना बताते हुए उससे सहयोग माँगा (अर.३५)।

मारीच के बारम्बार समझाने पर भी न मानते हुए उसने मारीच को जान से मारने की धमकी दी और उसे मृगरूप में, सीता के सामने जाने की आज्ञा दी (अर.४१)।

मारीच रूपी मृग को पकड़ने के लिए जब राम वन में गये, तब लक्ष्मण भी सीता के आग्रह पर—'हे लक्ष्मण, हे सीता' का स्वर सुनकर वन में चले गये । तब रावण साधु के वेष में सीता के पास गया और उनके सौन्दर्य की प्रशंसा करने लगा (अर.४६)।

उसका वास्तविक रूप प्रकट होने पर जब सीता ने उसे धिक्कारा, तब वह सीता को बलपूर्वक उठा लाया । राह में जटायु ने उसे रोका तो रावण ने उसको मार डाला (अर. ४७-५१) ।

लंका में लाकर रावण ने सीता को अशोक वाटिका में राक्षसियों के पहरे में रखा । बीच-बीच में वह सीता को फुसलाने और धमकाने जाता रहता था । उसने सीता को यह लालच भी दिया कि वह उन्हें सभी पटरानियों के ऊपर स्थान देगा, अपना राज्य भी उन्हें ही सौंप देगा, अन्य कई राज्य जीतकर महाराज जनक को भेंट कर देगा, लंका में सीता के सम्बन्धी आकर सुख से रह सकेंगे—परन्तु फिर भी जब सीता ने उसे धिक्कारा तो वह क्रोध करके उन्हें मारने भी चला और मन्दोदरी, धान्यमालिनी आदि के रोकने पर दो माह की अवधि देकर लौट गया । लौटते समय राक्षसियों से कहता गया कि वे सीता को डरा-धमकाकर उनमें रावण के प्रति प्रेम जगाएँ (सु.२०-२२)।

रावण ने जब अपने मंत्रियों से सलाह ली तो लगभग सभी ने उसका अनुमोदन करते हुए राम को पराजित करने का उत्साह दिखाया (यु. ८), परन्तु विभीषण ने सलाह दी कि सीता को लौटा दिया जाय (यु. ९)। रावण ने उनका सुझाव न मानकर लंका की रक्षा के लिए प्रबन्ध कराया और सीता के प्रति अपनी आसक्ति बताते हुए अपने सभासदों के साथ विचार-विमर्श किया । वहाँ कुम्भकर्ण ने भी पहले तो उसे फटकारा परन्तु, भाई के नाते, उसकी ओर से युद्ध करने का निश्चय बताया (यु. १०)।

विभीषण द्वारा पुनः विरोध करने पर रावण ने विभीषण को फटकारा, जिससे क्रुद्ध होकर विभीषण ने लंका त्याग दी (यु. १४-१६)।

रावण ने अपने सेनापति शुक को दूत बनाकर सुग्रीव के पास भेजा कि वे राम का साथ न दें (यु. २०)।

रावण ने शुक एवं सारण को राम के बलाबल का पता लगाने को भेजा । उन्होंने लौटकर उनकी सेना का परिचय देते हुए राम से युद्ध न करने की सलाह दी तो इस पर रावण ने उन्हें अपमानित करके निकाल दिया (यु. २५-२८)। फिर उसने शार्दूल को भेजा, जो राम की कृपा से ही वापस लौट सका । उसने भी राम के बल से रावण को अवगत कराया (यु. २८)।

रावण ने मायारचित राम का कटा सर दिखाकर सीता को भ्रम में डालना चाहा (यु. ३०)।

उसके नाना माल्यवान ने भी उसे राम से बैर ने लेने की सलाह दी परन्तु वह नहीं माना (यु. ३५-३६)।

एक बार सुग्रीव के सामने पड़ने पर सुग्रीव ने झपटकर रावण पर आक्रमण किया और द्वंद में उसे थकाकर वे वापस लौट गए (यु. ४०)।

इन्द्रजित द्वारा राम एवं लक्ष्मण के वध का समाचार सुनकर रावण ने इन्द्रजित को साधुवाद दिया (यु. ४६) और त्रिजटा को बुलाकर आदेश दिया कि सीता को पुष्पक विमान में बिठाकर राम एवं लक्ष्मण के शव दिखाए । उसे विश्वास था कि पति एवं देवर के शव देखकर सीता उनकी आशा त्याग कर रावण को अपना लेंगी (यु. ४७)।

धूम्राक्ष, वज्रदंष्ट्र, अकम्पन और प्रहस्त के वध के बाद रावण स्वयं युद्ध करने निकला । उसे देखकर राम भी उससे प्रभावित हुए बिना नहीं रह पाये । पहले सुग्रीव ने उस पर आक्रमण किया, जिसे रावण ने बाणों से अचेत कर दिया । फिर गवय, गवाक्ष, सुषेण, ऋषभ, नल और ज्योतिर्मुख उससे लड़ने आये, परन्तु रावण ने उन्हें भी क्षत-विक्षत कर दिया । तब हनुमान के साथ उसका तलाघात से द्वन्द्व हुआ । उन्हें विचलित करके रावण नील की ओर बढ़ा । नील ने विचित्र युद्ध किया परन्तु रावण के आग्नेयास्त्र से वे अचेत हो गये । तभी लक्ष्मण ने उस पर आक्रमण किया । हार कर रावण ने ब्रह्मा की दी हुई शक्ति लक्ष्मण पर चलायी जिससे वे अचेत हो गये, परन्तु रावण लक्ष्मण को उठा नहीं पाया । तभी हनुमान ने पुनः रावण पर आक्रमण

किया और उसे लगभग अचेत कर दिया। चेत होने पर जब पुनः उसने घोर संग्राम छेड़ा तो राम ने आकर अपने बाणों से रावण का रथ तोड़ दिया, धनुष काट दिया, मुकुट गिरा दिया और यह कहकर छोड़ दिया कि इस समय तू थका हुआ है, जा कुछ विश्राम कर ले और फिर दूसरे रथ पर चढ़कर आ, तब मैं तुझसे युद्ध करूँगा। रावण अपमानित होकर लौट गया (यु. ५९)।

तब उसे याद आया कि ब्रह्मा ने अन्य सभी से अवध्य होने का वरदान देते हुए उसे मनुष्य से भय प्राप्त होने की बात स्पष्ट कही थी। पूर्वकाल में इक्ष्वाकुवंशी राजा अनरण्य ने भी शाप दिया था कि उनका एक वंशज उसे मारेगा। साथ ही उसके द्वारा बलात्कारित वेदवती ने भी उसे शाप दिया था। रावण को लगा, वही सीता बनकर जन्मी है।

यह याद करके रावण ने कुम्भकर्ण को जगाने का आदेश दिया (यु. ६०)। कुम्भकर्ण के पूछने पर कि उसे क्यों जगाया गया, रावण ने उसका स्वागत करते हुए राम से उत्पन्न भय का विवरण दिया और कहा कि उसका कोष रिक्त हो रहा है, वीर योद्धा मर चुके हैं, अब वही लंका की रक्षा करे (यु. ६२)।

इन्द्रजित के वध के समाचार से व्याकुल एवं निराश होकर रावण सीता को मार डालने के लिए तलवार लेकर गया। तभी सुपार्श्व ने उसे रोककर समझाया और स्त्री-वध का पाप न करके राम पर ही क्रोध उतारने की सलाह दी। रावण युद्ध का निश्चय करके लौट गया (यु. ९२)।

राम से युद्ध करते समय विभीषण ने जब रावण के रथ के अश्वों को मार डाला तो रावण ने क्रोधित होकर विभीषण पर शक्ति चलायी, जिसे लक्ष्मण ने काट दिया। इससे क्रोधित होकर रावण ने लक्ष्मण पर एक घातक शक्ति चलायी, जिससे घायल होकर लक्ष्मण गिर पड़े (यु. १००)। लक्ष्मण को घायल देखकर राम ने रावण पर भीषण आक्रमण किया, जिससे घबराकर वह भाग गया (यु. १००)।

रावण जब दूसरे रथ पर सवार होकर आया तो राम ने उस पर भीषण प्रहार किये (यु. १०२)। उसे आहत देख उसका सारथि उसे युद्धभूमि से बाहर ले गया (यु.१०३)।

चेत होने पर रावण ने भगा लाने के लिए सारथि को बहुत डाँटा और युद्धभूमि में लौट पड़ा (यु. १०४)। अंत में घोर युद्ध के बाद राम द्वारा ब्रह्मास्त्र से रावण का वध हुआ (यु. १०८)।

रावण ने अपनी माँ के कहने पर कुछ बनने के लिए गोकर्ण आश्रम पर भाइयों सहित तपस्या की। प्रत्येक वर्ष अपना एक शीश काटकर आग में होम किया। नौ वर्ष बाद ब्रह्माजी ने प्रकट होकर वरदान माँगने को कहा–अमरत्व का वरदान तो वे न दे सके परन्तु गरुड़, नाग, यक्ष, दैत्य, दानव, राक्षस तथा देवताओं द्वारा अवध्य होने का वरदान दिया और उसके कटे हुए शीष भी सजीव कर दिये। साथ ही उसे इच्छानुसार रूप धारण करने का वरदान भी दिया (उ. १०)।

तब रावण को सुमाली ने सलाह दी कि वह कुबेर से लंका लेकर वहाँ पुनः राक्षसों का राज्य स्थापित करे। रावण पहले तो नहीं माना परन्तु फिर प्रहस्त के

समझाने पर वह मान गया। उसने प्रहस्त को ही दूत बनाकर कुबेर के पास भेजा और लंका पर राक्षसों का अधिकार जताया। कुबेर रावण का सन्देश पाकर, और फिर पिता विश्रवा की असहाय स्थिति देखकर, लंका रावण को सौंप कैलास पर्वत पर निवास करने चले गये (उ. ११)।

राज्य पाकर रावण ने अपनी बहन शूर्पणखा का विवाह विद्युज्जिह्व से कर दिया। फिर एक दिन आखेट के समय वन में उसने दितिपुत्र मय के साथ उसकी बेटी मन्दोदरी को देखा। रावण का परिचय पाकर मय ने मन्दोदरी का विवाह रावण से कर दिया—साथ ही एक दिव्य शक्ति भी दी (जिससे रावण ने लक्ष्मण को घायल किया था), फिर उसने अपने दोनों भाइयों के विवाह भी किये। कालान्तर में मन्दोदरी ने मेघनाद को जन्म दिया (उ. ११)।

कुम्भकर्ण को एक बड़े भवन में सुलाकर रावण ने देवता, यक्ष आदि को सताना प्रारम्भ किया। यह समाचार सुनकर कुबेर ने उसके पास दूत भेजकर सलाह भेजी कि वह दुराचार से दूर रहे। कुबेर की सलाह सुनकर रावण ने दूत को मार डाला और क्रोधित होकर कुबेर पर आक्रमण कर दिया (उ. १३)। मारीच, शुक, सारण तथा धूम्राक्ष सहित कैलास पर जाकर उसने यक्षों को हराकर कुबेर को भी अचेत कर दिया और उनका पुष्पक विमान छीन लाया (उ. १४-१५)।

कुबेर को जीतकर रावण शरवण नामक वन में गया (सरकण्डों का वन जहाँ कार्तिकेय की उत्पत्ति हुई थी) । वहाँ उसके पुष्पक की गति रुक गयी और नन्दी ने उससे लौट जाने को कहा, क्योंकि वह शंकर की क्रीड़ास्थली थी। रावण ने शंकर पर क्रुद्ध होकर उनके पर्वत को उखाड़ फेंकने का प्रयत्न किया। तब शंकर ने अपने अँगूठे से उस पर्वत को दबाकर उसके हाथ ऐसे दबाये कि रावण चीख़ उठा, जिसे सुनकर समस्त प्राणी रो उठे—इस कारण उसका नाम (लोक को रुलाने वाला) रावण पड़ा। इस पर जब उसने शिवजी से प्रार्थना की तो उन्होंने उसे मुक्त किया और चन्द्रहास नामक खड्ग भी दिया—यह कहकर कि यदि उसने कभी चन्द्रहास का तिरस्कार किया तो वह उनके पास लौट जायेगा।

वहाँ से निकलकर रावण फिर दिग्विजय के लिए चला और लोगों को तरह-तरह से पीड़ा पहुँचाने लगा (उ. १६)।

विचरण करते हुए रावण ने हिमालय के एक वन में तपस्विनी कन्या वेदवती को देखा और उस पर मोहित हो गया। वेदवती के यह कहने पर कि वह विष्णु को प्राप्त करने के लिए तपस्या कर रही है, रावण ने उसके केश पकड़कर उसे वश में करना चाहा, परन्तु वह रावण को फिर उत्पन्न होकर वध करने का शाप देकर अग्नि में समा गयी। उसके दूसरे जन्म में रावण ने बचपन में ही उसे उठा लिया। परन्तु जब मन्त्रियों ने कन्या के लक्षण देखकर उसे बताया कि वह रावण के वध का हेतु बनेगी तो रावण ने उसे समुद्र में फेंक दिया (उ. १७)।

वरदान पाने के बाद रावण ने उशीरबीज देश में पहुँचकर वहाँ के राजा मरुत्त को देवताओं के साथ यज्ञ करते देखा और युद्ध के लिए ललकारा। देवतागण उससे डर कर छिप गये। मरुत्त जब ललकार सुनकर उठे तो उनके आचार्य संवर्त ने उन्हें

यह कहकर रोक दिया कि यज्ञ करने वाले को क्रोध नहीं करना चाहिए । उनके बैठते ही रावण ने अपनी विजय का उद्घोष किया (उ. १८)।

फिर उसने एक-एक करके दुष्यन्त, पुरूरवा, सुरथ, गाधि, गय आदि को हराया । फिर अयोध्या पहुँचकर अनरण्य को ललकारा । दोनों में घोर युद्ध हुआ । परन्तु अनरण्य युद्ध में मारे गये । उन्होंने मरते-मरते रावण को शाप दिया कि उनका वंशज ही रावण का वध करेगा (यु. १९)।

नारदजी के समझाने पर रावण यम से युद्ध करने गया (उ. २०)। वहाँ दुष्टों को कष्ट पाते देख रावण को उनपर अपनत्व का भाव आया और उसने उन्हें बलपूर्वक मुक्त कर दिया । इस पर यमदूतों से उसका भयंकर युद्ध हुआ । बहुत घायल हो जाने पर भी उसने पशुपतास्त्र द्वारा सब यमदूतों को दग्ध किया । यह देख यमदेवता स्वयं आये । उनसे रावण ने सात दिन, सात रात डटकर युद्ध किया । अन्त में यमराज ने रावण को मारने के लिए अमोघ कालदण्ड उठाया । तभी ब्रह्माजी ने उन्हें रोक दिया, क्योंकि कालदण्ड से मानवता का अन्त भी हो जाता और रावण को दिया हुआ उनका वचन भी खण्डित हो जाता । ब्रह्माजी के वरदान की बात सुनकर यमराज ने रावण से युद्ध व्यर्थ समझा और वे अन्तर्धान हो गये । यह देखकर रावण ने अपनी विजय की घोषणा की और वह लौट गया (यु. २२)।

तदनन्तर रसातल जीतने के लिए रावण ने सागर में प्रवेश किया । वहाँ भोगवती पुरी में नागों को वश में करके निवातकवच नामक दैत्यों की नगरी मणिमयीपुरी में प्रवेश किया। उनसे एक वर्ष तक युद्ध के बाद भी जब किसी पक्ष की विजय नहीं हुई तो ब्रह्माजी ने वहाँ प्रकट होकर दोनों की मैत्री करा दी । उनके साथ रावण एक वर्ष रहा और उनसे मायाओं का ज्ञान प्राप्त किया ।

फिर वह घूमते-घूमते अश्म नामक नगर में पहुँचा जहाँ कालकेय दानव रहते थे । वहाँ कालकेयों को मारकर उसने अपने बहनोई विद्युज्जिह्व को भी मार डाला । वहीं उसे महावृषभ (नन्दी) की जननी सुरभि नामक गौ का भी दर्शन हुआ । उसका दर्शन करके उसने वरुणालय में प्रवेश किया और वरुण को युद्ध के लिए ललकारा। वरुणपुत्रों से उसका घोर युद्ध हुआ, जिन्हें उसने हरा दिया । वरुण संगीत सुनने के लिए ब्रह्मलोक गये हुए थे । इस कारण वह अपनी विजय की घोषणा करता हुआ लंका लौट गया (उ.२३)।

लंका लौटते समय मार्ग में उसने नरेशों, ऋषियों, देवताओं और दानवों की असंख्य कन्याओं का, उनके रक्षक बन्धुओं का वध करके, अपहरण कर लिया ।

लंका में शूर्पणखा का अपने पति की मृत्यु पर रोदन सुनकर, उसने उसे खर के साथ जनस्थान भेज दिया । वहाँ खर को चौदह हज़ार राक्षसों का प्रमुख बनाकर भेजा गया था; और दूषण को उसका सेनापति नियुक्त किया गया था (उ. २४)।

कुछ समय बाद रावण ने, निकुम्भिला उपवन में घूमते समय, मेघनाद को यज्ञ करते देखा । पूछने पर उसके पुरोहित ने बताया कि वह बड़ी लगन के साथ सात यज्ञ पूरे कर चुका है और भगवान पशुपति से उसे अनेक दिव्य वरदान प्राप्त हुए हैं । रावण को यह जानकर कुछ दुःख हुआ, क्योंकि यज्ञों में उसके इन्द्र आदि शत्रुओं का पूजन हुआ था । फिर भी रावण, जो हो चुका वह हो चुका, कहकर

मेघनाद को साथ ले आया (उ. २५)। तभी रावण द्वारा हरकर लायी हुई स्त्रियों को देखकर विभीषण ने उसे समझाया और धिक्कारा । साथ ही बताया कि उनकी मौसेरी बहन कुम्भीनसी को मधु दानव बलपूर्वक हर ले गया है । यह सुनकर रावण को बड़ा क्रोध हुआ और वह सेना लेकर उसे मारने निकला । मधुपुर में कुम्भीनसी ने उससे प्रार्थना करके पति के जीवन की भीख माँगी तो वह मधु को न मारने के लिए तैयार हो गया। फिर एक रात उनके घर आतिथ्य पाकर, मधु को साथ लेकर, देवलोक पर आक्रमण करने चल पड़ा और सायंकाल के समय कैलास पर्वत पर पड़ाव डालकर रुका (उ. २५)।

वहाँ रात के समय उसने रम्भा को सज-धजकर जाते देखा तो उस पर मुग्ध हो गया। परन्तु रम्भा ने उसका प्रेम निवेदन यह कहकर ठुकरा दिया कि वह कुबेर-पुत्र नलकूबर के पास जा रही थी और इस कारण रावण की पुत्रवधू समान थी। फिर भी रावण ने उसके साथ बलात्कार किया । इससे कुपित होकर नलकूबर ने उसे शाप दिया कि वह कभी किसी स्त्री से, उसकी इच्छा के विरुद्ध, समागम करेगा तो उस के सर के सात टुकड़े हो जाएँगे । यह शाप रावण को सदैव याद रहता था (उ.२५)।

देवासुर संग्राम में अपनी सेना को हारते-भागते देख रावण अकेला ही देवताओं को मारता-पीटता इन्द्र के सामने जा पहुँचा (उ. २७)।

इन्द्रादि द्वारा रावण के घिर जाने पर मेघनाद ने तमोमयी माया द्वारा अदृश्य होकर देव-सेना पर आक्रमण किया और इन्द्र को बन्दी बनाने के बाद रावण को यह कहकर युद्धभूमि से बाहर बुला लिया कि इन्द्र के बन्दी हो जाने से देवता युद्ध हार चुके हैं और युद्ध समाप्त हो चुका है (उ. २९)।

इन्द्र को बन्धन से मुक्त कराने के लिए देवताओं के साथ ब्रह्माजी आये। उन्होंने रावण से इन्द्र की मुक्ति के बदले मनचाहा वरदान माँगने को कहा, परन्तु रावण से पहले इन्द्रजित ने अपनी शर्त रखी (उ. ३०)।

फिर घूमते-घूमते रावण महिष्मती नगरी में पहुँचा । उस समय वहाँ का राजा अर्जुन नर्मदा नदी में जल-क्रीड़ा करने गया था । नर्मदा-तट पर पहुँचकर रावण वहाँ के प्राकृतिक सौन्दर्य से बहुत ही प्रभावित हुआ । उसने अपने शुक, सारण, महोदर, धूम्राक्ष आदि मन्त्रियों सहित स्नान किया और बालू की वेदी पर शिवलिंग स्थापित करके शंकरजी का पूजन करता हुआ गाने और नाचने लगा (उ. ३१)। तभी उसने देखा कि नदी का प्रवाह उलटा बहने लगा है । मन्त्रियों को भेजने पर उसे पता लगा कि आगे वहाँ के राजा अर्जुन ने जल रोक रखा था । यह सुनकर रावण ने क्रोधित होकर राजा को युद्ध के लिए ललकारा । पहले उसे अर्जुन के रक्षकों ने रोका जो रावण द्वारा परास्त हुए । परन्तु फिर अर्जुन ने जल से निकलकर न केवल रावण के मन्त्रियों को मार भगाया बल्कि रावण को भी आघात द्वारा गिराकर बाँध लिया (उ.३२)।

उसके बन्दी हो जाने का समाचार पाकर महर्षि पुलस्त्य ने देवलोक से आकर अर्जुन से रावण को मुक्त करने को कहा । इस प्रकार रावण को मुक्ति मिली । साथ ही अर्जुन ने उसके साथ मित्रता का सम्बन्ध भी स्थापित किया । अर्जुन की

मित्रता पाकर रावण और भी घमण्ड में भर गया और पृथ्वी पर विचरते हुए नरेशों का संहार करने लगा (उ. ३३)।

घूमते हुए रावण ने किष्किन्धा पहुँचकर वाली से युद्ध की इच्छा प्रकट की । वहाँ पता चला कि वाली दक्षिण सागर पर सन्ध्योपासन के लिए गया है । रावण ने वहाँ जाकर चुपके से वाली को पकड़ना चाहा, परन्तु वाली ने उसका आशय ताड़कर रावण को पहले ही पकड़ लिया और उसे काँख में दबाये काफ़ी समय तक घूमता रहा और किष्किन्धा लौटकर ही उसे छोड़ा । इससे रावण को बड़ा आश्चर्य हुआ उसने वाली के साथ अग्नि को साक्षी बनाकर मित्रता कर ली । फिर वह महीने भर सम्मानित हो किष्किन्धा में रहने के बाद लंका लौटा (उ. ३४)।

राष्ट्रवर्धनः दशरथ के आठ मन्त्रियों में से एक—पाँचवें (बा. ७)। भरत के राज्यकाल में उनका उल्लेख नहीं मिलता (यु. १२७)।

रुधिराशनः राक्षस; खर का एक प्रमुख सैनिक—उन बारह में से एक, जो राम पर आक्रमण के समय खर को घेरकर चले थे (अर. २३)।

रुमणः (रुमण्वान्) एक वानर यूथपति जो सुग्रीव की आज्ञा पर विशाल वानर सेना एकत्रित करके किष्किन्धा पहुँचा था (कि. ३९)।

रूमाः सुग्रीव की पत्नी; जिसे वाली ने सुग्रीव को निकालने के बाद छीन लिया था (कि. ९)।

रेणुकाः ऋषि जमदग्नि की पत्नी; परशुराम की माँ । परशुराम ने पिता की आज्ञा से माँ का गला काट दिया था ।

रोमपादः अंगदेश के राजा । शान्ता के पिता । मुनि ऋष्यशृंग के श्वसुर । धनुर्विद्या में निपुण । दशरथ के मित्र (बा. ९-१०)।

रोहितः गन्धर्व, जो दक्षिण सागर में स्थित ऋषभ पर्वत के चन्दन वनों की रक्षा करते हैं (कि. ४१)।

ल

लंकाः (सांकेतिक) लंका की एक भयानक राक्षसी प्रहरी, जिसने हनुमान को लंकापुरी में प्रवेश करने से रोका था और उन पर प्रहार किया था । हनुमान ने जब उलटकर, उसे स्त्री जानते हुए उसपर, हलका-सा मुष्टिका प्रहार किया तो वह गिर गयी और बताने लगी कि ब्रह्मा ने उसे वरदान दिया था—जब कोई वानर तुमपर प्रहार करे तो समझ लेना कि लंका साम्राज्य एवं राक्षस जाति पर घोर संकट आ रहा है । यह बता कर उसने हनुमान को लंका में प्रवेश करने दिया (सु. ३)।

लक्ष्मणः राम के अनुज एवं शत्रुघ्न के जुड़वाँ बड़े भाई । महाराज दशरथ एवं सुमित्रा के पुत्र ।

राम ने लव-कुश को अपने भवन में बुलाकर जब रामायण-गान कराया था तब, अन्य भाइयों सहित, वहाँ लक्ष्मण भी उपस्थित थे (बा. ४)।

आश्लेषा नक्षत्र, कर्क लग्न में जन्म (बा. १८)। बचपन से ही राम के प्रति अनुराग।

जब अपने यज्ञ की रक्षा के लिए महर्षि विश्वामित्र ने दशरथ से राम को माँगा तो राम के साथ लक्ष्मण भी गये (बा. २२)। ताटकावध, विश्वामित्र की यज्ञरक्षा, मिथिला प्रस्थान—राम के साथ ही।

राम द्वारा धनुष-भंग के बाद, जनक ने लक्ष्मण के लिए अपनी बेटी ऊर्मिला का प्रस्ताव किया (बा. ७१)। विवाह (बा. ७३)।

दशरथ के बुलाने पर, राम जब कैकेयी के भवन में अपने वनवास की बात सुनने गये थे, तब लक्ष्मण भी उनके साथ थे (अ. १८)। कैकेयी की बात सुनकर और राम की स्वीकृति जानकर वे अत्यन्त कुपित हो उठे। फिर जब राम कौसल्या के पास गये तब लक्ष्मण भी उनके साथ थे (अ. १९)।

राम के वनवास की बात से क्षुब्ध लक्ष्मण ने दशरथ से बलपूर्वक राज्य ले लेने को कहा। वे राम-विरोधियों से युद्ध करना चाहते थे। क्रोध में वे कैकेयी एवं दशरथ को भी मारने की बात कह गये (अ. २१)। लक्ष्मण ने राम द्वारा प्रतिपादित भाग्य की बात का खण्डन करते हुए पुरुषार्थ का आश्रय लेने के लिए राम को प्रेरित किया और स्वयं बल-प्रयोग के लिए उद्यत हुए (अ. २३)।

राम को वन जाने के लिए उद्यत देख, लक्ष्मण ने भी उनके साथ ही वन जाने का प्रस्ताव किया। राम के समझाने, मना करने पर भी वे अपनी हठ पर अड़े रहे। तब राम ने उन्हें साथ चलने की स्वीकृति दी (अ. ३१)। वे राम के साथ पिता से मिलने के लिए कैकेयी के भवन में गये (अ. ३३)। वहाँ कैकेयी ने राम के साथ ही लक्ष्मण को भी वल्कल वस्त्र धारण करने के लिए दिये (अ. ३६)।

राम और सीता जब शृंगवेरपुर में भूमि पर सोये, तब लक्ष्मण हाथ में धनुष-बाण लेकर रात भर पहरा देते रहे और साथ में जागते गुह से रात भर बातें करते रहे (अ. ५१)।

गंगा पार करके वत्स देश में सायंकाल विश्राम करते हुए, राम ने दशरथ एवं कौसल्या के प्रति चिन्ता व्यक्त की और लक्ष्मण के सामने अपने दुःख का वर्णन किया। उन्होंने सलाह दी कि लक्ष्मण कौसल्या की रक्षा के लिए अयोध्या लौट जाएँ। परन्तु लक्ष्मण नहीं माने और उन्होंने चिन्ताग्रस्त राम को सान्त्वना दी (अ.५३)।

चित्रकूट पहुँचकर लक्ष्मण ने राम की आज्ञा से पर्णकुटी तैयार की (अ.५६)।

चित्रकूट में एक दिन कोलाहल सुनकर जब वन्य प्राणी व्याकुल होकर भागने लगे तो राम के कहने से उन्होंने पेड़ पर चढ़कर देखा। दूर भरत की सेना आते देख वे क्रोध एवं आशंका से भर उठे और भरत से युद्ध करने को तत्पर हो उठे। राम ने जब उन्हें भरत का स्वभाव समझाकर शान्त किया तब वे अपने व्यवहार पर लज्जित हुए (अ. ९६-९७)।

पिता की मृत्यु का समाचार सुनकर दुखीमन से राम के साथ उन्होंने मन्दाकिनी में जलांजलि दी और पिण्डदान किया (अ. ३)।

चित्रकूट छोड़कर राम के साथ वे दण्डकारण्य पहुँचे। वहाँ विराध नामक राक्षस मिला जिसने सीता को पकड़ लिया। इस पर राम को दुःखी देख लक्ष्मण ने

विराध पर प्रहार किया (अर. ३)। परन्तु विराध राम एवं लक्ष्मण को भुजाओं में दबाकर चल दिया। तभी लक्ष्मण ने उसकी बायीं भुजा तोड़ डाली। फिर राम एवं लक्ष्मण ने भूमि में गाड़कर उसका वध किया (अर. ४)।

पंचवटी पहुँचकर लक्ष्मण ने राम की आज्ञा से वहाँ पर्णशाला बनायी (अर.१५)।

एक दिन जब शूर्पणखा ने वहाँ आकर राम से प्रेम प्रस्ताव किया तो राम ने उसे टालने की इच्छा से लक्ष्मण के पास भेज दिया। लक्ष्मण ने भी उसे यह कहकर हतोत्साहित किया कि वे राम के दास हैं और वह तो राम के ही योग्य है। तत्पश्चात जब शूर्पणखा सीता पर झपटी तो लक्ष्मण ने, राम के परामर्श पर, उसे कुरूप करने के लिए उसके नाक-कान काट लिये (अर. १८)।

राम पर आक्रमण के लिए जब खर अपनी विशाल सेना सहित आया तो राम ने उन्हें सीता को लेकर वृक्षों के पीछे चले जाने को कहा। राम के शपथ दिलाने पर वे राम को अकेले युद्ध करने के लिए छोड़कर चले गये (अर. २४)।

आश्रम पर कंचन मृग देखकर जब सीता उसके प्रति आकर्षित हुईं तो लक्ष्मण ने उसकी सम्भावना को नकारते हुए शंका व्यक्त की कि वह कोई छल ही हो सकता है। परन्तु राम जब उस मृग के पीछे जाने ही लगे तो सीता की सुरक्षा उन पर छोड़कर गये (अर. ४३)।

मृग के पीछे राम के जाने के बाद, जब 'हा सीते, हा लक्ष्मण' का स्वर सुनाई दिया तो सीता ने उन्हें, आश्रम की रक्षा छोड़कर, राम की सहायता के लिए जाने को कहा। परन्तु लक्ष्मण ने यह कहकर सीता का प्रस्ताव अस्वीकार कर दिया कि राम अपनी रक्षा में समर्थ हैं और वह स्वर कोई छल ही हो सकता है। इस पर सीता ने उनसे अत्यन्त कटु वचन कहे और लक्ष्मण के बहुत समझाने पर भी वे नहीं मानीं। अन्त में क्षुब्ध होकर लक्ष्मण वन की ओर चल दिये (अर. ४५)।

राह में उन्हें लौटते हुए राम मिले और उन्होंने सीता को अकेला छोड़ आने के लिए लक्ष्मण को उलाहना दिया। लक्ष्मण के बार-बार यह बताने पर भी कि वे सीता के आग्रह एवं कटु वचन से दुखी होकर ही आये थे, राम ने उनके चले आने को अनुचित माना (अर. ५९)। आश्रम में सीता को न पाकर वे राम के साथ सीता की खोज में लग गये। उनके कहीं न मिलने पर जब राम विलाप करने लगे तो लक्ष्मण ने उन्हें सान्त्वना देते हुए समझाया कि वे धैर्य न छोड़ें (अर. ६०-६३)।

सीता के अपहरण के निश्चित संकेत पाकर जब राम क्रोध से भर उठे तब लक्ष्मण ने उन्हें सीता की खोज के हित में शान्त रहने का परामर्श दिया (अर.६५-६६)।

जटायु का अन्तिम संस्कार करके राम-लक्ष्मण सीता की खोज में दक्षिण दिशा की ओर बढ़े तो क्रौंचारण्य पार करके एक भयानक वन में पहुँचे। वहाँ एक भयंकर राक्षसी ने लक्ष्मण को पकड़ लिया और अपने साथ रमण करने का आग्रह किया। लक्ष्मण ने उसके अंग भंग कर दिये (अर. ६९)। तत्पश्चात कुछ दक्षिण दिशा की ओर बढ़ने पर उन्हें कबन्ध नामक राक्षस मिला, जिसने उन्हें तथा राम को

पकड़ लिया। बड़ी कठिनाई से उन दोनों ने कबन्ध की एक एक बाँह काट कर मुक्ति पायी (अर. ७०-७२)।

पम्पासरोवर का प्राकृतिक सौन्दर्य देखकर राम जब सीता की याद करके व्याकुल हो उठे, तब लक्ष्मण ने उन्हें धीरज बँधाया (कि. १)।

राम-लक्ष्मण का भेद जानने जब हनुमान आये और उन्होंने सुग्रीव की मित्रता का प्रस्ताव किया तब, राम का आदेश पाकर, लक्ष्मण ने मैत्री स्वीकार की (कि.३)।

राम की आज्ञा पाकर उन्होंने हनुमान को राम के विषय में सब कुछ बताकर सुग्रीव की सहायता पाने की इच्छा व्यक्त की (कि. ४)।

राम एवं सुग्रीव की मैत्री के बाद, सुग्रीव ने वे आभूषण दिखाये जो सीता ने अपहृत होते समय चादर में लपेटकर फेंक दिये थे। लक्ष्मण केवल पैर के आभूषण ही पहचान पाये (कि. ६)।

वाली की मृत्यु के पश्चात शोक-सन्तप्त सुग्रीव एवं तारा को, राम के साथ ही, लक्ष्मण ने भी समझाकर शान्त किया, और वाली के अन्तिम संस्कार का प्रबन्ध कराया (कि. २५)।

सुग्रीव के अभिषेक के पश्चात वे राम के साथ प्रस्रवणगिरि पर जाकर रहने लगे। राम जब दुख के कारण व्याकुल होते, तो लक्ष्मण उन्हें समझाकर धीरज बँधाते थे (कि. २८)। वर्षा बीतने पर, सुग्रीव की ओर से विलम्ब देख जब राम अधीर हो उठे तब उनके आदेश से वे सुग्रीव को भय दिखाकर उसके वचन की याद दिलाने गये (कि. ३०)। उन्हें क्रोधित देख सुग्रीव ने तारा को उनके स्वागत के लिए भेजा। तारा ने उन्हें समझाकर, सुग्रीव की ओर से क्षमा माँगी। वे कुछ शान्त हुए, परन्तु सुग्रीव के कक्ष में पहुँचकर, उसे बहुमूल्य सिंहासन पर निश्चिन्त बैठा देख पुनः रोष में भर उठे (कि. ३३)। उन्होंने सुग्रीव को फटकारा और मृत्यु का भय दिखाकर अपने वचन के अनुरूप कार्य प्रारम्भ करने को कहा (कि. ३४)। जब वे तारा के समझाने पर कुछ शान्त हुए (कि. ३५) तब सुग्रीव ने भी क्षमा माँगी। लक्ष्मण ने भी उनसे क्रोध के लिए क्षमा माँगी और राम के पास चलकर उन्हें सान्त्वना देने को कहा (कि. ३६)।

सीता का पता लगने के बाद, सेना जब दक्षिण की ओर चली तब लक्ष्मण अंगद के कन्धे पर बैठकर चल रहे थे। सागर तट पर पहुँचकर राम जब निराश होकर व्यथित होने लगे, तब लक्ष्मण ने उन्हें धैर्य बँधाया (यु. ५)।

सागर तट पर तीन दिन प्रतीक्षा के बाद राम ने जब सागर पर बाण बरसाकर उसे व्याकुल कर दिया तो लक्ष्मण ने दौड़कर उन्हें बाण-वर्षा करने से रोका और शान्त किया (यु. २१)।

सेतु पार करके राम ने लक्ष्मण से सेना को कई भागों में बाँटकर व्यूहबद्ध करने को कहा (यु. २३)। लंका में जब सेना का व्यूह बना तो वे, राम के साथ, मस्तक पर स्थापित हुए (यु. २४)।

रावण द्वारा भेजे गये शुक और सारण जब गुप्तचर बनकर राम की सेना में आये तो पकड़ लिये गये, परन्तु राम ने, लक्ष्मण के मत के विरुद्ध, यह कहकर उन्हें

छुड़वा दिया कि वे शस्त्रहीन एवं दूत थे। राम ने उनसे रावण को यह सन्देश देने को कहा कि वह अब अपनी शक्ति परीक्षा के लिए तैयार हो जाये (यु. २५)।

मेधनाद ने, अन्तर्धान होकर, बाणवर्षा करके राम एवं लक्ष्मण को घायल किया और सर्पाकार बाणों से बाँध लिया (यु. ४४)। वे दोनों मृतप्राय होकर गिर पड़े (यु. ४६)।

सभी वानर उनके शरीर को घेरकर उनकी रक्षा करने लगे। राम उन्हें मृत समझकर विलाप करने लगे। अन्त में गरुड़ ने आकर उन दोनों को सर्पबाणों से मुक्त कराया (यु. ५०)।

प्रहस्त की मृत्यु से क्रोधित होकर रावण जब स्वयं युद्ध क्षेत्र में पहुँचा, तब राम उससे युद्ध करने को निकले। परन्तु लक्ष्मण ने राम से अनुमति माँगी कि वे उन्हें रावण से युद्ध की आज्ञा दें। राम ने उन्हें सावधान रहने का परामर्श देकर युद्ध की अनुमति दी। रावण, सुग्रीव, हनुमान तथा नील को आहत करता हुआ, लक्ष्मण के पास पहुँचा। रावण से घोर युद्ध के बाद, रावण द्वारा चलायी शक्ति से वे मूर्छित हो गये। रावण ने उन्हें उठाने का प्रयत्न किया परन्तु वह उन्हें उठा नहीं पाया। तभी हनुमान, रावण को आहत करके, उन्हें उठाकर राम के पास ले गये। कुछ देर बाद लक्ष्मण को चेत हुआ (यु. ५९)।

जब कुम्भकर्ण युद्धभूमि में वानर यूथपतियों को त्रास दे रहा था, तब लक्ष्मण ने उससे घोर युद्ध किया, परन्तु वह उन्हें लाँघता हुआ राम से युद्ध करने के लिए आगे बढ़ गया (यु. ६७)।

अतिकाय ने युद्धभूमि में आकर राम को ललकारा कि जो उससे युद्ध करने का साहस करे वही उसके सामने आये। लक्ष्मण ने उसकी ललकार को स्वीकार करके उसके साथ भयंकर युद्ध किया। एक बार वे उसके आघात से दो घड़ी के लिए अचेत भी हो गये, परन्तु अन्त में उन्होंने अतिकाय को मार गिराया (यु. ७१)।

तदनन्तर, मेघनाद ने क्रोध में भरकर आक्रमण किया और सभी प्रमुख वानरों को आहत करके, छिपे रहकर, राम-लक्ष्मण पर बाणवर्षा प्रारम्भ की। तब राम एवं लक्ष्मण ने अन्य कोई विकल्प न पाकर बाणवर्षा को अपने शरीर पर झेलने का निर्णय लिया और वे आहत होकर गिर पड़े (यु. ७३)। फिर जाम्बवान ने हनुमान को हिमालय भेजकर औषधियाँ मँगवायीं, जिन्हें सूँघकर राम-लक्ष्मण पुनः स्वस्थ हो उठे (यु. ७४)।

इन्द्रजित ने पुनः युद्धभूमि में आकर, अदृश्य रहते हुए, राम एवं लक्ष्मण पर बाणवर्षा करके उन्हें घायल किया तो लक्ष्मण ने ब्रह्मास्त्र चलाने का निश्चय किया। परन्तु राम ने उन्हें यह कहकर रोक दिया कि एक पापी को दण्ड देने के लिए ऐसे शस्त्र का प्रयोग नहीं करना चाहिए जो असंख्य प्राणियों के लिए घातक सिद्ध हो (यु.८०)।

हनुमान द्वारा, मेघनाद के हाथों (माया-निर्मित) सीता के वध के समाचार से जब राम मूर्छित हो गये तब लक्ष्मण ने उन्हें विस्तार से समझाकर सान्त्वना दी और अपने पराक्रम द्वारा रावण को दण्ड देने का निर्णय दुहराया (यु. ८३)।

विभीषण द्वारा, मेघनाद के निकुम्भिला मन्दिर में यज्ञ का समाचार पाकर जब राम ने लक्ष्मण को उसका यज्ञ ध्वंस करने का आदेश दिया तो वे विभीषण, अंगद, हनुमान आदि के साथ सेना लेकर निकुम्भिला जा पहुँचे (यु. ८५)।

लक्ष्मण का मेघनाद के साथ, तीन दिन और तीन रात, भयंकर युद्ध हुआ और अन्त में उन्होंने मेघनाद को ऐन्द्रास्त्र से मार गिराया (यु. ८८-९०)। लक्ष्मण बहुत घायल हो गये थे । उन्होंने राम को मेघनाद वध का समाचार सुनाया तो वे अत्यन्त हर्षित हुए और लक्ष्मण को साधुवाद एवं आशीर्वाद देकर, सुषेण से उनका उपचार कराया (यु. ९१)।

अन्त में रावण जब युद्ध करने आया तो लक्ष्मण ने उससे टक्कर ली, परन्तु वह उन्हें लाँघता हुआ राम की ओर बढ़ गया (यु. ९९)। रावण जब राम से युद्ध कर रहा था तब भी लक्ष्मण उस पर प्रहार करते रहे । उन्होंने रावण द्वारा विभीषण पर चलायी गयी एक शक्ति को खण्डित कर दिया और दूसरी शक्ति के प्रहार से विभीषण को बचाने के लिए स्वयं उसके सामने आ गये । इस पर क्रोधित होकर रावण ने लक्ष्मण पर ही एक प्रबल शक्ति चलायी, जिससे लक्ष्मण आहत होकर गिर पड़े । राम ने वह शक्ति लक्ष्मण के शरीर से निकाली और सुग्रीव आदि को आदेश दिया कि वे उनके शरीर को घेरकर खड़े रहें (यु. १००)।

तदनन्तर, रावण के भाग जाने पर, राम ने सुषेण के कहने से हनुमान को पुनः पर्वत से औषधियुक्त जड़ी-बूटियाँ लाने को भेजा । हनुमान शिखर सहित वह औषधियाँ लाये और उनके प्रयोग से लक्ष्मण स्वस्थ हो गये । स्वस्थ होते ही उन्होंने राम से प्रार्थना की कि वे अपना वचन पूरा करने के लिए अविलम्ब रावण का वध करें (यु.१०१)।

रावण-वध के उपरान्त, राम के आदेश पर लक्ष्मण ने लंका पर विभीषण का अभिषेक किया (यु. ११२)।

सीता जब राम के पास आ रही थीं, तब राम द्वारा सीता को सब के सामने पैदल चलाकर उनके सामने लाने का आदेश उन्हें अच्छा नहीं लगा । उन्हें लगा कि राम सीता की ओर से निरपेक्ष हो गये हैं (यु. ११४)। राम ने जब सीता से अपनी इच्छानुसार कहीं भी, किसी के भी आश्रय में, जाने की बात कही और सीता ने दुःखी होकर लक्ष्मण से, अपना जीवन अन्त करने के लिए, चिता तैयार करने को कहा तो चिन्तामग्न बैठे लक्ष्मण ने अमर्ष में भरकर राम की ओर देखा । परन्तु, राम के संकेत से उनके हार्दिक अभिप्राय को समझकर, उनकी सम्मति से, लक्ष्मण ने चिता तैयार कर दी (यु. ११६)।

राम द्वारा सीता को स्वीकार करने के बाद, महादेवजी ने विमान पर बैठे दशरथ के दर्शन कराये । दशरथ ने लक्ष्मण को सीने से लगाकर आशीर्वाद दिया । (यु. ११९)।

अयोध्या का राज्य ग्रहण करने के बाद, राम ने लक्ष्मण को युवराज पद देने का निश्चय किया परन्तु लक्ष्मण इसके लिए बिल्कुल तैयार नहीं हुए । अतः भरत को युवराजपद प्रदान किया गया (यु. १२८)।

जब राम ने युधाजित को अयोध्या से विदा किया, तब लक्ष्मण उन्हें पहुँचाने गये (उ. ३८)।

राम का आदेश पाकर लक्ष्मण ने सुमन्त्र से सीता को महर्षियों के आश्रम ले जाने के लिए रथ मँगाया। दु:खीमन वे सीता को लेकर चले। गोमती के पास पहुँचकर उन लोगों ने रात बितायी। दोपहर को गंगातट पर पहुँचकर लक्ष्मण फूट-फूटकर रोने लगे। सीता ने उन्हें समझाया कि एक-दो दिन में वे अयोध्या लौट चलेंगी। लक्ष्मण ने नाव मँगाकर गंगा पार जाने का आदेश दिया (उ. ४६)।

तब उन्होंने सीता से बताया कि लोकापवाद के कारण राम ने उन्हें त्याग दिया है और वे महर्षि वाल्मीकि के यहाँ ही निवास करें (उ. ४७)। दु:ख से अचेत लक्ष्मण रोती हुई सीता को वन में छोड़कर लौट आये। लौटने से पूर्व सीता ने उन्हें बताया कि वे प्राण भी नहीं त्याग सकतीं क्योंकि वे गर्भ धारण कर चुकी हैं (उ.४८)।

लक्ष्मण ने लौटते समय सुमन्त्र के सामने, अपना दु:खी मन खोलते हुए, राम के इस निर्दयतापूर्ण व्यवहार की निन्दा की। तब सुमन्त्र ने उन्हें बताया कि यह भाग्य का लेख तो पहले ही दुर्वासा ऋषि ने, उनके सम्मुख, महाराज दशरथ को बता रखा था (उ. ५०)। वह सारी घटना सुनाते हुए सुमन्त्र ने समझाया कि विधाता के विधान पर वे दु:ख न करें। वह रात लक्ष्मण ने केशिनी के तट पर बितायी (उ.५१)।

लौटकर लक्ष्मण ने दु:ख से पीड़ित राम को सान्त्वना दी और कहा कि उन्हें दुखी देखकर प्रजा पुन: वही अपवाद खड़ा कर सकती है, जिसके कारण उन्होंने सीता का त्याग किया था (उ. ५२)।

राम ने जब राजसूय यज्ञ का विचार किया और भरत के कहने से वह विचार त्याग दिया तब लक्ष्मण ने उन्हें अश्वमेध यज्ञ करने का परामर्श दिया। उसका पुण्य-लाभ बताते हुए उन्होंने राम को वृत्रासुर वध तथा इन्द्र के ब्रह्महत्या से मुक्त होने की कथा सुनायी (उ. ८४-८६)।

राम ने जब अश्वमेध यज्ञ का अश्व छोड़ा था, तब उसकी रक्षा के लिए लक्ष्मण उसके साथ गए थे (उ. ९१)।

राम ने लक्ष्मण के पुत्रों–अंगद और चन्द्रकेतु–के लिए अच्छे प्रदेश ढूँढने को कहा, जहाँ उनका राज्य स्थापित हो। भरत ने अंगद के लिए कारु पथ में अंगदीया और चन्द्रकेतु के लिए मल्ल देश में चन्द्रकान्त बसाने का प्रस्ताव किया। अंगद के साथ पश्चिम दिशा में बसी अंगदीया में लक्ष्मण गये और राज्य स्थापित करके एक वर्ष बाद लौट आये। चन्द्रकान्त, जो उत्तर में थी, बसाने के लिए चन्द्रकेतु के साथ भरत गये और एक वर्ष में उनका राज्य स्थापित करके अयोध्या लौटे (उ. १०२)।

राम से जब काल मिलने आया तो उसने राम से अकेले में बात करनी चाही। उसकी शर्त थी कि यदि कोई उन दोनों को बात करता देखे या सुने तो राम उसे प्राण-दण्ड दें। राम ने उसकी शर्त स्वीकार करके लक्ष्मण को द्वार पर खड़ा किया कि कोई भीतर न आने पाए (उ. १०३)। राम काल से बात कर ही रहे थे कि

दुर्वासा ऋषि ने आकर कहा कि वे राम से तुरन्त मिलना चाहते हैं । लक्ष्मण ने राम की व्यस्तता बताते हुए उनसे यह अनुरोध किया कि वे अपना कार्य बताएँ । परन्तु दुर्वासा ने क्रोध में भरकर कहा कि यदि उन्हें राम से तुरन्त न मिलाया गया तो वे राम को, चारो भाइयों को और अयोध्या की सारी प्रजा को शाप दे देंगे । सबके बदले, स्वयं अकेले अपनी मृत्यु को श्रेयस्कर मानते हुए, लक्ष्मण राम के पास चले गये (उ.१०५)।

काल एवं दुर्वासा के जाने के बाद, राम को उदास देखकर लक्ष्मण ने कहा कि आप मुझ पर प्रेम के कारण अपना वचन न तोड़ें; मुझे प्राण-दण्ड दें ।

राम ने, पुरोहितों से विचार-विमर्श करके, लक्ष्मण को त्यागने का निणर्य लिया, क्योंकि साधु पुरुष को त्यागना भी मृत्युदण्ड के समान होता है । यह सुनकर लक्ष्मण की आँखों में आँसू आ गये । वे अपने भवन न जाकर सीधे सरयू तट पर गये और प्राणवायु को रोककर वहीं ब्रह्मलीन हो गये (उ. १०६)।

लवः राम के बेटे ; कुश के जुड़वाँ भाई (छोटे) । महर्षि वाल्मीकि के आश्रम में जन्म (उ. ६६)।

राम के अश्वमेध यज्ञ में कुश एवं लव भी वाल्मीकि के साथ नैमिषारण्य गये थे। वहाँ महर्षि की आज्ञा से उन्होंने घूम-घूमकर यज्ञशाला के निकट रामायण का पाठ किया; जिससे प्रभावित होकर राम ने प्रमुख अयोध्यावासियों के समक्ष उनसे पूरा रामायण-गान सुना (उ. ९३-९४)।

राम की आज्ञा से भरत ने उन्हें स्वर्ण-मुद्राएँ पुरस्कार में देनी चाहीं पर उन्होंने पुरस्कार लेने से इनकार कर दिया ।

सीता के भूमि-प्रवेश के बाद राम कुश एवं लव को अपने साथ ले आये (उ.९८)।

लक्ष्मण के स्वर्गवास के बाद जब राम ने राज्य त्यागने का निश्चय किया तो भरत के परामर्श पर कोसल राज्य कुश तथा लव को प्रदान किया । लव को उत्तर कोसल का राज्य प्राप्त हुआ (उ. १०७)। उनके लिए श्रावस्ती नगरी बसायी गयी थी।

लवणः लवणासुर; दैत्यराज मधु तथा कुम्भीनसी का बेटा; लोला का पौत्र ।

बचपन से ही उद्दण्ड एवं पापाचारी होने के कारण उसके पिता मधु ने उसे तथा अपने घर को त्याग दिया । जाते समय वह लवण को महादेव से तपस्या द्वारा प्राप्त त्रिशूल देता गया और बता गया कि जब तक वह त्रिशूल उसके पास है, कोई उसका वध नहीं कर सकता ।

वंह त्रिशूल पाकर लवणासुर सबको, विशेषकर तपस्वियों को सताने लगा । ऋषिगण भयभीत होकर राम से सहायता माँगने पहुँचे तो राम ने मधुपुर पर शत्रुघ्न का अभिषेक करके उन्हें लवणासुर को मारने भेजा (उ. ६१-६२)।

पूर्वकाल में अयोध्या के राजा मान्धाता उसे मारने के लिए निकले थे परन्तु लवणासुर ने पहले तो उनके दूत को मार डाला और फिर, उनके आक्रमण करने पर, उन्हें अपने शूल से सेना सहित भस्म कर दिया (उ. ६७)।

शत्रुघ्न ने जब उसका मार्ग रोककर उसे ललकारा, तब वह भोजन एकत्रित

करके अपने भवन को लौट रहा था। उसने भीतर जाकर अपना शस्त्र लाने का समय माँगा जो शत्रुघ्न ने नहीं दिया। तब क्रोधित होकर उसने शत्रुघ्न पर वृक्षों से प्रहार किया। एक बार तो शत्रुघ्न मूर्छित हो गये परन्तु लवणासुर उन्हें मृत समझकर अपना शूल लेने के लिए भीतर नहीं गया। तभी चेत होते ही शत्रुघ्न ने उसे राम द्वारा प्रदत्त अमोघ बाण से मार डाला (उ. ६९)।

लोपामुद्राः महर्षि अगस्त्य की पत्नी।

लोमशः लंकावासी राक्षस। लंका में सीता की खोज करते हुए, हनुमान लोमश के भवन में भी गए थे (सु. ६)।

लोलाः सतयुग में रहने वाला एक बुद्धिमान दैत्य; दैत्य मधु का पिता, लवणासुर का पितामह (उ. ६१)।

व

वज्रकायः लंकावासी राक्षस; लंका में सीता की खोज करते हुए, हनुमान वज्रकाय के महल में भी पहुँचे थे (सु. ६)।

वज्रज्वालाः विरोचन कुमार बलि की दौहित्री; कुम्भकर्ण की पत्नी (उ. ११)।

वज्रदंष्ट्रः लंकावासी राक्षस (सु. ६)।

राम की ओर से लंका पर आक्रमण की आशंका पर जब रावण ने मन्त्रियों से परामर्श किया था, तब, अन्य मन्त्रियों के साथ, वज्रदंष्ट्र ने भी रावण से निश्चिन्त रहने को कहा था। उसने यह भी सलाह दी थी कि सहस्रों राक्षस वेष बदलकर राम के पास जाएँ और कहें कि उन्हें भरत ने भेजा है—वे राम की ओर से युद्ध करने आये हैं। जब राम उनके भरोसे आगे बढ़ेंगे तब वे अवसर पाकर राम को सेना सहित मार डालेंगे (यु. ८-९)।

धूम्राक्ष की मृत्यु के बाद रावण ने वज्रदंष्ट्र को वानर सेना से युद्ध के लिए भेजा। वह विशाल सेना सहित लंका के दक्षिण द्वार से निकला जहाँ अंगद डटे थे। उसकी राह में कई अपशकुन हुए परन्तु वह विचलित हुए बिना बढ़ा और वानर सेना का संहार करने लगा (यु. ५३)। फिर अंगद से उसका घोर युद्ध हुआ जिसमें दोनों बुरी तरह थक गये थे, परन्तु अन्त में अंगद ने खड्ग से उसका सिर काट दिया।

वज्रमुष्टिः लंकावासी राक्षस योद्धा, जो लंका पर प्रथम आक्रमण के दिन मैन्द से मल्लयुद्ध कर रहा था (यु. ४३)। माल्यवान एवं सुन्दरी का पुत्र; विरूपाक्ष, दुर्मुख, सुप्तघ्न, यज्ञकोप, मत्त, उनमत्त तथा अनला का भाई (उ. ५)।

वज्रहनुः रावण की सेना का एक विशालकाय योद्धा। राम की ओर से लंका पर आक्रमण की आशंका होने पर जब रावण ने मन्त्रियों से परामर्श किया था तब, अन्य कई मन्त्रियों की तरह, वज्रहनु ने भी अकेले ही समस्त वानर सेना को खा जाने का दम भरते हुए, रावण से निश्चिन्त रहने को कहा था (यु. ८)।

वभ्रुः पाँच गन्धर्वों में से एक, जो दक्षिण सागर के बीच ऋषभ पर्वत के चन्दन वन पर राज करते हैं—अन्य चार हैं शैलूष, ग्रामणी, शिक्ष (अथवा शिग्र) और शुक (कि.४१)।

वरुण: क्षीर सागर में स्नान करती उर्वशी को देखकर वरुण मोहित हो गये और उन्होंने उर्वशी को समागम के लिए आमन्त्रित किया। परन्तु उर्वशी ने यह कहकर उनका निमन्त्रण त्याग दिया कि मित्र देवता पहले ही उसका वरण कर चुके हैं (उ. ५६)।

वरुण एवं मित्र के तेज से अगस्त्य तथा वसिष्ठ का जन्म हुआ (उ. ५७)।

शिव का धनुष धरोहर में प्राप्त करने वाले, जिन्होंने वह धनुष एक यज्ञ में प्रसन्न होकर (पूर्व-कालीन) महाराज जनक को दिया था (अ. ११८)।

वषट्कार: एक महात्मा; बुध जब इल के उपचारार्थ महात्माओं से परामर्श कर रहे थे तब, प्रजापति कर्दम के साथ, वषट्कार भी वहाँ पहुँचे थे (उ. ९०)।

वसिष्ठ: (इक्ष्वाकुवंश के) महाराज दशरथ के प्रमुख पुरोहित। अयोध्या के राजगुरु।

विश्वामित्रजी जब राजा थे, तब एक बार, सेना सहित महर्षि वसिष्ठ के आश्रम पर जा पहुँचे। वसिष्ठजी ने सेना सहित उनके आतिथ्य के लिए आग्रह किया तो विश्वामित्र सहमत हो गये। सेना सहित राजा के आतिथ्य के लिए उन्होंने अपनी कामधेनु शबला से राजोचित सामग्री जुटाने को कहा (बा. ५०-५१)।

शबला से प्रभावित होकर, विश्वामित्र ने उनसे शबला को माँगा तो वसिष्ठजी ने मना किया। विश्वामित्रजी जब शबला को बलपूर्वक ले चले तब शबला के कहने पर, वसिष्ठ की ओर से, शबला द्वारा उत्पन्न सेना ने विश्वामित्र की सेना से युद्ध किया (बा. ५३-५४)।

विश्वामित्र हारकर तप द्वारा ब्रह्माजी से दिव्यास्त्र लेकर जब पुनः लड़ने के लिए आये तब वसिष्ठजी ने मात्र एक ब्रह्मदण्ड से उनकी सेना को विफल कर दिया (बा.५६)।

मित्र एवं वरुण के तेज से वसिष्ठ का (और अगस्त्य का) जन्म हुआ। इक्ष्वाकु ने उन्हें पुरोहित पद के लिए ले लिया (उ. ५७)।

उत्तर दिशा के वासी; राम के राज्याभिषेक के बाद जब अगस्त्य आदि ऋषि राम से मिलने अयोध्या पहुँचे थे, तब वसिष्ठ भी उनके साथ थे (उ. १)।

महाराज निमि ने वैजयन्त नगर बसाकर, पिता इक्ष्वाकु से पूछकर, एक दीर्घकालीन यज्ञ के लिए वसिष्ठजी को बुलाया। परन्तु उस समय वे इन्द्र का यज्ञ कराने जा रहे थे। अतः निमि को प्रतीक्षा करने के लिए कहकर चले गये। परन्तु उनकी अनुपस्थिति में निमि ने महर्षि गौतम से यज्ञ करा लिया। वसिष्ठ ने इन्द्र के यज्ञ से लौटकर निमि का यज्ञ पूरा हुआ देखा, तो क्रोधित होकर निमि को शरीर अचेतन हो जाने का शाप दिया। यह सुनकर निमि ने भी वसिष्ठ को शरीर अचेतन होने का शाप दिया। इस प्रकार दोनों ही विदेह हो गये (उ. ५५)। शरीर न रहने पर वसिष्ठ ब्रह्माजी के पास गये तो उन्होंने वसिष्ठ से मित्र और वरुण के तेज में प्रविष्ट हो जाने को कहा (उ. ५६)।

एक बार क्रोध में आकर उन्होंने अयोध्या के राजा सुदास (मित्रसह अथवा वीरसह भी) को राक्षस हो जाने का शाप दिया था। बाद में वास्तविकता जानकर उन्होंने शाप की अवधि बारह वर्ष कर दी (उ. ६५)।

काल से बात करते समय राम के सामने लक्ष्मण के आ जाने पर जब राम

लक्ष्मण को प्राण-दण्ड देने के लिए वचनबद्ध हो गये, तब वसिष्ठ ने उन्हें लक्ष्मण का परित्याग करने का परामर्श दिया—क्योंकि साधु पुरुष के लिए त्याग भी प्राण-दण्ड के ही समान होता है (उ. १०६)।

लक्ष्मण के स्वर्गवास के बाद जब राम ने भरत को राज्य देकर वनगमन की इच्छा प्रकट की थी तब भरत तथा अयोध्यावासियों ने उनके साथ चलने का आग्रह किया था। वसिष्ठ के कहने पर राम ने उन सबको अपने साथ चलने की अनुमति प्रदान की और भरत के परामर्श पर कोसल राज्य कुश तथा लव को प्रदान किया (उ. १०७)।

वसु (१): राजा नृग के पुत्र । ब्राह्मणों द्वारा शाप पाकर नृग अपने पुत्र वसु को राज्य देकर चले गये थे, और जाते समय वसु को बता गये थे कि राजा को सदैव प्रजापालन का ध्यान रखना चाहिए अन्यथा उसे नृग जैसा शाप भोगना पड़ता है (उ.५४)।

वसु (२): महाराज कुश के चौथे पुत्र, जिन्होंने गिरिव्रज नामक राजधानी बसायी, जो बाद में वसुमती नाम से प्रसिद्ध हुई (बा. ३२)।

वसुदा: नर्मदा नामक गन्धर्वी की तीसरी बेटी । राक्षस माली की पत्नी । अनल, अनिल, हर एवं सम्पाति की माँ । सुन्दरी एवं केतुमती की बहन (उ. ५)।

वह्नि: सुग्रीव की सेना में वानर यूथपति । सुग्रीव के आदेश पर जो यूथपति वानर सेना एकत्रित कर के लाए थे, उनमें से एक (कि. ३९)।

वाताप: एक राक्षस जो, अपने भाई इल्लव के साथ मिलकर, धोखा देकर ब्राह्मणों को मारा करता था । अन्त में मुनि अगस्त्य को मारने के प्रयत्न में स्वयं मृत्यु को प्राप्त हुआ (अर. ११)।

वामदेव: महाराज दशरथ के दो प्रमुख ऋत्विजों में से एक (दूसरे थे वसिष्ठ) (बा. ७)।

वाली: किष्किन्धा निवासी; ऋक्षरजा का पुत्र, वानरराज । सुग्रीव का बड़ा भाई । इन्द्र द्वारा उत्पन्न। तारा का पति । अंगद का पिता ।

उसके पास पिता की दी हुई एक विजयदायिनी स्वर्णमाला थी, जिसे वह गले में पहने रहता था (कि. ११)।

दिग्विजय के लिए घूमते हुए रावण को किष्किन्धा पहुँचकर यह पता लगा कि वाली सन्ध्योपासन के लिए दक्षिण सागर की ओर गया है, तब रावण ने वहाँ उसका पीछा किया था । वह चुपके-चुपके वाली की ओर बढ़कर उसे पकड़ना चाहता था, यह बात वाली ने भाँप ली और अवसर पाते ही रावण को पकड़ लिया । फिर वह रावण को काँख में दबाये स्थान-स्थान पर घूमने के बाद ही किष्किन्धा लौटा । वाली का यह पराक्रम देखकर रावण ने उससे अग्नि को साक्षी बनाकर मित्रता कर ली । फिर वाली ने उसे एक मास तक स्वागत-सत्कार के साथ अपनी नगरी में रखा (उ.३४)।

एक बार मायावी ने युद्ध के लिए उसे ललकारा तो वह सुग्रीव के साथ बाहर पहुँचा। सुग्रीव को साथ देखकर मायावी भागा और एक गुफ़ा में जा छिपा ।

सुग्रीव को वहीं ठहरने की आज्ञा देकर वाली गुफ़ा में चला गया। वहाँ मायावी और उसके साथियों को मारने में वाली को एक वर्ष लगा। लौटकर उसने देखा कि गुफ़ा का द्वार बड़े पर्वत खण्ड से बन्द है। उसने समझा कि सुग्रीव ने उसे मारने की इच्छा से जान-बूझकर वह द्वार बन्द किया है। किष्किन्धा लौटकर उसने सुग्रीव को राजा के पद पर आसीन देखा तो वह और भी क्रोधित हो उठा। उसने सुग्रीव को राज पद से हटाकर वनवास दिया और उसकी पत्नी का भी अपहरण कर लिया (कि.९)।

एक बार दुन्दुभि नामक पराक्रमी दानव ने अपने बल के घमण्ड में वाली को युद्ध के लिए ललकारा तो वाली ने उससे प्राणान्तक युद्ध किया और उसे मारकर दूर फेंक दिया। फेंकते समय, दुन्दुभि के रक्त की कुछ बूँदें मतंग मुनि के आश्रम पर पड़ीं, तो उन्होंने क्रोधित होकर वाली को शाप दिया कि यदि वह कभी मतंग वन के एक योजन के पास भी जाएगा तो उसकी मृत्यु हो जाएगी। इसी भय से वह कभी मतंग वन की ओर नहीं जाता था (कि. ११)।

राम से मित्रता करके जब सुग्रीव ने वाली को ललकारा तो वाली ने किष्किन्धा से निकलकर उसे बुरी तरह आहत कर दिया। सुग्रीव को जान बचाने के लिए भागना पड़ा (कि. १२)।

सुग्रीव ने जब दुबारा वाली को ललकारा तब वाली अन्त:पुर में था। जब वह क्रोध में भरकर निकलने लगा तब तारा ने उसे रोका और, राम का भय दिखाने के साथ ही, सुग्रीव से वैर समाप्त करने की सलाह भी दी। परन्तु वाली नहीं माना (कि.१५)।

सुग्रीव के साथ उसका घोर द्वन्द्व हुआ परन्तु तभी राम के बाण से आहत होकर वह गिर पड़ा (कि. १६)। उस अवस्था में राम जब उसके पास पहुँचे तब अकारण उसे मारने पर वाली ने राम को बहुत धिक्कारा (कि. १७) और कहा कि सुग्रीव के स्थान पर यदि उन्होंने उससे कहा होता तो वह तुरन्त ही सीता को खोज कर उनके पास ला देता।

राम ने जब वाली को समझाया कि छोटे भाई की पत्नी का अपहरण करके उसने घोर पाप किया था, इस कारण धर्म की रक्षा के लिए उन्हें वाली को दण्ड देना पड़ा, तब वाली ने उनसे क्षमा माँगी। उसने राम से प्रार्थना की कि वे उसके प्रिय पुत्र अंगद का ध्यान रखें और उसकी पत्नी तारा की भी रक्षा करें कि कहीं बदले की भावना से सुग्रीव उसके साथ दुर्व्यवहार न करे (कि. १८)।

वाली ने सुग्रीव से क्षमा माँगते हुए और अंगद तथा तारा के प्रति स्नेहभाव बनाये रखने की प्रार्थना के साथ सुग्रीव को अपनी दिव्य माला दे दी। फिर अंगद को, व्यवहार कुशल होकर, सुग्रीव की सेवा करते रहने का आदेश देकर प्राण त्याग दिये।

तुंगभद्रा के तट पर, राजसम्मान के साथ वाली का दाह-संस्कार हुआ (कि. २५)।

वाल्मीकि: ऋषि; तमसा के निकट आश्रम। महर्षि भरद्वाज के गुरु। रामायण के रचयिता। प्रचेता के दसवें पुत्र (उ. १११)।

उनकी जिज्ञासा पर नारद ने उन्हें, राम को हर प्रकार आदर्श पुरुष बताते हुए, राम की कथा सुनाई (बा. १)। तदनन्तर, अचानक एक क्रौंच का वध देखकर उनके मुख से एक गेय श्लोक निकला। जब वे क्रौंच-वध के दुःख तथा अपने श्लोक में खोए हुए थे तभी ब्रह्माजी ने प्रकट होकर उन्हें उसी श्लोक में रामकथा रचने की प्रेरणा दी (बा. २)।

रामकथा की मूल घटनाओं को अपने योगधर्म द्वारा विस्तार में देखकर उन्होंने रामायण की रचना की (बा. ३)।

जब आश्रम के बालकों से वाल्मीकि को पता चला कि नदीतट पर कोई अकेली कुलीन महिला रो रही है तो उन्होंने स्वयं जाकर उन्हें सान्त्वना दी। दिव्य दृष्टि से उन्होंने जान लिया कि वे सीता हैं। उन्होंने सीता को मुनि पत्नियों के पास ठहरा कर उनसे सीता का विशेष ध्यान रखने को कहा (उ. ४९)।

राम के अश्वमेध यज्ञ में वे कुश एवं लव के साथ नैमिषारण्य गये थे। वहाँ उन्होंने कुश एवं लव से घूम-घूमकर, विशेषतया राम की यज्ञशाला एवं अयोध्या के प्रमुख ऋषियों के आगे, सस्वर रामायण-पाठ करने को कहा। साथ ही यह भी कहा कि वे स्वयं को मात्र वाल्मीकि आश्रम का शिष्य बताएँ और ऐसा कोई काम न करें जिससे राजा का अपमान हो (उ. ९४)।

राम को जब ज्ञात हुआ कि कुश एवं लव द्वारा गायी हुई रचना मुनि वाल्मीकि की है और कुश एवं लव उन्हीं के पुत्र हैं तो राम ने उनके पास सन्देश भेजा कि सीता जनसमुदाय में अपनी शुद्धता प्रमाणित करें, तो उन्होंने राम का निमन्त्रण स्वीकार कर लिया (उ. ९५)।

अगले दिन निश्चित समय पर वे सीता को लेकर जन-समुदाय के सम्मुख राम के पास गये। उन्होंने राम से अपने सम्पूर्ण जीवन के तप के बदले सीता की शुद्धता की दुहाई देते हुए राम से कहा कि सीता पवित्र हैं और राम ने मात्र लोकापवाद के भय से उन्हें त्यागा था (उ. ९६)।

विकटः लंकावासी राक्षस योद्धा (यु. ८९)।

सुमाली तथा केतुमती का पुत्र; प्रहस्त, अकम्पन, कालिकामुख, धूम्राक्ष, दण्ड, सुपार्श्व, संह्रादि, प्रघस तथा भासकर्ण का भाई। उसकी बहनें थीं—राका, पुष्पोत्कटा, कैकसी तथा कुम्भीनसी (उ. ५)।

विकटाः लंका की एक राक्षसी। रावण ने अशोकवाटिका में सीता पर पहरे के लिए जिन राक्षसियों को रखा था, उनमें से एक (सु. २४)।

विकुक्षिः इक्ष्वाकुवंशी; अयोध्या के राजा; कुक्षि के पुत्र और बाण के पिता (बा. ७०)।

विघनः लंकावासी राक्षस। लंका में सीता की खोज करते हुए हनुमान विघन के भवन में भी गए थे (सु. ६)।

विजय (१): राम के एक मित्र। राज्याभिषेक के बाद भी जो कुछ निकटवर्ती मित्र राम से मिला करते थे, उनमें से एक (उ. ४३)।

विजय (२): दशरथ के आठ मन्त्रियों में से एक—तीसरे (बा. ७)।

विजय (३): एक दूत जिसे भरत-शत्रुघ्न को राजगृह नगर से बुलाने के लिए वसिष्ठजी ने भेजा था (अ. ६८)।

वितर्दनः लंकावासी एक राक्षस।

सीता को प्राप्त करने के लिए महोदर ने रावण को जो परामर्श दिया था कि वह यह समाचार फैला दे कि पाँच राक्षसों ने राम और लक्ष्मण को खा लिया–उसके प्रस्तावित नामों में वितर्दन भी था (यु. ६४)।

विद्युज्जिह्व (१): लंकावासी राक्षस (सु. ६)। माया फैलाने में निपुण।

रावण की योजनानुसार विद्युज्जिह्व एक रक्त सना सर तथा एक विशाल धनुष लेकर रावण के साथ अशोकवाटिका में गया। वहाँ रावण ने सीता को राम के मरने एवं वानर सेना के नष्ट होने का समाचार सुनाया और वह सर तथा धनुष राम का सर बताते हुए सीता के सामने प्रमाण रूप में डाल दिया, जिससे सीता राम की ओर से निराश होकर उसके आगे आत्म-समर्पण कर दें (यु. ३१)।

विधुज्जिह्व (२): शूर्पणखा का पति; रावण का बहनोई।

वरदान पाकर रावण जब विश्व-विजय के लिए घूमता फिर रहा था, तब विधुज्जिह्व भी उसके साथ जाया करता था। परन्तु कालकेयों से युद्ध करते समय विधुज्जिह्व ने रावण को ही मारने का प्रयत्न किया... तब रावण ने क्रुद्ध होकर उसका वध कर दिया (उ. २३)।

विद्युत्केशः राक्षस; हेति एवं भया का पुत्र; सालकटंकटा का पति; सुकेश का पिता (उ.४)।

विद्युद्दंष्ट्रः राम की वानर सेना के एक योद्धा (यु. ७३)।

विद्युदरूपः लंकावासी राक्षस, लंका में सीता की खोज करते हुए हनुमान विद्युद्रूप के महल में भी गए थे (सु. ६)।

विद्युनमाली (१): वानर; सुग्रीव के मन्त्रियों में से एक। लक्ष्मण जब, रोष में भरे हुए, सुग्रीव को सीता की खोज के लिए याद दिलाने किष्किंधा पहुँचे थे तो वहाँ उन्होंने सुग्रीव के भवन के पास ही विद्युन्माली का भवन भी देखा था (कि. ३३)।

विद्युनमाली (२): लंकावासी राक्षस।

लंका पर प्रथम आक्रमण के दिन उसका सुषेण से युद्ध हुआ जिसमें सुषेण ने पर्वत खण्ड के आघात से उसे मार गिराया (यु. ४३)।

विनतः सुग्रीव की सेना के एक यूथपति, जिन्हें एक वाहिनी के साथ पूर्व दिशा की ओर सीता की खोज के लिए भेजा गया था (कि. ४०)। सीता को न पाकर वे किष्किन्धा लौट गये (कि. ४७)।

विनताः लंका की राक्षसी। अशोकवाटिका में सीता पर पहरा देने के लिए रावण ने जिन राक्षसियों को रखा था, उनमें से एक (सु. २४)।

विभाण्डकः महर्षि काश्यप के पुत्र; ऋष्यशृंग मुनि के पिता। उन्होंने अपने बेटे का लालन-पालन अकेले ही वन में रहकर किया था (बा. ९)।

विभीषणः राक्षस। विश्रवा एवं कैकसी का पुत्र; रावण का सबसे छोटा भाई।

हनुमान की बातों से क्रोधित होकर जब रावण ने उनके वध की आज्ञा दी तब विभीषण ने दूत-वध निषिद्ध बताते हुए हनुमान को कोई अन्य दण्ड देने का

प्रस्ताव रखा और यह भी कहा कि राम एवं लक्ष्मण को पकड़ने के लिए कोई सेना भेजी जाए (सु. ५२)।

हनुमान द्वारा लंकादहन के बाद, जब राम द्वारा लंका पर आक्रमण की सम्भावना देखते हुए रावण ने मन्त्रियों से सलाह ली तब, अन्य सभी का समर्थन देखकर, विभीषण ने रावण को परामर्श दिया कि, लंका एवं राक्षस जाति के हित को देखते हुए, सीता को लौटा देना ही उचित था (यु. ९)।

विभीषण ने रावण को राम की शक्ति का भय दिखाते हुए पुनः परामर्श दिया कि सीता को लौटा दिया जाए। उसने अन्य मंत्रियों से भी कहा कि रावण भटक गये हैं और सभी मन्त्रियों का कर्त्तव्य है कि, जैसे भी हो, रावण को ठीक मार्ग पर लाएँ (यु.१४)।

जब इन्द्रजित ने कठोर शब्दों में विभीषण का विरोध किया और विभीषण ने इन्द्रजित को फटकारा तब रावण ने भी विभीषण को धिक्कारा और कहा कि यदि और किसी ने विरोध किया होता तो उसे प्राणों से हाथ धोने होते। यह सुनकर विभीषण अपने चार मित्रों सहित (अनल, पनस, सम्पाति और प्रमति) लंका छोड़कर चल दिये और चलते-चलते रावण से कहते आये कि उन्होंने जो कहा, वह रावण के हित के लिए ही था... परन्तु कालवश उसे हितकर वचन भी नहीं सुहाये, अतः वह भाई के बिना ही सुख से रहे (यु. १६)।

अपने परिवार को लंका में ही छोड़कर विभीषण ने चार मन्त्रियों सहित राम के पास जाकर शरण माँगी। राम ने, उन्हें स्वीकार करके, लंका का राजा घोषित कर दिया। विभीषण ने राम को रावण के बलाबल के विषय में विस्तृत जानकारी दी। फिर सुग्रीव आदि के सागर पार करने के उपाय पूछने पर सलाह दी कि राम समुद्र से सहायता माँगें (यु. १९)।

लंका पर आक्रमण के पहले विभीषण ने अपने चारो मित्रों (मन्त्रियों) को गुप्त रूप से लंका भेजकर रावण की रण/रक्षा नीति के विषय में जानकारी प्राप्त करके राम को बतायी थी (यु. ३६)।

इन्द्रजित द्वारा सर्पाकार बाणों से बँध कर जब राम-लक्ष्मण पड़े थे, तब निराश सुग्रीव को विभीषण ने धैर्य बँधाकर सेना को पुनः सान्त्वना देकर सुगठित किया (यु. ४६)।

कुम्भकर्ण के युद्ध भूमि में आने पर विभीषण ने राम को उसका परिचय दिया और भागते वानरों को देखकर परामर्श दिया कि वानरों से यह कह दिया जाए कि कुम्भकर्ण एक बड़े आकार का राक्षस-रूपी यन्त्र मात्र है, तो वे भयभीत नहीं होंगे (यु.६१)।

जब इन्द्रजित द्वारा (मायाजनित) सीता के वध का समाचार पाकर राम मूर्छित हो गये तब विभीषण ने उन्हें बताया कि रावण का मोह देखते हुए सीता का वध असम्भव प्रतीत होता है, यह कोई भ्रम ही होगा। साथ ही उसने इन्द्रजित द्वारा निकुम्भिला मन्दिर में विशेष यज्ञ की सूचना देते हुए, राम से, लक्ष्मण को उसका वध करने के लिए निकुम्भिला मन्दिर भेजने का आग्रह किया (यु.८४)।

लक्ष्मण जब निकुम्भिला मन्दिर में इन्द्रजित पर आक्रमण करने गये तब विभीषण भी उनके साथ थे। उन्होंने लक्ष्मण को इन्द्रजित के वध के लिए प्रेरित किया (यु.८६)।

यह देखकर जब इन्द्रजित ने उसे कुल-द्रोह का आरोप लगाते हुए ललकारा तो विभीषण ने अपने व्यवहार को उचित बताते हुए रावण के दोष बताये और इन्द्रजित को लक्ष्मण का सामना करने के लिए ललकारा (यु. ८७)।

लक्ष्मण और इन्द्रजित का घोर युद्ध जब बड़ी देर तक चला, जिसमें दोनों ही आहत हुए, तब विभीषण लक्ष्मण के साथ जा खड़े हुए और बाणों से राक्षस सेना का संहार करने लगे (यु. ८८)।

उन्होंने लक्ष्मण तथा वानरों को इन्द्रजित के वध के लिए यह कह कर उकसाया कि मैं इसका चाचा होने के कारण इसका वध स्वयं नहीं करना चाहता, परन्तु यह रावण का बहुत बड़ा सम्बल है (यु. ८९)।

राम-रावण युद्ध में विभीषण ने गदा से रावण के रथ के अश्वों को मार डाला। तब क्रोधित होकर रावण ने उस पर एक शक्ति चलायी जिसे लक्ष्मण ने काट दिया। तब रावण ने क्रोधित होकर लक्ष्मण पर घातक शक्ति का प्रहार किया (यु.१००)।

राम ने विभीषण से मृत रावण का प्रेतकर्म करने को कहा तो विभीषण ने यह कहकर मना किया कि रावण कुकर्मी होने के कारण सम्मान के योग्य नहीं था। परन्तु जब राम ने समझाया कि वैर जीवन पर्यन्त ही होता है तो विभीषण ने उसका क्रिया कर्म किया (यु. १११)।

रावण की मृत्यु एवं विभीषण द्वारा उसका संस्कार होने के बाद राम ने लक्ष्मण द्वारा विभीषण का राज्याभिषेक कराया (यु. ११२)।

हनुमान द्वारा सीता का सन्देश पाने पर राम ने विभीषण को भेजा कि वे सीता को स्नान करा कर ले आएँ। विभीषण सीता को श्रृंगार करा के लाये तो वानरों-राक्षसों की भीड़ सीता के दर्शन के लिए टूट रही थी। तभी राम की आज्ञा पाकर वे सीता को सबके सामने ही पैदल चलाकर लाये (यु. ११४)।

राज्य पाने के बाद विभीषण ने राम से कुछ दिन अपना आतिथ्य स्वीकार करने को कहा परन्तु राम को भरत से मिलने की लालसा के कारण अयोध्या लौटने की शीघ्रता थी। यह जानकर विभीषण ने उन्हें जल्दी पहुँचाने के लिए पुष्पक विमान की व्यवस्था की। उन्होंने राम से अयोध्या देखने की इच्छा प्रकट की, तो राम के निमन्त्रण पर सभी प्रमुख वानर वीरों के साथ वे भी राम के साथ हो लिये। जाने से पूर्व, राम के प्रस्ताव पर उन्होंने वानर सैनिकों को धन एवं रत्न बाँटे (यु.१२१-१२२)।

रावण एवं कुम्भकर्ण के साथ विभीषण भी गोकर्ण तीर्थ पर तपस्या के लिए गये थे। ब्रह्माजी ने प्रकट होकर उनसे वर माँगने को कहा तो उन्होंने यही माँगा कि उनकी बुद्धि सदा धर्म में लगी रहे और बिना सीखे उन्हें ब्रह्मास्त्र का ज्ञान हो जाए। ब्रह्माजी ने उन्हें ऐसा ही वरदान दिया (उ. १०)।

रावण को हरकर लायी हुई कन्याओं के साथ देख विभीषण ने उसे धिक्कारा और समझाते हुए यह भी बताया कि उसके दुष्कृत्य के कारण मधु नामक दैत्य उनकी मौसेरी बहन कुम्भीनसी को बलपूर्वक हर ले गया है। उन दिनों रावण दिग्विजय के लिए लंका से बाहर गया हुआ था, कुम्भकर्ण निद्रामग्न था और विभीषण पानी के नीचे रहकर तपस्या कर रहे थे (उ. २५)।

राम के अश्वमेध यज्ञ में सम्मिलित होने का निमन्त्रण पाकर विभीषण प्रमुख राक्षसों के साथ अयोध्या गये थे और अतिथियों के स्वागत का काम सँभाले थे (उ.९१)।

राम के साकेत-गमन का निश्चय सुनकर विभीषण भी राम के साथ ही देह त्यागने का निश्चय करके अयोध्या गये थे। परन्तु राम ने उन्हें मित्रभाव से लंका का पालन करते रहने का आदेश दिया। विभीषण ने राम की आज्ञा मान ली (उ.१०८)।

विमुखः दक्षिण दिशा के ऋषि; राम के राज्याभिषेक के बाद, अन्य ऋषियों के साथ, उनसे मिलने अयोध्या गये (उ. १)।

विराधः एक राक्षस जिसे दण्डकारण्य में राम ने मारा (अर. २-४)। जव नामक राक्षस का पुत्र; माता का नाम शतह्रदा।

उसने तपस्या द्वारा ब्रह्माजी से वर प्राप्त किया था कि किसी शस्त्र से उसका वध नहीं होगा। वह अच्छेद्य, अभेद्य होकर रहेगा।

मूल नाम तुम्बुरु, जो गन्धर्व था, परन्तु कुबेर के शाप के कारण राक्षस बना। शाप था कि राम के हाथों मरने पर ही उसकी मुक्ति होगी। तुम्बुरु रम्भा नामक अप्सरा पर आसक्त होने के कारण ठीक समय से राजा वैश्रवण (कुबेर) की सेवा में उपस्थित न हो सका और इस कारण उसे शाप मिला।

विरूपाक्ष (१): लंकावासी राक्षस (सु. ६)।

अशोकवाटिका उजाड़ने के बाद किंकर एवं मन्त्रीपुत्रों का हनुमान द्वारा वध सुनने पर, रावण ने जिन पाँच मन्त्रियों को हनुमान को पकड़ने के लिए भेजा था, उनमें से एक। हनुमान ने उन पाँचों को आहत कर डाला था (सु. ४६)।

राम के आक्रमण की सम्भावना पर, रावण को चिन्तित होते देख विरूपाक्ष ने अन्य राक्षसों सहित उसे विजय का विश्वास दिलाते हुए निश्चिन्त रहने को कहा था (यु. ९)।

लंका पर प्रथम आक्रमण के दिन विरूपाक्ष का लक्ष्मण से मल्लयुद्ध हुआ, जिसमें लक्ष्मण ने उसे बाण से मार डाला (यु. ४३)।

विरूपाक्ष (२): इन्द्रजित के वध के बाद राम द्वारा राक्षसों का व्यापक संहार सुनकर रावण,महोदर, महापार्श्व और विरूपाक्ष को साथ लेकर, युद्ध के लिए गया था। (यु. ९५) वहाँ सुग्रीव ने विरूपाक्ष को मार डाला (यु. ९६)।

माल्यवान एवं सुन्दरी का पुत्र; वज्रमुष्टि, दुर्मुख, सुप्तघ्न, यज्ञकोप, मत्त, उन्मत्त और अनला का भाई (उ. ५)।

रावण द्वारा देवलोक पर आक्रमण के समय विरूपाक्ष भी उसके साथ था (उ.२७)।

विरूपाक्ष (३): पृथ्वी को धारण करने वाला, पूर्व दिशा का रक्षक दिग्गज (बा.४०)।

विरोचन: विरोचन की पुत्री मन्थरा सारी पृथ्वी का नाश कर डालना चाहती थी तब इन्द्र ने उसका वध किया (बा. २५)।

विवस्वान: इक्ष्वाकु के पूर्वज; कश्यप के पुत्र और प्रथम प्रजापति वैवस्वत मनु के पिता (बा. ७०)।

विशाल: इक्ष्वाकु के पुत्र; माँ का नाम अलम्बुषा। उन्होंने मिथिला के पास विशाला नाम की नगरी बसायी थी। उनके पुत्र थे हेमचन्द्र और क्रमश: उनके वंश में उत्पन्न हुए सुचन्द्र →धूम्राश्व →सृंजय →सहदेव →कुशाश्व →सोमदत्त →काकुत्स्थ →सुमति (बा.४७)।

विश्रवा: मुनि। रावण के पिता।

पुलस्त्य मुनि के पुत्र; राजर्षि तृणबिन्दु के नाती। महर्षि भरद्वाज ने उनके गुणों से प्रभावित होकर अपनी कन्या का विवाह उनसे कर दिया। वैश्रवण (कुबेर) के पिता (उ. ३)।

सुमाली ने अपनी बेटी कैकसी को विश्रवा के पास इस आशय से भेजा कि उसके भी कुबेर जैसे पुत्र हों, और इस प्रकार राक्षस जाति का हित हो। परन्तु कैकसी विश्रवा के सायंकालीन अग्निहोत्र के समय पहुँची। अत: उन्होंने कैकसी को बता दिया कि उसके भयंकर एवं क्रूरकर्मी सन्तान होगी—एक छोटे पुत्र को छोड़कर.। कैकसी से उनके तीन पुत्र हुए—रावण, कुम्भकर्ण और विभीषण—और एक पुत्री हुई—शूर्पणखा।

रावण ने वरदान पाने के बाद, सुमाली एवं प्रहस्त के परामर्श पर कुबेर से जब लंका पर अपना अधिकर दिखाया, तब कुबेर ने पिता से परामर्श लिया। विश्रवा ने अपनी असहाय स्थिति दिखाते हुए कुबेर को सलाह दी कि वे लंका उद्दण्ड रावण को सौंप दें और अपने रहने के लिए कहीं दूर—कैलास पर्वत पर घर बनाएँ (उ.११)।

विश्वामित्र: एक क्षत्रिय राजा, जो तपस्या करके पहले राजर्षि और फिर ब्रह्मर्षि पद पाये। कुशनाभ के पौत्र, गाधि के पुत्र। कुश वंश में जन्म होने के कारण कौशिक भी कहलाये। उनके सत्यवती नामक एक बड़ी बहन थीं जो ऋचीक मुनि को ब्याही गयी थीं (बा. ४३)।

राजा विश्वामित्र सेना सहित एक बार महर्षि वसिष्ठ के आश्रम जा पहुँचे (बा.५०)। वसिष्ठ के बड़े आग्रह पर उन्होंने उनका आतिथ्य स्वीकार किया (बा.५१)।

शबला द्वारा उत्पन्न नाना प्रकार के दिव्य भोजन से तृप्त होकर उन्होंने वसिष्ठजी से, हज़ारों गौएं अथवा अथाह सम्पत्ति के बदले, शबला की माँग की। वसिष्ठजी के मना करने पर वे बलपूर्वक उस गाय को ले चले। तब शबला द्वारा उत्पन्न वसिष्ठ की सेना से उनका भीषण युद्ध हुआ (बा. ५३-५४)।

शबला की सेना से परास्त होकर उन्होंने तप द्वारा ब्रह्माजी से सभी प्रकार के दिव्यास्त्र प्राप्त किये और फिर वसिष्ठजी पर धावा बोल दिया (बा. ५५)। परन्तु

उनके उन सभी अस्त्रों को वसिष्ठजी ने मात्र अपने ब्रह्मदण्ड से काट दिया। तब वे ब्राह्मण बल से प्रभावित होकर ब्राह्मणत्व प्राप्त करने के लिए निकल पड़े (बा.५६)। घोर तपस्या के लिए वे अपनी पत्नी सहित दक्षिण दिशा में गये। वहाँ उनके चार पुत्र हुए—हविष्पन्द, मधुष्पन्द, दृढ़नेत्र एवं महारथ।

जब त्रिशंकु को सदेह स्वर्ग जाने के लिए यज्ञ करने से वसिष्ठ एवं उनके तपस्वी पुत्रों ने मना कर दिया तब वे विश्वामित्र के पास गये। उन्हें शाप द्वारा चाण्डाल के रूप में देखकर विश्वामित्रजी के हृदय में करुणा भर आयी (बा.५८)।

उन्होंने त्रिशंकु को सशरीर स्वर्ग भेजने का वचन दिया और ऋत्विजों को बुलवाकर यज्ञ प्रारम्भ किया। वसिष्ठ के पुत्रों एवं ऋषि महोदय ने यज्ञ में आने का निमन्त्रण स्वीकार नहीं किया तो क्रोध में भरकर उन्होंने वसिष्ठ-पुत्रों को शाप देकर नष्ट कर दिया (बा. ५९)।

उनके शाप के भय से ब्राह्मणों एवं ऋत्विजों ने यज्ञ किया, जिसमें विश्वामित्र स्वयं ही याजक बने। यज्ञ के बाद देवता अपना भाग लेने नहीं आये तो विश्वामित्रजी ने तप-बल द्वारा त्रिशंकु को सशरीर स्वर्ग भेज दिया। वहाँ से इन्द्र द्वारा लौटये जाने पर जब त्रिशंकु गिर रहे थे तो उन्हें बीच में ही रोककर विश्वामित्र ने नये नक्षत्र मण्डल की सृष्टि कर डाली और वे एक नये इन्द्ररहित स्वर्ग का निर्माण करने लगे। देवताओं ने उन्हें ऐसा करने से रोका तो उन्होंने शर्त रखी कि उनके द्वारा निर्मित नक्षत्र सदा बने रहें तथा त्रिशंकु को स्वर्ग जैसा सुख प्राप्त होता रहे। देवताओं ने विश्वामित्र की बातें स्वीकार कीं (बा. ६०)।

विश्वामित्र जब पुष्कर तीर्थ में तपस्या कर रहे थे, तब महाराज अम्बरीष शुनःशेप को यज्ञ-पशु बनाने ले जा रहे थे। शुनःशेप ने अपने मामा विश्वामित्र को अपना दुःख सुनाकर सहायता माँगी तो विश्वामित्र ने अपने पुत्रों से यज्ञ-पशु बनकर शुनःशेप की जीवन रक्षा करने के लिए कहा। पुत्रों के मना करने पर उन्होंने अपने पुत्रों को शाप दिया और शुनःशेप से बलि के समय अग्नि की स्तुति करने को कहा, जिससे उसकी जीवन-रक्षा हो सके (बा. ६२)।

पुष्कर में घोर तपस्या के फलस्वरूप ब्रह्माजी ने उन्हें ऋषि की उपाधि प्रदान की, परन्तु वे तो ब्रह्मर्षि पद चाहते थे, अतः वे तपस्या करते ही रहे। इसी बीच पुष्कर में मेनका नामक अप्सरा आयी जिसे देखकर विश्वामित्र कामासक्त हुए और मेनका उनके अनुरोध पर उनके साथ ही रहने लगी। दस वर्ष बीतते-बीतते विश्वामित्र को पछतावा हुआ और उन्होंने मेनका को क्षमा-याचना सहित विदा किया। वे उत्तर पर्वत (हिमवान) पर जाकर फिर तपस्या में लग गये। तब ब्रह्मा ने पुनः आकर उन्हें श्रेष्ठ ऋषि का पद दिया—परन्तु ब्रह्मर्षि पद नहीं दिया, यह कहकर कि 'तुम जितेन्द्रिय बनने का प्रयास करो'।

विश्वामित्र पुनः घोर तपस्या में लग गये। तब चिन्तित होकर इन्द्र ने रम्भा को तैयार किया (बा. ६३)।

कामदेव की सहायता से इन्द्र ने विश्वामित्र की तपस्या भंग की। आँख खोलते ही उन्होंने रम्भा को देखा तो इन्द्र का कुचक्र समझते ही, रम्भा को शाप दिया कि 'तू पत्थर की प्रतिमा बनकर खड़ी रह.....वर्षों बाद ब्रह्मा के पुत्र वसिष्ठ

तेरा उद्धार करेंगे,' परन्तु इस क्रोध के कारण उनकी तपस्या भंग हुई और तप नष्ट हुआ। वे आगे से क्रोध न करने का संकल्प लेकर वहाँ से चले गये (बा. ६४)।

उत्तर दिशा में जाकर, तपस्या पूर्ण करके जब वे अन्न ग्रहण करने को उद्यत हुए तो इन्द्र ने ब्राह्मण के वेश में जाकर पके अन्न की याचना की। विश्वामित्र ने वह सब भोजन याचक को दे दिया और पुनः मौन व्रत लेकर, साँस रोके हुए ही, तपस्या में लीन हो गये। उनके मस्तक से लपटें उठने लगीं....तो सभी देवता, मानव, राक्षस आदि ने ब्रह्माजी से जाकर प्रार्थना की कि वे विश्वामित्र को मनचाहा वरदान दे दें।

ब्रह्मा ने उनकी घोर तपस्या से प्रसन्न होकर, जब उन्हें ब्राह्मणत्व प्रदान किया और दीर्घायु का वरदान दिया तब प्रसन्न होकर उन्होंने यह वरदान भी माँगा कि ओंकार, वषट्कार और चारो वेद उन्हें प्राप्त हो जाएँ......साथ ही वसिष्ठ स्वयं आकर उनका ब्राह्मणत्व स्वीकार करें।

देवताओं आदि के आग्रह पर वसिष्ठजी ने जाकर उनका ब्राह्मणत्व स्वीकार किया और उनसे मित्रता स्थापित की। तब विश्वामित्र ने भी वसिष्ठजी का पूजन किया (बा. ६५)।

तदनन्तर, भगवान वामन में भक्ति के कारण, वे सिद्धाश्रम में जाकर रहने लगे (बा. २९)।

एक बार मारीच, सुबाहु आदि राक्षस सिद्धाश्रम पहुँचकर उनके यज्ञ में विघ्न डालने लगे तो उन्होंनें दशरथ के पास जाकर कहा कि वे यज्ञ की रक्षा के लिए राम को उनके साथ भेज दें। दशरथ के मना करने पर उन्हें क्रोध आया। तब, वसिष्ठ के समझाने पर, दशरथ ने राम एवं लक्ष्मण को उनके साथ भेज दिया (बा.१८-२२)।

मार्ग में विश्वामित्र ने उन्हें बला-अतिबला नामक विद्याएं प्रदान कीं और मलद, करूष, ताटकवन आदि का परिचय देते हुए ताटका को मारने के लिए प्रेरित किया (बा. २२-२५)।

उन्होंने प्रसन्न होकर राम को अनेकानेक दैविक अस्त्र-शस्त्र प्रदान किए और उनकी संहारक विधि बताई (बा.२७-२८)। राम द्वारा राक्षस-बाधा का निवारण होने पर, यज्ञ पूर्ण कर के, वे राम-लक्ष्मण सहित जनक के यज्ञ में सम्मिलित होने के लिए मिथिला गए। राह में उन्होंने राम-लक्ष्मण को अनेक ज्ञानवर्धक कथाएं सुनाईं (बा.३१-५०)। मिथिला में उन्होंने महाराज जनक से शिवजी का धनुष राम-लक्ष्मण को दिखाने का अनुरोध किया (बा. ६६)।

राम और लक्ष्मण का जनक की कन्याओं से विवाह तय हो जाने पर, उन्होंने भरत एवं शत्रुघ्न के लिए कुशध्वज की कन्याओं का प्रस्ताव रखा (बा. ७२)।

राम विवाह के अगले दिन विदा लेकर वे उत्तर पर्वत, जहाँ कौशिकी के तट पर उनका आश्रम था, चले गये (बा. ७४)।

राम के राज्याभिषेक के बाद जो ऋषि उनसे मिलने गये थे, उनमें विश्वामित्र भी थे (उ. १)।

विष्णुः तीन आदि देवता—ब्रह्मा, विष्णु, महेश—में से एक, जो सृष्टि के पालनहार माने जाते हैं। क्षीर-सागर शायी; गरुड़ जिनका वाहन है।

देवताओं की प्रार्थना के फलस्वरूप, मनुष्यरूप में आततायी रावण को मारने के लिए अवतरित (बा. १५)। पूर्वकाल में सिद्धाश्रम में रहकर तपस्या की थी। विष्णु से भागते हुए दैत्यों ने एक बार भृगुऋषि की पत्नी की शरण ली। इससे क्रोधित होकर विष्णु ने भृगु-पत्नी का सर काट दिया (बा. २५)। तब भृगु ने क्रोधित होकर विष्णु को शाप दिया कि वे मनुष्य लोक में जन्म लें तथा पत्नी का वियोग सहें। भगवान विष्णु ने उनका वह शाप स्वीकार कर लिया (उ. ५१)।

सुकेश के पुत्र—माल्यवान, सुमाली तथा माली—द्वारा पीड़ित होकर देवता एवं ऋषिगण जब रक्षा के लिए शिव के पास गये तो शिव ने अपनी असमर्थता बताकर उन्हें विष्णु के पास भेज दिया। विष्णु ने उन्हें सुरक्षा देने के लिए लंका पर आक्रमण करने का निश्चय किया। उधर, यह समाचार पाकर राक्षसगण विष्णु पर आक्रमण करने निकल पड़े (उ. ६)। विष्णु ने घनघोर युद्ध करके राक्षसों के छक्के छुड़ा दिये और माली का मस्तक अपने चक्र से काट गिराया (उ. ७)।

विहंगमः राक्षस; खर का एक प्रमुख सैनिक। उन बारह में से एक, जो राम पर आक्रमण के समय खर को घेरकर चले थे (अर. २३)।

विहारः वानर यूथपति, जिनके वर्ग की संख्या एक लाख चालीस हजार थी (यु. २६)।

वीरबाहुः वानर; सुग्रीव के मन्त्रियों में से एक (कि. ३३)। राम की वानर सेना का एक यूथपति।

लंका पर प्रथम आक्रमण के समय वीरबाहु ने सुबाहु, नल और पनस के साथ लंका के परकोटे पर चढ़कर वहीं अपना पड़ाव डाल दिया था (यु. ४२)।

वृत्रासुरः एक असुर। ज्ञानी, स्थितिप्रज्ञ, धर्मपरायण और सब पर स्नेह रखने वाला। दीर्घाकार।

पूर्वकाल में जब देवताओं और असुरों में वैर नहीं था, उसका अपना राज्य था। एक समय मन में तपस्या का विचार आने पर वह अपने ज्येष्ठ पुत्र मधुरेश्वर को राज्य सौंपकर तप करने लगा। उसके कठोर तप से चिन्तित होकर इन्द्र ने भगवान विष्णु से उसे मारने का आग्रह किया। परन्तु व्यक्तिगत रूप से वृत्रासुर से स्नेह सम्बन्ध होने के कारण विष्णु ने उसे मारने में असमर्थता दिखायी। साथ ही, देवताओं के प्रति उत्तरदायित्व होने के कारण, वृत्र को मारने के लिए उन्होंने इन्द्र को अपना तेज प्रदान किया। तब इन्द्र ने तपस्यारत वृत्र के पास जाकर वज्र प्रहार द्वारा उसका वध किया (उ. ८४-८५)।

वृषपर्वाः दैत्य; ययाति की पत्नी, शर्मिष्ठा, के पिता (उ. ५८)।

वृषभः वानर; जिन्हें सुग्रीव ने सीता की खोज के लिए दक्षिण दिशा की ओर अंगद, हनुमान आदि के साथ भेजा था (कि. ४१)।

वेगदर्शीः एक वानर यूथपति। राम की सेना जब किष्किन्धा से दक्षिण की ओर चली तब सेना के पृष्ठभाग की रक्षा, सुषेण एवं जाम्बवान के साथ, वेगदर्शी भी कर रहे थे (यु. ४)।

लंका पर प्रथम आक्रमण के समय राम ने जो पुरुष-व्यूह बनाया था उसमें वेगदर्शी, जाम्बवान तथा सुषेण के साथ, कुक्षिभाग में रखे गये थे (यु. २४)। वे गवय नाम से भी जाने जाते थे।

राम के राज्याभिषेक के समय वे पश्चिम दिशा के महासागर से जल भरकर लाए थे (यु.१२८)।

वेदवती: पूर्वकाल में रावण ने वेदवती के साथ बलात्कार किया था, तब उसने रावण को शाप दिया था। राम द्वारा परास्त होकर रावण को लगा कि सीता के रूप में वेदवती ही प्रकट हुई है (यु. ६०)।

वेदपाठी महर्षि कुशध्वज की पुत्री जो विष्णु को प्राप्त करने के लिए हिमालय के एक वन में तपस्या कर रही थी। रावण उसे देखकर काम मोहित हुआ और विष्णु को अपने से छोटा बताते हुए वेदवती को भार्या बनाने के लिए आग्रह करने लगा। वेदवती के मना करने पर जब रावण ने उसके केश पकड़े तो वह रावण को अन्य जन्म में वध करने का शाप देकर अग्नि में समा गयी।

अगले जन्म में उसकी कमल-सी कान्ति देखकर रावण ने उसे उठा लिया। परन्तु जब मन्त्रियों ने रावण को बताया कि वह कन्या उसकी मृत्यु का हेतु बनेगी तो रावण ने उसे समुद्र में फिंकवा दिया। वही भूमि में समाकर जनक के क्षेत्र में उन्हें हल चलाते समय मिली और सीता बनी (उ. १७)।

वैवस्वत मनु: इक्ष्वाकु के पिता; विवस्वान के पुत्र। प्रथम प्रजापति (बा. ७०)।

वैश्रवण: (देखिए, कुबेर भी) पुलस्त्य के पौत्र; विश्रवा के पुत्र, रावण के भाई। उनकी तपस्या से प्रसन्न होकर ब्रह्मा, इन्द्र आदि देवता उनके सामने प्रकट हुए और वरदान में उन्हें (यम, इन्द्र, वरुण के बाद) चौथा लोकपाल बनाकर, पुष्पक विमान भेंट किया।

वे निवास के लिए पिता विश्रवा के परामर्श पर लंका पहुँचकर राज्य करने लगे। लंका में उनके बसते ही (भगवान विष्णु के भय से भागे हुए) राक्षस पुनः लंका में लौट आये और वैश्रवण राक्षसों के राजा बनकर सुखपूर्वक रहने लगे (उ.३)।

रावण आदि को वरदान प्राप्त होने के बाद, सुमाली तथा प्रहस्त के समझाने पर, रावण ने कुबेर के पास सन्देश भेजा कि लंका वास्तव में राक्षसों की है और वे उसे रावण को दे दें। कुबेर ने रावण का आग्रह देखकर, और फिर पिता विश्रवा का परामर्श पाकर, लंका रावण को सौंप दी और पिता के आदेशानुसार अपने निवास के लिए कैलास पर्वत पर उन्होंने अलकापुरी बसायी (उ. ११)।

पार्वती पर दृष्टि डालने के कारण एक आँख जल गयी तथा दूसरी पिंगल वर्ण की हो गयी; इस कारण उनका नाम एकाक्ष-पिंगली भी पड़ गया (उ. १३)।

रावण द्वारा ऋषियों को सताने का समाचार पाकर कुबेर ने रावण के पास एक दूत भेजकर कहलाया कि वह सदाचार के मार्ग पर चले। इस परामर्श ने रावण को कुपित किया (उ. १३)। रावण ने उन पर आक्रमण करके यक्षों को रौंदना प्रारम्भ किया तो कुबेर ने पहले संयोधकण्टक को भेजा, परन्तु वह रावण की सेना को रोक

नहीं सका। उसके बाद कुबेर के द्वारपाल सूर्यभानु ने उन्हें रोकने का प्रयत्न किया परन्तु वह रावण के हाथों मारा गया (उ. १४)।

तब कुबेर ने मणिभद्र को भेजा (उसका नाम पार्श्वमौलि भी पड़ा) परन्तु रावण ने उसे भी मार भगाया। तब कुबेर स्वयं शुक, प्रौष्ठपद, शंख और पद्म को साथ लेकर युद्ध करने गये। परन्तु माया द्वारा कुबेर को हरा कर रावण ने उनका पुष्पक विमान ले लिया (उ. १५)।

शंखः यक्ष। धन के अधिष्ठाता। रावण के आक्रमण करने पर कुबेर जब उससे युद्ध करने गये तब शंख भी उनके साथ थे (उ. १५)।

शंखणः इक्ष्वाकुवंशी, अयोध्या के राजा। प्रवृद्ध के पुत्र और सुदर्शन के पिता (बा.७०)।

शचीः पुलोम नामक दानव की पुत्री। वह इन्द्र के प्रति अनुरक्त थी। फिर भी अनुह्लाद नामक दानव ने पुलोम को फुसलाकर उसकी अनुमति से शची का हरण किया। जब इन्द्र को इस बात का पता चला तब उन्होंने अनुह्लाद का वध करके शची का वरण किया (कि. ३९)।

शठः लंकावासी राक्षस। लंका में सीता की खोज करते हुए, हनुमान शठ के महल में भी गये थे (सु. ६)।

शतबलिः सावर्णमेरु निवासी वानर यूथपति, जिसके नेतृत्व में वानरों का एक दल सुग्रीव ने, सीता की खोज के लिये, उत्तर दिशा की ओर भेजा था (कि. ४३)। वे सीता को नहीं खोज पाये और किष्किन्धा लौटे (कि. ४७)।

राम की सेना जब किष्किन्धा से दक्षिण की ओर चली. तब सेना की रक्षा का कार्य शतबलि पर था (यु. ४)।

लंकापर प्रथम आक्रमण के समय वे दक्षिण द्वार पर डट गये थे (यु. ४२)।

शतबलिकाः एक वानर यूथपति, जो बहुत बड़े वानर दल के साथ सुग्रीव के आदेश पर किष्किन्धा पहुँचा था (कि. ३९)।

शतह्लदाः विराध नामक राक्षस की माँ; जव की पत्नी (अर. ३)।

शतानन्दः ऋषि गौतम एवं अहल्या के पुत्र। महाराज जनक के राजगुरु। उन्होंने राम एवं लक्ष्मण को, जनकजी के सामने, महर्षि विश्वामित्र की सम्पूर्ण कथा सुनायी (बा. ५१)।

शत्रुघातीः शत्रुघ्न के छोटे पुत्र; सुबाहु के अनुज।

राम के साथ देह त्यागने के लिए जाते समय शत्रुघ्न ने सुबाहु को मधुरा का और शत्रुघाती को विदिशा का राज्य प्रदान किया था (उ. १०७)।

शत्रुघ्नः महाराज दशरथ एवं सुमित्रा के पुत्र; दशरथ के चार पुत्रों में सबसे छोटे। सुमित्रा के जुड़वाँ बेटों में छोटे—लक्ष्मण से छोटे; लक्ष्मण के छोटे जुड़वाँ भाई। सुबाहु एवं शत्रुघाती के पिता।

राम ने जब लव-कुश को अपने भवन में बुलाकर रामायण गान करने को कहा था, तब अन्य भाइयों सहित शत्रुघ्न भी वहाँ उपस्थित थे (बा. ४)। आश्लेषा

नक्षत्र और कर्क लग्न में जन्म (बा. १८)। बचपन से ही भरत के प्रति विशेष अनुराग।

सीता एवं राम के विवाहोपरान्त, विश्वामित्र ने शत्रुघ्न के लिए कुशध्वज की दूसरी कन्या का विवाह प्रस्ताव रखा, जो स्वीकृत हुआ (बा. ७२)। श्रुतकीर्ति से विवाह (बा. ७३)। अयोध्या लौटने के कुछ समय बाद ही, जब भरत के मामा उन्हें ननिहाल ले जा रहे थे, तब शत्रुघ्न भी भरत के साथ ही केकय प्रदेश चले गये (बा.७७)।

दशरथ की मृत्यु के बाद, भरत के साथ ही शत्रुघ्न भी अयोध्या लौट आये। राम वनवास के सम्बन्ध में दुःखी होकर उन्होंने भी सोचा कि लक्ष्मण ने पिता को बन्दी बनाकर, राम को इस संकट से मुक्त क्यों नहीं कराया। तभी एक द्वारपाल के यह बताने पर कि मन्थरा के भड़काने के कारण ही वह सब अनिष्ट हुआ था, उन्होंने मन्थरा को प्रताड़ित किया, परन्तु अन्त में भरत के कहने से उसे छोड़ दिया (अ. ७८)।

राम को वन से लौटा लाने को, भरत के साथ, शत्रुघ्न भी गये थे और उन्हीं के साथ राम की पादुकाएँ लेकर लौट आये (अ. ११३)।

राम के वन से लौटने पर, स्वागत करके शत्रुघ्न ने राम एवं लक्ष्मण को शृंगार धारण कराया (यु. १२८)।

ऋषियों की रक्षा के लिए, राम जब लवणासुर को मारने के लिए किसी को मधुपुर भेजना चाहते थे, तब भरत को रोककर शत्रुघ्न ने स्वयं जाने की इच्छा प्रकट की। राम ने उन्हें अनुमति दे दी। जाने से पहले राम ने उन्हें लवणासुर के नगर मधुपुर का राजा बनाकर उनका अभिषेक किया (उ. ६२)। शत्रुघ्न को उस अभिषेक से संकोच हुआ, क्योंकि बड़े भाइयों के रहते उनका राज्याभिषेक अधर्म था, परन्तु राम के आगे वे कुछ कह न सके। अभिषेक के बाद राम ने उन्हें लवणासुर के शूल और वरदान की बात बताते हुए सलाह दी कि वे सेना को पीछे छोड़कर अकेले मधुपुर जाएँ और जब लवणासुर भोजन के लिए बाहर निकले, उसकी राह रोककर उसे युद्ध प्रदान करें (उ. ६३)।

शत्रुघ्न सेना को आगे भेजकर, एक माह बाद स्वयं मधुपुर के लिए निकले (उ.६४)।

दो दिन राह में बिताकर वे वाल्मीकि आश्रम में पहुँचे और रात को वहीं ठहरे। वहाँ उन्होंने एक वेदी देखकर उसके विषय में जानना चाहा तो वाल्मीकि ने उन्हें मित्रसह (कल्माषपाद) के शाप की कथा सुनायी (उ. ६५)।

उसी रात सीता ने दो पुत्रों को जन्म दिया। यह समाचार पाकर शत्रुघ्न सीता से मिले और उनसे अपनी प्रसन्नता व्यक्त की। प्रसन्नचित्त रात बिताकर वे प्रातःकाल प्रस्थित हुए और यमुनातट पर पहुँचकर कुछ समय मुनियों के आश्रम में रहे (उ.६६)।

वहीं उन्हें कथा सुनने को मिली कि पूर्वकाल में उनके एक पूर्वज युवनाश्वपुत्र मान्धाता मधुवन में लवणासुर पर आक्रमण करने गये थे, परन्तु लवणासुर ने उन्हें सेना सहित भस्म कर दिया (उ. ६७)।

अगले दिन शत्रुघ्न ने लवणासुर को, शिकार के बाद उसके भवन में लौटने से रोककर, युद्ध के लिए ललकारते हुए अपना परिचय दिया। लवणासुर ने भीतर जाकर अपना शस्त्र लाने का समय माँगा परन्तु शत्रुघ्न ने उसे समय नहीं दिया। युद्ध में एक बार तो शत्रुघ्न मूर्छित हो गये, पर चेत होते ही उन्होंने राम का दिया हुआ अमोघ बाण मार कर लवणासुर को धराशायी कर दिया (उ. ६८-६९)।

मधुरापुरी को बसाकर बारहवें वर्ष में शत्रुघ्न ने राम के दर्शनार्थ अयोध्या जाने का विचार किया (उ. ७०)।

राह में सात-आठ स्थानों पर पड़ाव डालते हुए वे वाल्मीकि आश्रम पर पहुँचे और रात को वहीं रहे। भोजन के बाद रात को उन्होंने संगीतबद्ध रामकथा का पाठ सुना, परन्तु कुछ पूछने का उन्हें साहस नहीं हुआ (उ. ७१)।

अयोध्या पहुँचकर लवणासुर-वध एवं मधुरापुरी बसने के समाचार के साथ ही उन्होंने राम से अयोध्या लौटने की अनुमति माँगी, परन्तु राम ने उन्हें राजा का कर्त्तव्य याद दिलाते हुए मधुरापुरी में ही बसने को कहा और कहा कि वे कभी-कभी उनसे मिलने अयोध्या आते रहें। वे सात दिन अयोध्या रुककर लौट पड़े। लक्ष्मण तथा भरत उन्हें दूर तक पैदल पहुँचाने गये (उ. ७२)।

राम के अश्वमेध यज्ञ में शत्रुघ्न भी आये थे (उ. ९२)।

लक्ष्मण के स्वर्गवास के बाद, लव-कुश को कोसल राज्य प्रदान करके राम ने शत्रुघ्न को बुलाने के लिए मधुरापुरी दूत भेजे (उ. १०२)। समाचार सुनकर उन्होंने स्वयं अपने प्राणान्त का निर्णय भी सुनाया और अपने पुत्र सुबाहु को मधुरा का तथा शत्रुघाती को विदिशा का, राज्य प्रदान किया। फिर वे अयोध्या के लिए प्रस्थित हुए। राम की अनुमति पाकर महाप्रयाण के लिए वे राम के पीछे-पीछे सरयू की ओर गये (उ. १०९)।

शबरी: धर्मचारिणी संन्यासिनी। पम्पा सरोवर के पश्चिमी तट पर आश्रम।

कबन्ध के परामर्श पर सीता की खोज के लिए, राम एवं लक्ष्मण शबरी के आश्रम पर पहुँचे। वहाँ शबरी ने उनका स्वागत-सत्कार करके उन्हें अपने गुरुओं के विषय में बताया और मतंग वन दिखाया। फिर वह राम से आज्ञा लेकर अपने गुरुओं के पास जाने के लिये अग्नि में प्रविष्ट हो गईं (अर. ९८)।

शबला: महर्षि वसिष्ठ की होम-धेनु (कामधेनु)। विश्वामित्र जब राजा थे और सेना सहित वसिष्ठ के आश्रम पर पहुँचे, तब शबला द्वारा महर्षि वसिष्ठ ने राजा एवं सेना के लिए राजोचित भोजन का प्रबन्ध किया (बा. ५२)।

विश्वामित्र ने प्रभावित होकर जब शबला की माँग की तो वसिष्ठ ने मना कर दिया। इस कारण क्रोधित होकर विश्वामित्र उसे घसीट ले चले। तब शबला ने वसिष्ठ को ब्राह्मण बल का ज्ञान कराया और आज्ञा पाकर अपार सेना उत्पन्न की—पहले पह्लव और फिर यवन मिश्रित शक जाति के वीर (बा.५३-५४)।

शम्बर: (तिमिध्वज भी) दानवराज सुबाहु का पिता (अ. ४४)।

शम्बरासुर: एक असुर जिसे इन्द्र ने मारा था (सु. १६)।

शम्बसादनः एक दैत्य, जिसका गोकर्ण तीर्थ में, हनुमान के पिता, केसरी ने वध किया था (सु. ३५)।

शम्बूकः एक शूद्र जो दक्षिण दिशा के शैवल पर्वत के उत्तरी भाग में सशरीर स्वर्ग जाने के लिए घोर तपस्या कर रहा था । नारद के अनुसार उसी के कारण ब्राह्मण के बालक की मृत्यु हुई थी ।

राम ने उसे प्राण-दण्ड दिया था (उ. ७६)।

शरगुल्मः वानर; जिन्हें सुग्रीव ने सीता की खोज के लिए अंगद, हनुमान आदि के साथ दक्षिण दिशा की ओर भेजा था (कि. ४१)।

शरभंगः दण्डकारण्य में तपस्यारत एक ऋषि (अर. ५)। राम अपने वनवासकाल में उनके आश्रम पर गये थे । वे राम को सुतीक्ष्ण मुनि का पता बताकर अपने जर्जर शरीर का अन्त करने के लिए अग्नि में प्रविष्ट हो गये ।

शरभः महाबली पर्जन्य की सन्तान । वानर; सुग्रीव के मन्त्रियों में से एक (कि. ३३)। साल्वेय पर्वत का निवासी (यु. २६)।

राम की सहायता के लिए सुग्रीव की आज्ञा पर जो सेनाएँ एकत्र करके लाये थे, उनमें से एक यूथपति (कि. ३९)।

दक्षिण सागर पार करने की समस्या प्रकट होने पर शरभ ने कहा था कि वे एक छलाँग में केवल तीस योजन तक जा सकते हैं (। कि. ६५)।

शरारिः वानर; जिन्हें सुग्रीव ने सीता की खोज के लिए अंगद, हनुमान आदि के साथ दक्षिण दिशा में भेजा था (कि. ४१)।

शर्मिष्ठाः ययाति की एक पत्नी । दैत्यकुल के वृषपर्वा की पुत्री । पति को प्रिय । पुरु की माँ (उ. ५८)।

शशबिन्दुः राजा इल के ज्येष्ठ पुत्र (उ. ८९)। जब राजा इल ने बाह्लिक छोड़ा तो शशबिन्दु वहाँ के राजा हुए (उ. ९०)।

इक्ष्वाकुवंशी, अयोध्या नरेश असित के शत्रु, जिन्होंने हैहय एवं तालजंघ के साथ मिलकर असित को हराया था (अ .११०)।

शान्ताः अंगदेश के राजा रोमपाद की पुत्री, जिसका विवाह मुनिकुमार ऋष्यशृंग से हुआ। जब ऋष्यशृंग महाराज दशरथ का पुत्रेष्टि यज्ञ कराने अयोध्या गये, तब शान्ता भी उनके साथ जाकर वहाँ रहीं (उ. ११-१८) ।

शार्दूलः रावण का एक गुप्तचर; लंकावासी राक्षस । शार्दूल ने समुद्र के उत्तरी तट पर राम की वानर-सेना का आगमन देखकर रावण को सूचना दी थी (यु. २०)।

राम की सेना द्वारा सागर पार करने के बाद, रावण ने शार्दूल के साथ गुप्तचरों को राम की सेना का विस्तृत समाचार लेने भेजा । परन्तु वहाँ विभीषण ने उन सबको पहचान लिया । वानरों ने उनकी पिटाई की, परन्तु तभी राम ने उन सबको छुड़ा दिया (यु. २८)।

शिक्षः उन पाँच गन्धर्वों में से एक, जो दक्षिण सागर के बीच ऋषभ पर्वत पर चन्दन वन पर राज करते हैं (कि. ४१)।

शिग्रुः देखिए, शिक्ष।

शिवः ब्रह्मा, विष्णु, महेश नाम के तीन आदि देवताओं में से तीसरे । शंकर, पशुपति, रुद्र महेश, गिरिजापति, महादेव, नीलकंठ आदि नामों से भी ज्ञात।

हिमवान की पुत्री उमा के साथ विवाह के सौ दिव्य-वर्ष बाद भी जब शिव के कोई पुत्र नहीं हुआ तो देवताओं ने उन्हें रति-क्रीड़ा से निवृत्त होकर तप करने का परामर्श दिया। शिव ने उनका अनुरोध स्वीकार किया। इस पर उमा ने सभी देवताओं को शाप दिया और शिव उन सब को शाप से पीड़ित देखकर, पश्चिम दिशा की ओर तपस्या करने चले गए (बा. ३६)।

शिव जब उमा के साथ तपस्यारत थे, उन्हीं दिनों देवताओं ने ब्रह्मा के पास जाकर अपने लिए सेनापति माँगा। ब्रह्मा ने परामर्श दिया कि शिव का तेज जो अग्नि में निहित था, गंगा धारण करें। परन्तु गंगा की असमर्थता के कारण वह गर्भ हिमालय के पार्श्व भाग में स्थापित कर दिया गया, जिससे कार्तिकेय का जन्म हुआ (बा.३७)।

देवताओं और दैत्यों द्वारा सागर-मन्थन के समय जब हलाहल निकला, तो देवताओं की करुण पुकार सुनकर शिव वहाँ प्रकट हुए और भगवान विष्णु के कहने से उन्होंने वह विष अपने कण्ठ में धारण कर लिया (उ. ४६)।

राम की लंका-विजय के बाद, सीता की अग्नि-परीक्षा के समय सभी देवताओं के साथ भगवान महादेव भी राम के पास गए थे—यह कहने कि वे ही विष्णु के अवतार हैं और उन्हें सीता की उपेक्षा नहीं करनी चाहिए (उ. ११७)।

राम ने जब देवताओं तथा अग्नि के कहने पर सीता को स्वीकार लिया तब शिव ने, रावण विजय के लिए उन्हें साधुवाद देते हुए, विमान-स्थित दशरथ का दर्शन कराया (उ. ११९)।

शिव ने सुकेश को जन्मते ही त्यक्त एवं रोता देखकर नवयुवक बनाकर सम्पत्ति एवं विमान देकर सम्पन्न बना दिया था। जब सुकेश के तीनों पुत्र माल्यवान, सुमाली तथा माली भी तपस्या द्वारा ब्रह्माजी का वरदान पाकर देवताओं आदि को सताने लगे तब देवताओं ने उनसे अभय दान माँगा। शिव ने सुकेश पर जन्म सम्बन्धी स्नेह होने के कारण अपनी असमर्थता दिखायी और देवताओं को विष्णु के पास भेजा (उ. ६)।

रावण जब कुबेर को जीतकर शरवण से होकर निकल रहा था तब अचानक पुष्पक विमान रुक गया। तभी शंकर के पार्षद नन्दी ने आकर उसे बताया कि वह भगवान शंकर का क्रीड़ा-स्थल है और वहाँ यक्ष, नाग, गन्धर्व, राक्षस आदि का आना मना है। इस पर क्रुद्ध होकर रावण ने शिव के पर्वत को उखाड़ फेंकने के लिए पर्वत के नीचे हाथ लगाकर उसे हिलाया। तब शिव ने अपने पैर के अँगूठे से उस पर्वत को ऐसे दबाया कि रावण चीत्कार कर उठा। उसने शिव की स्तुति की तो उन्होंने उसे मुक्त किया और उसे रावण (तीनों लोकों को रुलाने वाला) नाम दिया (उ. १६)।

रावण भगवान शंकर का भक्त बन गया था। महिष्मतीपुरी में अर्जुन की प्रतीक्षा करते समय उसने नहा-धोकर बालू पर शिवलिंग स्थापित किया और वह उसकी पूजा करने के बाद गाने और हाथ फैलाकर नाचने लगा (उ. ३१)।

मधु की आराधना से प्रसन्न होकर भगवान शिव ने उसे एक परम शक्तिशाली त्रिशूल दिया था जो उसके सभी शत्रुओं का नाश करके उसके पास लौटता रहता था। मधु ने शंकर से विनती की कि वह त्रिशूल उसके वंशजों के पास भी रहे, परन्तु उन्होंने यह असम्भव बताते हुए मात्र यह वर दिया कि त्रिशूल केवल उसके एक पुत्र को मिलेगा और वह पुत्र तब तक अवध्य रहेगा, जब तक कि वह त्रिशूल उसके हाथ में है (उ. ६१)।

शरवण में एक बार उमा के साथ क्रीड़ा करते समय शिव स्त्रीरूप में विचर रहे थे । उस समय बन के जीव-जन्तु, लता, वृक्ष आदि सभी स्त्रीलिंग-धारी हो गए थे, उन्हीं दिनों वहाँ विचरते हुए वाह्लिक के राजा इल भी स्त्री बन गए । उन्होंने शिव जी से पुनः पुरुषत्व प्राप्ति के लिए प्रार्थना की, परन्तु शिव जी ने उनकी प्रार्थना अस्वीकार करते हुए मात्र इतना किया कि वे बारी-बारी एक-एक माह के लिए स्त्री और पुरुष बनते रहेंगे और हर बार उन्हें अपनी पिछले रूप में हुई घटनाएं भूल जाएंगी (उ. ८७)। बाद में अश्वमेध यज्ञ द्वारा इल को पुनः पुरुषत्व प्राप्त हुआ (उ.९०)।

शीघ्रगः इक्ष्वाकुवंशी, अयोध्या के एक राजा । अग्निवर्ण के पुत्र और मरु के पिता (बा.७०)।

शुक (१): लंकावासी राक्षस (सु. ६)। रावण का गुप्तचर एवं दूत (यु. २०)।

शुक सुग्रीव के पास रावण का मैत्री सन्देश लेकर गया था परन्तु वहाँ वानरों ने उसे पकड़कर उसको मारा-पीटा । तब राम से सहायता माँगने पर राम ने उसे छुड़वा दिया (यु. २०)। फिर राम ने उससे कहा कि रावण से कह देना कि मैं तुम्हारा वध करने के लिए आ गया हूँ । शुक राम के साथ ही सागर पार आया था । राम ने व्यूह बनाने के बाद शुक को रावण के पास जाने के लिए छोड़ दिया ।

शुक ने रावण के पास जाकर राम के लंका पहुँचने एवं उनकी विशाल एवं बलवान सेना की सूचना दी और परामर्श दिया कि या तो घोर युद्ध के लिए तैयार हो जाइए या सीता को छोड़ दीजिए (यु. २४)।

रावण ने शुक को पुनः सारण के साथ राम की सेना के विषय में विस्तृत जानकारी प्राप्त करने के लिए भेजा, जहाँ विभीषण ने उसे पहचान लिया, परन्तु राम ने उसे पुनः छोड़कर रावण के पास अपने आक्रमण की सूचना भेजी । शुक ने पुनः राम की प्रशंसा करते हुए, रावण से सीता को लौटाने की प्रार्थना की (यु. २५)।

शुक एवं सारण ने राम की सेना का निरीक्षण करके जब रावण को विस्तृत सूचना दी तो रावण ने उन्हें शत्रुपक्ष की प्रशंसा करने के लिए फटकारा और राज्य से निकल जाने को कहा (यु. २८)।

राम द्वारा लंका पर आक्रमण का समाचार पाकर रावण ने शुक एवं सारण के साथ स्वयं उत्तर द्वार की रक्षा का भार लिया था (यु. ३६)।

रावण जब कुबेर पर आक्रमण करने के लिए कैलास पर्वत पर गया था तब अन्य तीन सेनापतियों सहित शुक भी साथ था (उ. १४)। रावण द्वारा देवलोक पर आक्रमण के समय भी शुक उसके साथ था (उ. २७)।

शुक (२): उन पाँच गन्धर्वों में से एक, जो दक्षिण सागर के बीच ऋषभ पर्वत पर स्थित चन्दन वन पर राज करते हैं (कि. ४१)।

शुकनाभ: लंकावासी राक्षस । लंका में सीता की खोज करते हुए हनुमान शुकनाभ के महल में भी गए थे (सु. ६) ।

शुक्र: यक्ष । कुबेर के एक मन्त्री (उ. १५)। कुबेर जब रावण से युद्ध करने गये तब शुक्र भी उनके साथ थे ।

शुक्राचार्य: भृगु ऋषि के पुत्र । उन्होंने मेघनाद के सात यज्ञ करवाये थे, जिनके द्वारा उसे भगवान पशुपति से अनेक दिव्य वरदान प्राप्त हुए थे (उ. २५)।

ययाति की पत्नी देवयानी के पिता । देवयानी के प्रति ययाति की उदासीनता देखकर उन्होंने ययाति को जरा एवं शारीरिक शिथिलता का शाप दिया था (उ.५८)।

इक्ष्वाकु के सौवें (सबसे छोटे) पुत्र, दण्ड के पुरोहित । अरजा के पिता । उन्होंने दण्ड को अरजा के साथ बलात्कार करने के कारण शाप दिया, जिससे उनका राज्यप्रान्त धूलवर्षा द्वारा नष्ट हो गया और कालान्तर में दण्डकारण्य कहलाया । वे अपनी बेटी को उसी प्रदेश में छोड़कर तथा परमात्मा में ध्यान लगाने का परामर्श देकर दूसरे राज्य में चले गये (उ. ८१)।

शुनःशेप: भृगुपुत्र, मुनि ऋचीक का मँझला बेटा । राजा अम्बरीष ने जब, इन्द्र द्वारा अपना यज्ञ-पशु चुराये जाने के कारण, पुरुष-पशु ख़रीद लाने के उद्देश्य से ऋचीक मुनि से अपना एक बेटा बेचने के लिए कहा तो शुनःशेप ने देखा कि प्रिय होने के कारण पिता अपने बड़े बेटे को नहीं दे रहे हैं और माँ अपने छोटे बेटे को । यह देखकर शुनःशेप स्वयं ही, पिता को धन दिलवाने के उद्देश्य एवं दुःख के कारण, राजा अम्बरीष के साथ यज्ञपशु बनने के लिए चल पड़ा (बा. ६१)।

राह में, पुष्कर तीर्थ में, तपस्यारत अपने मामा विश्वामित्र से मिला और उनसे सहायता माँगी । विश्वामित्र ने उसे बलि से पहले इन्द्र एवं उपेन्द्र की स्तुति करने का परामर्श दिया । शुनःशेप के ऐसा करने पर इन्द्र से दीर्घायु का वरदान पाकर वह बच गया (बा. ६२)।

शुनक: भृगुपुत्र, मुनि ऋचीक का छोटा बेटा । जब राजा अम्बरीष ने, यज्ञ-पशु इन्द्र द्वारा चुराये जाने के कारण, पुरुष-पशु ख़रीद लाने के उद्देश्य से ऋचीक से एक पुत्र बेचने को कहा तो मुनि ने बड़े बेटे को देने से मना किया और उनकी पत्नी ने शुनक को प्रिय बेटा बताकर बेचना अस्वीकार कर दिया (बा. ६१)।

शूर्पणखा (१): राक्षसी, रावण की बहन, जो जनस्थान में रहती थी । एक दिन पर्णकुटी के पास पहुँचकर, राम के प्रति काम-मोहित हो गयी और उसने राम से विवाह की इच्छा प्रकट की । राम ने उसे लक्ष्मण के पास भेजा और लक्ष्मण ने भी उसे निराश किया। सीता को अपने मार्ग में बाधा जानकर वह सीता को मारने के

लिए झपटी तो लक्ष्मण ने उसके नाक-कान काट दिये । रोती-चिल्लाती वह अपने भाई खर के पास गयी (अर. १७-१८)।

राम ने जब खर-दूषण आदि को मार डाला, तब शूर्पणखा निराश होकर रावण के पास लंका गयी (अर. ३२) और वहाँ जाकर उसने रावण को अपनी स्थिति के लिए धिक्कारते हुए राम के विरुद्ध भड़काया (अर. ३३)।

शूर्पणखा का पति विद्युज्जिह्व रावण के साथ विश्वविजय यात्रा पर गया था । उसी बीच कालकेय नामक दानवों से युद्ध करते समय, रावण के हाथों विद्युज्जिह्व का वध हुआ । लंका लौटने पर रावण से शूर्पणखा ने जब अपना दुःख सुनाया तो रावण ने उसे मौसेरे भाई खर के साथ जनस्थान भेज दिया (उ. २४)।

शूर्पणखा (२): लंका की राक्षसी । अशोकवाटिका में सीता पर चौकसी के लिए रावण ने जो राक्षसियाँ नियुक्त की थीं, उनमें से एक(सु. २४)।

शैलूष (१): सिन्धु नदी के तटों पर बसे गन्धर्व प्रदेश के राजा । युधाजित के कहने पर राम द्वारा भेजे गये भरत ने गन्धर्व प्रदेश पर आक्रमण करके उसे जीता और वहाँ तक्षशिला तथा पुष्कलावत नाम के नगर बसाये (उ. १००)।

शैलूष (२): उन पाँच गन्धर्वों में से एक, जो दक्षिण सागर के बीच ऋषभ पर्वत स्थित चन्दन वन पर राज करते है (कि. ४१)।

शैब्य: प्राचीन काल में एक राजा, जिन्होंने बाज़ और कबूतर के झगड़े में, कबूतर के प्राण बचाने की प्रतिज्ञा पूर्ण करने के लिए बाज़ को अपने शरीर का माँस काट कर दिया था ।

शोणिताक्ष: लंकावासी राक्षस (सु. ६)।

राम लक्ष्मण आदि जब हनुमान द्वारा लायी बूटियों से पुनः स्वस्थ हो गये तब कुम्भकर्ण के पुत्र कुम्भ-निकुम्भ के साथ रावण ने जिन योद्धाओं को भेजा, उनमें शोणिताक्ष भी था । उसे द्विविद ने पृथ्वी पर पटककर पीस डाला (यु. ७६)।

श्येनगामी: राक्षस; खर का एक प्रमुख सैनिक—उन बारह में से एक, जो राम पर आक्रमण करते समय खर को घेरकर चले थे (अर. २३)।

श्वेत (१): विदर्भ देश के राजा सुदेव के बड़े पुत्र, सुरथ के बड़े भाई । कई वर्ष राज्य करने के बाद, अकस्मात मृत्यु तिथि का पता चलने पर उन्होंने राज्य त्यागकर वनवास ले लिया और एक सरोवर के निकट जाकर तपस्या की ।

स्वर्ग पहुँचकर भी उन्हें भूख-प्यास से मुक्ति नहीं मिली । पूछने पर उन्हें ब्रह्माजी से पता चला कि उन्होंने तपस्या तो की परन्तु कभी कोई दान नहीं किया । बिना दान के कुछ फल नहीं प्राप्त होता । ब्रह्माजी ने यही उपचार बताया कि वे प्रतिदिन सरोवर के निकट जाकर अपना ही शव खाया करें । उसी से उनकी भूख मिट सकती है । कालान्तर में जब अगस्त्यजी का दर्शन उन्हें प्राप्त होगा, तभी उन्हें उस भूख से स्थायी मुक्ति मिलेगी । वे नित्य दिव्य रथ पर जाकर सरोवर में पड़े अपने शव का भक्षण करते थे । अगस्त्यजी से मिलकर उन्होंने अपनी कथा सुनायी और शाप-मुक्त होकर ब्रह्मलोक गये (उ. ७८)।

श्वेत (२): एक पराक्रमी वानर यूथपति (यु. २६)। सूर्य का औरस पुत्र (यु. ३०)।

श्वेतभद्रः पृथ्वी को धारण करने वाला, उत्तर का दिग्गज। देखने में हिम के समान (बा. ४०)।

सृंजयः इक्ष्वाकुपुत्र विशाल के एक वंशज। विशाला नगरी के एक राजा। धूम्राश्व के पुत्र; सहदेव के पिता। देखिए, विशाल (बा. ४७)।

संनादः एक वानर यूथपति, जो राम के राज्याभिषेक के समय अयोध्या में भी था। राम ने अपने अभिषेक के बाद अन्य वानर वीरों सहित उसे साधुवाद देते हुए हृदय से लगाकर रत्न आदि उपहार में दिए थे (उ.३९)।

संनादनः राम की सेना का एक विशालकाय वानर यूथपति, जिसे वानरों का पितामह कहा जाता था। एक बार उसने इन्द्र से युद्ध किया था परन्तु इन्द्र उसे परास्त नहीं कर पाये (यु. २७)।

संयोधकण्टकः वीर यक्ष योद्धा। रावण जब कुबेर पर आक्रमण करने कैलास पर्वत पर आया तब कुबेर ने उसे रोकने का भार संयोधकण्टक पर डाला था। परन्तु मारीच ने उसे मार भगाया (उ. १४)।

संवर्तः एक महात्मा; जिन्हें अन्य ऋषि-महात्माओं के साथ बुध ने इल के उपचार के विषय में परामर्श करने के लिए आमन्त्रित किया था (उ. ९०)।

उशीरबीज नरेश, मरुत्त के आचार्य।

रावण द्वारा ललकारे जाने पर जब मरुत्त क्रोधित होकर उठने लगे तो संवर्त ने उन्हें शान्त रहने एवं यज्ञ न छोड़ने के लिए समझाकर बैठा दिया था (उ. १८)।

संह्लादः लंकावासी राक्षस। रावण का एक मन्त्री। रावण द्वारा देवलोक पर आक्रमण के समय संह्लाद भी उसके साथ था (उ. २७)।

महोदर ने रावण को परामर्श दिया था कि वह सब ओर यह समाचार फैला दे कि पाँच राक्षसों ने राम एवं लक्ष्मण को खा लिया—उन प्रस्तावित पाँच नामों में संह्लाद भी था (यु. ६३)।

सुमाली एवं केतुमती का पुत्र; प्रहस्त, अकम्पन, विकट, कालिकामुख, धूम्राक्ष, दण्ड, सुपार्श्व, प्रघस एवं भासकर्ण का भाई; उसकी बहनें थीं राका, पुष्पोत्कटा, कैकसी और कुम्भीनसी (उ. ५)।

सगरः इक्ष्वाकुवंशी; अयोध्या के एक राजा। विदर्भराजकुमारी केशनी उनकी ज्येष्ठ पत्नी थीं। दूसरी पत्नी का नाम था सुमति। दोनों पत्नियों सहित हिमालय के भृगुप्रस्रवण शिखर पर सगर ने तपस्या की (बा. ३८)।

महाराज असित के पुत्र, जिनका जन्म महाराज के हिमालय-प्रवास काल में, माँ कालिन्दी के गर्भ से, गरल पीने के बाद, च्यवन ऋषि के आशीर्वाद से हुआ (बा. ७०)।

असमंज के पिता।

केशिनी के पुत्र हुआ असमंज और सुमति से ६० हज़ार पुत्र। केशनीपुत्र असमंज को दुराचरण के कारण वनवास देकर उसके पुत्र अंशुमान को राज्य दिया (बा. ३८)।

राज्यकाल में यज्ञ किया । यज्ञ का घोड़ा इन्द्र द्वारा चुराये जाने के कारण घोड़ा ढूँढने भेजे हुए ६० हज़ार पुत्रों का कपिल द्वारा अन्त (बा. ४०)। अंशुमान द्वारा घोड़ा लाने पर उन्हें ज्ञात हुआ कि यदि गंगा धरती पर आएँ और उनके पुत्रों की भस्म को अपने पानी से भिगोएँ तो उनका तर्पण हो सकेगा । भगीरथ यज्ञोपरान्त जीवन भर गंगा को लाने का उपाय सोचते रहे परन्तु किसी निश्चय पर नहीं पहुँच सके ।

सम्पाति (१): गृद्ध । गृद्ध जटायु का बड़ा भाई ।

सुग्रीव द्वारा प्राणदण्ड के भय से जब अंगद आदि वानर उपवास करके प्राण त्यागने के लिए बैठ गये, तब उनका निर्णय सुनकर सम्पाति को प्रसन्नता हुई कि उसे घर-बैठे बहुत समय तक आहार प्राप्त होता रहेगा ।

इस भय को उपस्थित देखकर अंगद ने उदास होते हुए जब, बातों ही बातों में, राम के कार्य के लिए वानरों की दक्षिण यात्रा की चर्चा की और साथ ही जटायु के वध की बात कही, तब सम्पाति ने बताया कि वह जटायु का बड़ा भाई है और उसके बारे में पूरी बात जानना चाहता है। वह स्वयं अपने पंख जलने के कारण गुफ़ा से निकलकर नीचे उतरने में असमर्थ था अत: उसने सबसे कहा कि उसे नीचे उतार लें (कि. ५६)।

सम्पाति को जब सारी बातें पता चलीं तो उसने बताया कि उसे पता है कि सीता को रावण लंका ले गया है । उसके बेटे सुपार्श्व ने रावण को एक सुन्दरी नारी को हर कर ले जाते देखा था, जो राम एवं लक्ष्मण को पुकार रही थी । उसने कहा कि लंका पहुँचने के लिए सागर पार करना होगा (कि. ५८-५९)।

सम्पाति ने वानरों को अपनी कथा सुनाते हुए बताया कि यौवन काल में वह जटायु के साथ इन्द्र को जीतने का निश्चय करके स्वर्ग गया था । लौटते समय सूर्य के तेज से जब जटायु व्याकुल हो उठा तो रक्षा के लिए सम्पाति ने उस पर अपने पर फैला दिये । इस प्रकार उसके पंख जल गये और वह विन्ध्य पर्वत पर अचेत होकर गिरा (कि. ५८)।

छह दिन बाद चेत होने पर वह निशाकर मुनि के दर्शन के लिए गया, जहाँ वह जटायु के साथ पहले भी जाता था । निशाकर मुनि ने उसकी दुर्दशा का कारण पूछा (कि.६०)। सम्पाति ने जब सारी बात बतायी तब निशाकर मुनि ने भविष्य को देखकर कहा कि भविष्य में सीता की खोज करते हुए वानर आएँगे, तुम उन्हें रावण का पता बता देना । तब तुम्हारे पंख एवं बल तुम्हें पुन: प्राप्त हो जाएँगे ।

मुनि निशाकर की बात मानकर ही वह कष्ट सहता हुआ जीता रहा । उसने रावण की राह न रोकने एवं सीता की सहायता न करने पर अपने पुत्र सुपार्श्व को डाँटा भी था। वानरों को यह सब बताते-बताते सम्पाति के पंख उग आये (कि.६२-६३)।

सम्पाति (2): लंकावासी राक्षस । लंका में सीता को खोजते हुए, हनुमान सम्पाति के महल में भी गए थे (सु. ६)।

माली तथा वसुदा का पुत्र; अनल, अनिल तथा हर का भाई । कालान्तर में ये चारों भाई विभीषण के मन्त्री बने (उ. ५)।

सम्पाति (३): वानर; सुग्रीव के मन्त्रियों में से एक (कि. ३३)। लंका पर प्रथम आक्रमण के दिन प्रजंघ का सम्पाति से मल्ल युद्ध हुआ था (यु. ४३)। जिसमें सम्पाति ने प्रजंघ को मार डाला।

सरमा (१): गन्धर्वराज शैलूष की बेटी; विभीषण की पत्नी (उ. ११)।

सरमा (२): लंकावासी एक राक्षसी, जिसे रावण ने अशोकवाटिका में सीता पर पहरा देने के लिए रखा था (यु. ३३)।

विद्युज्जिह्व द्वारा निर्मित राम का मायावी सर एवं धनुष देखकर जब सीता व्याकुल हो रही थीं तब सरमा ने उन्हें विश्वास दिलाया था कि वह रावण की माया है, और वास्तव में राम जीवित हैं (यु. ३३)।

सरमा ने सीता को यह भी बताया कि रावण की माता एवं उसके एक बूढ़े मन्त्री ने रावण को तुम्हें छोड़ देने का परामर्श दिया परन्तु वह तुम्हें किसी भी स्थिति में छोड़ने के लिए तैयार नहीं है। साथ ही यह भी बताया कि राम की वानर सेना को देखकर रावण के सैनिक हतोत्साहित एवं भयभीत हैं (यु. ३४)।

सर्पास्य: राक्षस; खर का एक प्रमुख सैनिक –उन बारह में से एक, जो राम पर आक्रमण के समय खर को घेरकर चले थे (अर. २३)।

सहदेव: इक्ष्वाकु के एक पुत्र, विशाल के वंशज। विशाला नगरी के एक राजा (बा. ४७)। सृंजय के पुत्र एवं कुशाश्व के पिता । देखिए, विशाल ।

सागर: सागर तट पर तीन दिन चिन्तन के बाद जब राम को पार जाने की कोई राह नहीं मिली, तब उन्होंने सागर पर बाण बरसाये जिससे सागर में उथल पुथल मच गयी । तब लक्ष्मण के आग्रह पर उन्होंने बाणवर्षा रोककर सागर को उसे सुखा डालने की धमकी दी ।

यह सुनकर सागर ने प्रकट होकर राम से कहा कि वह प्रकृति का नियम त्यागने में असमर्थ है, अतः राम के पार जाने के लिए उसने सुझाया कि नल सागर पर पुल बनाएँ (यु. 22)।

सानुप्रस्थ: राम की सेना के एक वीर वानर, जिन्हें राम ने युद्ध के समय अन्तर्धान हुए इन्द्रजित का पता लगाने के लिए (नौ अन्य वानरों के साथ) भेजा था (यु. ४५)।

सारण: लंकावासी राक्षस (सु. ६)।

राम जब सागर पार करके सेना सहित लंका पहुँच गये तब रावण ने शुक के साथ सारण को राम की सेना के विषय में गुप्त जानकारी प्राप्त करने के लिए भेजा । वहाँ उन दोनों को विभीषण ने पहचान लिया । परन्तु राम ने उन्हें प्राण-दण्ड न देकर रावण के पास वापस अपने आक्रमण की सूचना देने के लिए भेज दिया । दोनों ने जाकर रावण को परामर्श दिया कि सीता को लौटा दिया जाए (यु. २५)।

राम की सेना का निरीक्षण करके जब शुक एवं सारण ने रावण को विस्तृत सूचना दी तो रावण ने उन दोनों को शत्रुपक्ष की प्रशंसा करने के लिए फटकारा और राज्य से निकल जाने को कहा (यु. २८)।

राम द्वारा लंकापर आक्रमण का समाचार पाकर रावण ने शुक एवं सारण को साथ लेकर उत्तर द्वार की रक्षा का भार स्वयं सँभाला था (यु. ३६)।

रावण जब कुबेर पर आक्रमण करने कैलास पर्वत गया था तब, अन्य तीन सेनापतियों सहित, सारण भी उसके साथ था (उ. १४)।

रावण द्वारा देवलोक पर आक्रमण के समय भी सारण उसके साथ था (उ.२७)।

सालकटंकटा: सन्ध्या की पुत्री । विद्युत्केश की पत्नी, सुकेश की माँ, जिसने मन्दराचल पर्वत पर जन्म देकर अपने बेटे को वहीं छोड़ दिया और पति के साथ रमण करने चली गयी (उ. ४)।

सावित्र: वसुओं में से आठवें । रावण ने जब देवलोक पर आक्रमण किया तब सावित्र ने सुमाली का वध किया था (उ. २७)।

सिंहिका: सागर में रहने वाली एक भयंकर राक्षसी, जो आकाशचारी जीवों की छाया पकड़कर भी उन्हें खा लेती थी । सागर पार करते समय, हनुमान को उसने पकड़ लिया। हनुमान ने उसके मुँह के भीतर पहुँचकर नखों द्वारा उसे क्षत-विक्षत कर दिया और निकल गये (सु. १)।

सिद्धार्थ (१): भरतकालीन अयोध्या में आठ मन्त्रियों में से एक (यु. १२७)।

महाराज दशरथ के एक वयोवृद्ध प्रधान मन्त्री (अ. ३६)। कैकेयी के राम को वनवास देने के आग्रह पर उन्होंने सगरपुत्र असमंज का उदाहरण देते हुए आग्रह किया था कि राम में तो असमंज जैसा कहीं कोई दोष नहीं था, जो उन्हें वनवास दिया जाए ।

सिद्धार्थ (२): एक दूत जिसे वसिष्ठ ने भरत-शत्रुघ्न को बुलाने के लिए राजगृह नगर भेजा था (अ. ६८)।

सीता: महाराज जनक की अयोनिजा कन्या । महाराज दशरथ की ज्येष्ठ पुत्रवधू । रामायण के नायक राम की पत्नी ।

जनक द्वारा यज्ञ के लिए भूमिशोधन के समय हल द्वारा खींची गयी रेखा (सीता) पर मिली कन्या, जो सीता कहलायीं (बा.६६)।

जनक द्वारा चलाये हल के अग्रभाग से जोती हुई भूमि से प्रकट होने के कारण सीता नाम रखा गया (बा. ६६)। जनक का निश्चय था कि जो शिव-धनुष पर प्रत्यंचा चढ़ा दे, उसके साथ सीता का विवाह होगा । सीता से विवाह के इच्छुक कई राजा आये परन्तु शिव-धनुष उठा भी नहीं पाये । इस प्रकार हारे हुए राजाओं ने मिलकर मिथिला को घेर लिया, परन्तु अन्त में जनक से परास्त होकर वे भाग गये (बा. ६६)।

राम से विवाह (बा. ७३)।

राम जब कैकेयी द्वारा वनगमन का आदेश सुनकर आये तो सीता उनके मुख को देखकर व्याकुल हो उठीं । राम ने अपने वनगमन की बात बातायी तो सीता ने साथ चलने का आग्रह किया (अ. २७-२९)। उनका आग्रह देख राम ने उन्हें अनुमति प्रदान की और अपना सब धन बाँट देने का आदेश दिया (अ. ३०)।

वनगमन के पूर्व जब वे राम के साथ दशरथ के पास विदा लेने गयीं तो कैकेयी ने उन्हें वल्कल वस्त्र धारण करने के लिए दिये । वे वस्त्र देखकर सीता डर

गयीं। दशरथ की रानियों ने दु:खी होकर राम से आग्रह किया कि वे सीता को अयोध्या में ही छोड़ जाएँ । वसिष्ठ ने कैकेयी से कहा कि सीता वन में नहीं जाएँगी और राम की अर्धांगिनी होने के नाते, वे ही अयोध्या के सिंहासन पर बैठेंगी । उनका कहना था कि कैकेयी ने राम के लिए वनवास माँगा था, सीता के लिए नहीं। अत: वे वस्त्राभूषण से युक्त होकर ही वन जाएँगी । परन्तु सीता, राम जैसा ही रूप धारण करने की इच्छा के कारण, वल्कल वसन से विरत नहीं हुईं (अ. ३७)। तब दशरथ ने भी कैकेयी को डाँटते हुए निर्णय दिया कि सीता वल्कल वसन नहीं पहनेंगी (अ.३८)। उन्होंने कोषाध्यक्ष को आदेश देकर सीता को बहुमूल्य वस्त्राभूषण दिलवाये और कौसल्या ने उन्हें पतिसेवा का उपदेश दिया (अ. ३९)।

शृंगवेरपुर में राम के साथ कन्दमूल खाकर उन्होंने भूमि पर तृणशय्या बिछाकर रात बितायी (अ. ५)।

राम जब चित्रकूट छोड़कर अत्रि मुनि के आश्रम पर गये तो सीता मुनिपत्नी अनसूया के दर्शन के लिए गयीं । अनसूया ने उन्हें अनेक वस्त्र, अंगराग आदि दिये और सद्व्यवहार के लिए उपदेश दिया । सीता ने, उनके आग्रह पर, अपने स्वयंवर का वर्णन उन्हें सुनाया (अ. ११८)।

दण्डकारण्य में मुनियों के आश्रम से निकल राम जब आगे बढ़े तो एक दुर्गम वन में उन्हें विराध नामक राक्षस मिला । उसने सीता को पकड़ लिया (अर. १०२)। फिर जब राम-लक्ष्मण ने उस पर प्रहार किया तो वह सीता को छोड़कर, उन दोनों को बाँहों में दबाकर चल दिया । सीता अकेली खड़ी विलाप करती रह गयीं (अर.१०४)।

सीता ने राम से निरपराध व्यक्तियों को न मारने तथा अहिंसा व्रत धारण करने का अनुरोध किया (अर. १०९)।

सीता ने अपने आश्रम के पास एक सुन्दर कंचन मृग देखा (अर. ४२)। तो, लक्ष्मण द्वारा शंका के बावजूद, राम से उसे जीवित अथवा मृत पकड़ लाने का आग्रह किया (अर. ४३)।

राम के मृग के पीछे जाने के बाद जब उन्होंने 'हा सीते, हा लक्ष्मण' की पुकार सुनी तो राम को संकट में जान, लक्ष्मण से राम की सहायता के लिए जाने को कहा। परन्तु लक्ष्मण ने जब उनकी रक्षा का भार छोड़कर जाने से मना किया तो वे क्रोधित होकर लक्ष्मण पर चरित्र सम्बन्धी लांछन लगाने लगीं । लक्ष्मण के बहुत समझाने पर भी वे उसी प्रकार उन पर आरोप लगाती रहीं (अर. ४५)।

लक्ष्मण के जाने के बाद, रावण ब्राह्मण वेश में उनके आश्रम पर पहुँचा और उनकी प्रशंसा करके उनके विषय में पूछने लगा (अर. ४६)। सीता ब्राह्मण एवं अतिथि जानकर रावण का सत्कार करने लगीं । उन्होंने अपने विषय में भी बताया, परन्तु जब रावण ने अपना परिचय देकर उन्हें अपनी रानी बनाने का प्रलोभन दिया तो वे क्रोध में भरकर उसे प्रताड़ित करने लगीं (अर. ४७-४८)। सीता का अस्वीकार सुनकर रावण ने उन्हें बलपूर्वक उठा लिया तो वे विलाप करती हुई राम एवं लक्ष्मण को पुकारने लगीं । जब रावण उन्हें रथ पर बैठाकर ले जा रहा था तभी

उन्होंने जटायु को देखा (अर. ४९), परन्तु रावण ने जब जटायु को भी मार डाला तब सीता असहाय होकर रोने लगीं और रावण को धिक्कारने लगीं (अर. ५१-५२)।

रावण के साथ बलात रथ पर जाते समय उन्होंने एक पर्वत पर बैठे पाँच वानरों को देखा और अपनी रेशमी चादर में अपने आभूषण लपेटकर उनके पास फेंक दिये (अर. ५३)।

लंका में सीता को कड़ी सुरक्षा में रख दिया गया। उन्हें किसी से मिलने की आज्ञा नहीं थी, परन्तु सभी सुविधाओं के लिए उन्हें छूट थी।

रावण ने उन्हें विवश करके अपने भवन का दर्शन कराया और अपनी समृद्धि का परिचय देते हुए अपनी पटरानी बनने का आग्रह किया (अर. ५४-५५)। इस पर जब सीता ने रावण को धिक्कारा और फटकारा तो उसने क्रुद्ध होकर उन्हें भयंकर राक्षसियों के साथ अशोकवाटिका भेज दिया (अर. ५६)।

हनुमान ने, अकेले, लंका में प्रवेश करके उन्हें दुःखी, दीन-हीन अवस्था में, राक्षसियों से घिरी, एक पेड़ के नीचे बैठे देखा (सु. १५-१७)। वहीं, जब रावण उनसे मिलने आया तो सीता भयभीत भी हुईं और चिन्तित भी। रावण ने सीता को प्रलोभन दिये और भय दिखाया (सु. २०-२१)। सीता ने उसे उसकी कायरता एवं धूर्तता के लिए फटकारा, तो वह उन्हें दो मास की अवधि देकर धमकाता हुआ लौट गया (सु. २२)। रावण की ओर से राक्षसियों ने उन्हें मनाने का प्रयत्न किया और धमकाया परन्तु वे अडिग रहीं, और दुःख से विलाप करने लगीं—उन्होंने प्राण त्यागने की बात भी सोची (सु. २५-२६ तथा २८)।

तभी त्रिजटा ने अपने एक स्वप्न की चर्चा की, जिसके अनुसार राम से मिलने का संकेत पाकर वे प्रसन्न हुईं (सु. २७)।

कुछ ही समय बाद उन्होंने कहीं से किसी का स्वर सुना, जो राम की आपबीती घटनाओं का वर्णन कर रहा था। इधर-उधर दृष्टि घुमाकर उन्होंने देखा तो हनुमान पर उनकी दृष्टि पड़ी। हनुमान को देख वे तर्क-वितर्क में पड़ गयीं। तभी हनुमान ने पेड़ से नीचे उतरकर उन्हें प्रणाम किया और उनका परिचय पूछा, तो उन्होंने अपनी सारी आपबीती कह सुनायी (सु. ३१-३३)। भयभीत होने के कारण, सीता को हनुमान पर सन्देह भी हुआ। सन्देह दूर करने के लिए उन्होंने राम के विषय में पूछा (सु. ३४-३५)। हनुमान से राम की मुद्रिका पाकर उन्हें विश्वास हुआ और सान्त्वना प्राप्त हुई (सु. ३६)। उन्होंने राम के पास शीघ्र आने का सन्देश भिजवाया। हनुमान ने जब प्रस्ताव किया कि सीता उन्हीं के साथ, उनकी पीठ पर बैठकर चली चलें, तो सीता ने गिरने के भय तथा स्वेच्छा से किसी अन्य पुरुष का स्पर्श न करने की इच्छा के कारण वह प्रस्ताव अस्वीकार कर दिया (सु. ३७)। अपनी पहचान स्वरूप सीता ने हनुमान को चित्रकूट में कौए के साथ घटी एक घटना सुनायी, और अपनी चूड़ामणि भी उन्हें राम को दिखाने के लिए दी (सु.३८)। उन्होंने हनुमान से एक दिन लंका में ही कहीं छिपकर विश्राम करने को कहा। हनुमान के अकेले ही लंका विध्वंस करने के निश्चय पर उन्होंने कहा कि वे चाहती थीं कि यह कार्य राम करें, जिससे उन्हें लंका-विजय का गौरव प्राप्त हो (सु.३९ तथा ५६)।

राम जब सागर पार करके लंका पहुँचे तो रावण माया-निर्मित राम का सर और एक धनुष लेकर सीता के पास गया। उसने बताया कि राम सेना सहित मार दिये गये। सीता राम-जैसा कटा हुआ सिर देखकर रोने लगीं। तभी एक राक्षस रावण को बुलाने आया और रावण के जाते ही वह सिर एवं धनुष अदृश्य हो गया। (यु. ३१)।

कुछ ही समय बाद सरमा नामक राक्षसी ने पता लगाकर सीता को बताया कि रावण का वह सारा कथन मिथ्या था और वह सिर एवं धनुष माया-निर्मित था। उसी से सीता को पता चला कि राम की सेना सागर के तट पर पड़ाव डाले हुए है और उसमें उत्साह है, तथा रावण की सेना में चिन्ता एवं घबराहट दिखाई दे रही है (यु.३१-३३)। सीता के कहने पर सरमा ने रावण के पास जाकर उसकी गतिविधियों को देखा और लौटकर सीता को बताया कि वह अपनी माता तथा वयोवृद्ध राक्षसों के समझाने पर भी सीता को छोड़ने के लिए तैयार नहीं है (यु.३४)।

मेघनाद ने जब राम एवं लक्ष्मण को घायल कर दिया और उन्हें मृत समझकर लंका लौट गया, तब रावण ने सीता को पुष्पक विमान पर चढ़ाकर रणभूमि में पड़े राम एवं लक्ष्मण के शरीर दिखाये। सीता वह दृश्य देखकर रोने लगीं। परन्तु त्रिजटा ने उन्हें समझाकर राम एवं लक्ष्मण के जीवित होने का विश्वास दिलाया (यु.४७-४८)।

वानरों को भ्रम में डालने की इच्छा से, इन्द्रजित एक माया-रचित सीता को युद्धभूमि में ले गया और सबको दिखाते हुए उसने उस सीता का वध कर दिया (यु.८१)।

इन्द्रजित के वध से व्याकुल एवं क्रोधित होकर रावण सीता को मार डालने के लिए उद्यत हो गया। परन्तु अपने मित्र सुपार्श्व के समझाने से वापस लौट गया (यु.९२)।

हनुमान द्वारा राम की विजय का समाचार पाकर सीता अत्यन्त प्रसन्न हुईं। जब हनुमान ने उनसे उनको घेरकर रखने वाली और उन्हें सतानेवाली राक्षसियों का वध करने की अनुमति माँगी तो उन्होंने यह कहकर उन्हें क्षमा करने को कहा कि वे सब कुछ अपनी इच्छा से नहीं, वरन रावण के अधीन होने के कारण कर रही थीं। राक्षसियों का व्यवहार स्वयं उनके अपने दुर्भाग्य के कारण भी था और दया सत्पुरुष का धर्म है। उन्होंने राम के पास यह सन्देश भिजवाया कि वे अपने स्वामी का दर्शन करना चाहती हैं (यु. ११३)।

तदनन्तर विभीषण ने आकर उनसे कहा कि आप स्नानोपरान्त वस्त्राभूषणों से सज्जित होकर रथ पर चलें। श्रीराम आपको देखना चाहते हैं। इस पर सीता ने कहा कि वे बिना स्नान एवं शृंगार के ही राम से मिलना चाहती हैं, परन्तु विभीषण के राम का आदेश दुहराने पर वे स्नान एवं शृंगार करके चलीं और शिबिका में बैठकर राम के पास पहुँचीं। वहाँ राम की इच्छानुसार वे वानर आदि सभी के सामने, पैदल चलकर राम के निकट पहुँचीं। राम को देखकर उनका मन खिल उठा (यु. ११४)।

सीता को सम्मुख पाकर राम ने कहा कि उन्होंने युद्ध में शत्रु को परास्त करके सीता को मुक्त भी करा लिया और अपने तथा अपने कुल पर लगा कलंक भी धो लिया । सीता के चरित्र पर सन्देह का समय उपस्थित था । वे कहीं भी जाने को स्वतन्त्र थीं, कहीं भी, जहाँ उन्हें सुख मिले—भरत, लक्ष्मण, सुग्रीव, विभीषण—आदि किसी के भी संरक्षण में । सीता अपने प्रियतम के मुख से ऐसे अप्रिय वचन सुनकर रोने लगीं (यु. ११५)।

सीता ने आहत होकर राम से कहा कि आप ऐसी कठोर एवं अनार्यों जैसी बात क्यों कह रहे हैं? मैं शपथ खाकर कहती हूँ कि मैं सन्देह के योग्य नहीं हूँ । यदि यही था तो लंका में हनुमान को भेजने के समय ही आपने मुझे क्यों नहीं त्यागा। मैं तभी अपने प्राण त्याग देती और आपको युद्ध नहीं करना पड़ता । मेरे हृदय में जो आप के प्रति शील और भक्ति है, उसे आपने भुला दिया । यह कहकर उन्होंने चिन्तामग्न बैठे लक्ष्मण से कहा कि मेरे लिए चिता तैयार कर दो । अपने स्वामी से यह सब सुनने से अच्छा तो यह है कि मैं अग्नि में प्रवेश कर जाऊँ ।

लक्ष्मण ने चिता तैयार की तो वे राम की परिक्रमा करके अग्नि के पास गयीं और बोलीं, यदि मैं निष्कलंक हूँ, यदि मैंने मन, वाणी और कर्म द्वारा श्रीराम के अतिरिक्त और किसी का ध्यान भी न किया हो तो अग्नि देवता मेरी रक्षा करें, यह कहकर वे अग्नि में समा गयीं (यु. ११६)।

तदनन्तर, चिता से अग्नि देव उन्हें पिता की भाँति गोद में उठाये हुए उठे और उन्होंने सीता को निष्पाप एवं शुद्ध बताते हुए राम से उन्हें स्वीकार करने को कहा । राम ने कहा कि वह अग्नि-परीक्षा उन्होंने लोगों में सीता के प्रति विश्वास उत्पन्न करने के लिए ही की थी और वे जानते थे कि सीता निष्कलंक हैं । वे स्वयं सीता का त्याग नहीं कर सकते थे (यु. ११८)।

राम द्वारा स्वीकार किये जाने के बाद, विमान पर बैठे दशरथ के दर्शन हुए । उन्होंने सीता को बेटी कहकर सम्बोधित किया और साधुवाद देते हुए कहा किं वे राम के प्रति असन्तोष का भाव न रखें, क्योंकि राम ने अग्नि-परीक्षा संसार में उनकी पवित्रता प्रकट करने की इच्छा से ही की थी (यु. ११९)।

लंका से अयोध्या लौटते समय राम, सीता को, मार्ग में वे सभी स्थान दिखाते जा रहे थे जिनसे उनकी पुरानी स्मृतियाँ जुड़ी थीं (यु. १२३)।

अपने राज्याभिषेक के बाद, राम ने सीता को एक मुक्ताहार प्रदान किया जो, सीता ने, राम की अनुमति से, हनुमान को भेंट कर दिया (यु. १२८)।

सीता, राम द्वारा त्याग के समय, वन जाते समय साथ में वस्त्र, आभूषण, रत्न आदि मुनि-पत्नियों को देने के लिए ले गयी थीं । जाते समय उन्हें अपशकुन दिखाई दे रहे थे । लक्ष्मण को रोते देख वे व्याकुल हो उठीं (उ. ४६)। मुनि वाल्मीकि के आश्रम के निकट पहुँचकर लक्ष्मण ने उन्हें राम द्वारा त्याग की बात बतायी और वाल्मीकि के पास रहने को कहा (उ. ४७)। सीता मूर्छित होकर गिर पड़ीं । चेत होने पर उन्होंने रोते हुए बताया कि वे प्राण त्याग भी नहीं कर सकतीं क्योंकि वे गर्भ धारण कर चुकी थीं (उ. ४८)।

उन्होंने लव एवं कुश को जन्म दिया। उस रात अयोध्या से मधुवन जाते समय शत्रुघ्न वाल्मीकि के आश्रम में ठहरे थे और वहाँ सीता की उपस्थिति ज्ञात होने पर उनसे मिले भी थे (उ. ६६)।

सीता को जब ज्ञात हुआ कि राम के निमन्त्रण पर वाल्मीकि ने उन्हें जन-समुदाय के समक्ष अपनी शुद्धता प्रमाणित करने के लिए ले जाने का विचार किया है, तो वे निश्चित समय पर महर्षि के पीछे-पीछे, हाथ जोड़े और सर झुकाये, जन-समुदाय के बीच राम के पास गयीं (उ. ९६)।

राम ने वाल्मीकि के विश्वास दिलाने के बाद भी, स्वयं सीता के प्रति आश्वस्त होते हुए भी, जब सीता से जन-समुदाय के बीच अपनी शुद्धता प्रमाणित करने को कहा तो उन्होंने धरती माता को सम्बोधित करते हुए कहा कि यदि वे तन-मन से पूर्णतया राम की हों तो पृथ्वी माता उन्हें अपनी गोद में स्थान दें। उनके ऐसा कहते ही पृथ्वी ने उन्हें अपनी गोद में छिपा लिया (उ. ९७)।

राम ने अश्वमेध आदि यज्ञ करते समय सीता की मूर्ति बनवाकर अपने पास रखी थी (उ. ९१)।

सीरध्वजः देखिए, जनक।

सुकेशः राक्षस विद्युत्केश एवं सालकटंकटा का पुत्र। उसकी माँ उसे जन्म देते ही छोड़ गयी थी। उसे अकेले रोते देख शिव-पार्वती ने उसे वरदान द्वारा नवयुवक बना दिया और सर्वत्र विचरण के लिए सम्पत्ति एवं विमान प्रदान किया (उ. ४)।

ग्रामणी नामक गंन्धर्व की पुत्री, देववती, का पति। माल्यवान, माली तथा सुमाली का पिता (उ. ५)।

सुग्रीवः वानरराज, वाली का छोटा भाई; ऋक्षरजा का पुत्र। वालि-वध के बाद किष्किन्धा का सम्राट। सूर्य द्वारा जन्म।

कबन्ध के सुझाव पर, सीता की खोज के लिए राम ऋष्यमूक पर्वत पर सुग्रीव के पास गये। राम एवं लक्ष्मण को आयुध लिये संन्यासी वेष में जाते देखकर सुग्रीव को भय हुआ कि कहीं वाली ने उसे मारने के लिए किसी को भेजा होगा। उन्होंने अपने मन्त्रियों में श्रेष्ठ हनुमान को राम के पास भेजा कि वे साधारण तपस्वी के वेष में जाकर उन दोनों का परिचय प्राप्त करें और उनके वन में आगमन का कारण पता लगाएँ (कि. २)।

राम का वास्तविक परिचय पाकर सुग्रीव ने उनसे मैत्री की और उन्हें अपना दुःख कह सुनाया। राम ने सुग्रीव को सहायता का आश्वासन दिया तो सुग्रीव ने भी सीता को ढूँढ लाने का वचन दिया। साथ ही उन्हें सीता की चादर एवं आभूषण दिखाये जो सीता ने, हरण के समय, सुग्रीव एवं अन्य चार वानरों को देखकर फेंक दिये थे (कि. ६)।

सुग्रीव ने राम से मित्रता का आश्वासन पाकर उन्हें वाली का पराक्रम बताया कि उसने दुन्दुभि को मारकर दूर उछाल दिया था और वह विशाल ताल के वृक्षों को हिलाकर पत्तों से विहीन कर देता था। उसने राम से पूछा कि क्या उनमें इतना कुछ कर पाने की क्षमता है। तब राम ने पैर की एक ठोकर से दुन्दुभि के कंकाल

को दूर उछाल कर और एक बाण से सात ताल वृक्षों के तनों को छेद कर दिखाया (कि. ११-१२)। इस प्रकार आश्वस्त हो कर, राम के कहने पर, सुग्रीव ने वाली को द्वन्द्व के लिए ललकारा। परन्तु वाली ने द्वन्द्व करके सुग्रीव की दुर्दशा कर दी तो सुग्रीव ने भागकर पुनः ऋष्यमूक पर शरण ली और राम से सहायता न करने का कारण पूछा।

राम ने बताया कि एक-सा रूप होने के कारण वे वाली एवं सुग्रीव में अन्तर नहीं कर पा रहे थे। इस कारण दुविधा में रह गये। उन्होंने सुग्रीव से पुनः वाली से युद्ध करने को कहा और पहचान के लिए उसके गले में गजपुष्पी की माला पहना दी (कि. १२)।

सुग्रीव राम आदि को साथ लिये पुनः किष्किन्धा पहुँचे। राह में उन्होंने राम की जिज्ञासा पर सप्तजन आश्रम की कहानी सुनायी (कि. १३)। राम को पुनः अपनी सुरक्षा के प्रति वचनबद्ध करके सुग्रीव ने वाली को युद्ध के लिए ललकारा (कि.१४)।

वाली से युद्ध करते समय जब सुग्रीव निर्बल पड़ने लगे, राम ने बाण से वाली को घायल कर दिया (कि. १६)।

मरने से पहले वाली ने सुग्रीव से क्षमा माँगी और अंगद तथा तारा के प्रति स्नेह भाव बनाये रखने की माँग की, तो सुग्रीव के मन में वाली के प्रति जो वैर भाव था, वह तिरोहित हो गया। वाली ने उसे अपनी दिव्य माला दी जो सुग्रीव ने ले ली (कि. २२)।

वाली की मृत्यु के बाद तारा, अंगद एवं वानर समाज को शोक में डूबा देख सुग्रीव को बहुत दुःख हुआ। उसे लगा कि क्रोधवश भाई का वध करा के उसने घोर अपराध किया है। उसे यह भी याद आया कि वाली ने उस पर प्रहार करके भाग जाने को कहा था और यह भी कहा था कि 'मैं तुम्हारे प्राण नहीं लेना चाहता'। भाई की मृत्यु का कारण बनकर आत्मग्लानिवश सुग्रीव ने राम से स्वयं प्राण त्यागने की अनुमति माँगी थी (कि. २४)।

राम के समझाने के बाद सुग्रीव ने राजकीय सम्मान के साथ वाली का दाह-संस्कार कराया (कि. २५)। सुग्रीव के अभिषेक के साथ ही अंगद को भी युवराज पद दिया गया। सुग्रीव ने वचन दिया कि वर्षा ऋतु बीतने पर वे सीता की खोज कराएँगे।

राज्याभिषेक के बाद सुग्रीव, रूमा एवं तारा के साथ, आनन्द एवं भोग का जीवन बिताने लगे; राजकाज की ओर भी विशेष ध्यान नहीं दे पाते थे और राम को दिये हुए वचन को भी बिसरा बैठे। तब हनुमान ने उन्हें कर्त्तव्य एवं राम के बल का ध्यान दिलाते हुए सीता की खोज कराने के लिए कहा। तब सुग्रीव ने नील को बुलाकर, पन्द्रह दिन में, सारी वानर सेना एकत्र करने की आज्ञा दी (कि. २९)।

सीता की खोज में विलम्ब होता देखकर लक्ष्मण जब क्रोध में भरकर सुग्रीव के पास पहुँचे तब हनुमान ने उन्हें लक्ष्मण से क्षमा माँगने का परामर्श दिया (कि.३२)।

लक्ष्मण को क्रोध में देखकर सुग्रीव ने पहले तारा को भेजा कि वह समझा-बुझाकर उन्हें शान्त करे (कि. ३२)। तारा लक्ष्मण को समझाकर जब महल में लायीं तब सुग्रीव रूमा आदि के साथ विषय-भोग में व्यस्त थे। यह देखकर लक्ष्मण ने उन्हें बहुत फटकारा और धिक्कारकर धमकी दी (कि. ३३)।

तारा के बारम्बार समझाने पर जब लक्ष्मण का क्रोध शान्त हुआ तब सुग्रीव ने भी भय त्यागकर राम के प्रति कृतज्ञताज्ञापन के साथ, लक्ष्मण से क्षमा माँगी (कि.३६)।

सुग्रीव के प्रमुख मन्त्रिगण थे—मैन्द, द्विविद, गवय, गवाक्ष, गज, शरभ, विद्युन्माली, सम्पाति, सूर्याक्ष, हनुमान, वीरबाहु, सुबाहु, नल, कुमुद, सुषेण, तार, जाम्बवान, दधिमुख, नील, सुपाटल, सुनेत्र और युवराज अंगद (कि. ३३)।

सुग्रीव ने हनुमान को पुनः विस्तार में आदेश दिया कि सभी ओर शीघ्रगामी वानरों को भेजकर शीघ्रातिशीघ्र वानर सेना एकत्रित करें (कि. ३७)। फिर सुग्रीव लक्ष्मण के परामर्श पर राम को वानरों के शीघ्र पहुँचने की सूचना देने राम के पास गये। राम यह समाचार सुनकर प्रसन्न हुए और उन्होंने सम्मान सहित सुग्रीव को अपने पास बैठाया (कि. ३८)।

सुग्रीव ने चारो दिशाओं में वानरों के दल भेजे और उन्हें सभी दिशाओं का विस्तृत भूगोल समझाया। पूर्व में विनत (कि. ४०); दक्षिण में अंगद, हनुमान, जाम्बवान आदि (कि. ४१); पश्चिम में सुषेण (कि. ४२) और उत्तर में शतबलि के नेतृत्व में दल भेजे (कि. ४३)।

सुग्रीव ने राम को बताया था कि वाली को मृत जान जब सुग्रीव ने किषिकन्धा का राज सँभाला तब अचानक वाली के लौटने पर उसे राज्य देकर सुग्रीव, उसके भय से, सभी दिशाओं में भागते रहे और इस प्रकार वे पृथ्वी के भूगोल से परिचित हुए। अन्त में उन्होंने मतंग वन में शरण ली जहाँ वाली शाप के भय से नहीं आ सकता था (कि. ४६)।

हनुमान द्वारा लंका में सीता की उपस्थिति ज्ञात कर राम जब, बीच में महासागर की बात सुनकर, चिन्तित हो उठे तो सुग्रीव ने उनका साहस बँधाया (यु.२)।

रावण ने अपने दूत शुक द्वारा सुग्रीव के पास मैत्री सन्देश भेजा था कि वह राम का साथ न देकर किष्किन्धा लौट जाएँ। परन्तु सुग्रीव ने रावण का प्रस्ताव ठुकराकर, रावण को धिक्कारते हुए, उत्तर भेजा कि वे रावण का अन्त करने के लिए कृतसंकल्प हैं (यु. २०)।

सुवेल पर्वत के शिखर से सुग्रीव ने त्रिकूट पर्वत पर बैठे रावण को देखा तो वे अपनी उत्तेजना नहीं रोक पाये और कूदकर रावण पर झपट पड़े। रावण से उनका बड़ी देर तक मल्ल-युद्ध हुआ। तभी उन्हें लगा कि रावण माया शक्ति का प्रयोग करने वाला है। यह संकेत पाते ही वे उछलकर अलग हुए और राम के पास लौट गये। वे प्रसन्न थे कि उन्होंने रावण को डटकर छकाया (यु. ४०)।

लंका पर आक्रमण के समय उत्तर पश्चिम के मध्य भाग (वायव्य कोण) में

स्थित रावण की सेना-छावनी पर सुग्रीव ने आक्रमण किया (यु. ४१)। फिर वे राम एवं लक्ष्मण सहित उत्तर द्वार घेरकर खड़े हो गये (यु. ४२)। फिर वे प्रघस से मल्ल-युद्ध करने लगे (यु. ४३)।

इन्द्रजित द्वारा घायल होने पर और लक्ष्मण को मृतप्राय देखकर राम ने सुग्रीव से वानर सेना सहित किष्किन्धा लौट जाने को कहा । परन्तु सुग्रीव ने विभीषण आदि को धैर्य बँधाते हुए सुषेण से कहा कि लक्ष्मण को चेत होने पर वे राम एवं लक्ष्मण को सुरक्षित किष्किन्धा ले जाएँ । लंका में रुककर वे अकेले ही रावण को युद्ध में परास्त करेंगे और सीता को वापस लाएँगे (यु. ५०)।

रावण जब वानर सेना से युद्ध करने पहुँचा तब सुग्रीव ने उस पर आक्रमण किया, परन्तु बाण खाकर वे अचेत हो गये (यु. ५७)।

सुग्रीव द्वारा विरूपाक्ष और महोदर का वध (यु. ९६-९७)।

अपने राज्याभिषेक के बाद, राम ने सुग्रीव को सोने की एक दिव्य माला भेंट की (यु. १२८)।

राम ने जब अश्वमेध यज्ञ किया तो उसमें सम्मिलित होने के लिए निमन्त्रण पाकर सुग्रीव प्रमुख वानरों के साथ अयोध्या गये थे (उ. ९१)। वे वहाँ उपस्थित ब्राह्मणों को भोजन परोसने का काम कर रहे थे ।

राम का साकेत-गमन का निश्चय जानकर सुग्रीव भी अयोध्या पहुँचे और उन्होंने राम से साथ चलने की अनुमति माँगी—वे अंगद को किष्किन्धा का राज्य सौंपकर आये थे । राम ने उन्हें अपने साथ चलने की अनुमति प्रदान की (उ.१०७)।

सुचन्द्रः इक्ष्वाकु के पुत्र, विशाल, के वंशज । विशालानगरी के एक राजा । विशाला बसाने वाले महाराज विशाल के पौत्र । हेमचन्द्र के पुत्र और धूम्राश्व के पिता (बा.४७)। देखिए : विशाल भी।

सुतीक्ष्णः चित्रकूट एवं दण्डकारण्य के बीच एक वन में तपस्यारत मुनि, जिनके पास वनवासकाल में राम शरभंग मुनि के कहने से गये थे (अर. ७)।

तत्पश्चात दस वर्ष दण्डकारण्य के मुनियों के आश्रम में रहकर वे पुनः सुतीक्ष्ण के पास मिलने गए थे (अर. ११)।

सुदर्शनः इक्ष्वाकुवंशी, अयोध्या के एक राजा । शंखण के पुत्र और अग्निवर्ण के पिता (बा. ७०)।

सुदामनः महाराज जनक के एक मन्त्री । जनक ने अतिथि-भवन से उन्हें महाराज दशरथ आदि को बुला लाने के लिए भेजा था । (बा. ७०)

सुदेवः विदर्भ देश के राजा; श्वेत तथा सुरथ के पिता । उनकी दो पत्नियाँ थीं (उ.७८)।

सुधन्वा (१): सांकाश्य नगरी का राजा जिसने शिवधनुष एवं सीता को पाने के लिए मिथिला नगरी पर आक्रमण किया था । वह जनक के हाथों मारा गया । फिर उसकी सांकाश्य नगरी पर जनक के छोटे भाई कुशध्वज राज करने लगे (बा. ७१)।

सुधन्वा (२): अयोध्या के एक आचार्य जो मन्त्ररहित बाण विद्या एवं मन्त्रसहित अस्त्र प्रयोग के माने हुए पण्डित थे (अ. १००)।

सुनेत्रः वानर; सुग्रीव के मन्त्रियों में से एक (कि. ३३)।

सुन्दः दैत्य । ताटका (या ताड़का) नामक महाबलशाली यक्षिणी का पति । मारीच का पिता । अगस्त्य के शाप से मृत्यु (बा. २५)।

सुपाटलः वानर; सुग्रीव के मन्त्रियों में से एक (कि. ३३)।

सुपार्श्व (१): गृद्ध सम्पाति का पुत्र, जो सम्पाति के पंख जल जाने के बाद उसका भरण-पोषण करता था (कि. ५९)।

एक दिन सम्पाति के लिए भोजन लाने को गया तो देर से लौटा । उसने ही बताया कि रावण एक सुन्दर स्त्री को हरकर लिये जा रहा था । वह स्त्री शोकाकुल होकर राम एवं लक्ष्मण का नाम पुकार रही थी (कि ५९)।

सुपार्श्व (२): लंकावासी राक्षस; सुमाली एवं केतुमती का पुत्र; प्रहस्त, अकम्पन, विकट, कालिकामुख, धूम्राक्ष, दण्ड, संह्रादि, प्रघस तथा भासकर्ण का भाई । उसकी बहनें थीं—राका, पुष्पोत्कटा, कैकसी और कुम्भीनसी (उ. ५)।

रावण का एक मित्र । इन्द्रजित के वध से निराश एवं क्रोधित होकर जब रावण सीता का वध करने जा रहा था तब सुपार्श्व ने उसे समझाकर, स्त्री-वध न करके, राम से ही युद्ध करने का परामर्श दिया, रावण उसका परामर्श मानकर लौट गया (यु. ९२)।

सुप्तघ्नः लंकावासी राक्षस; रावण का समर्थक (यु. ९)। लंका पर प्रथम आक्रमण के दिन वह अन्य राक्षसों सहित राम से जा भिड़ा था (यु. ४३)। फिर राम द्वारा उसका वध हुआ ।

माल्यवान एवं सुन्दरी का पुत्र; विरूपाक्ष, वज्रमुष्टि, दुर्मुख, यज्ञकोप, मत्त, उन्मत्त और अनला का भाई (उ. ५)।

रावण द्वारा देवलोक पर आक्रमण के समय सुप्तघ्न भी उसके साथ था (उ.२७)।

सुप्रभाः प्रजापति दक्ष की पुत्री; जया की बहन । प्रजापति कृशाश्व के सहयोग से सैकड़ों (संहार नामक) अस्त्र-शस्त्रों को जन्म (बा. २१)।

सुबाहु (१): शत्रुघ्न के बड़े पुत्र; शत्रुघाती के बड़े भाई । शत्रुघ्न ने राम के साथ देह-त्याग के लिए जाते समय सुबाहु को मधुरानगरी का राज्य प्रदान किया था (उ.१०८)।

सुबाहु (२): राक्षस । उपसुन्द नामक दैत्य का पुत्र । मारीच के साथ मिलकर विश्वामित्र के यज्ञ-अनुष्ठान में बाधा डालने वाला । उसे तिमिध्वज (शम्बर) का पुत्र भी बताया गया है (अ. ४४)।

सुबाहु (३): वानर; सुग्रीव के मन्त्रियों में से एक (कि. ३३)। राम की वानर सेना के लंका पर आक्रमण के समय सुबाहु ने नल, वीरबाहु और पनस के साथ लंका के परकोटे पर चढ़कर वहीं अपना पड़ाव डाल दिया (यु. ४२)।

सुमति (१): इक्ष्वाकु के पुत्र विशाल के वंशज । काकुत्स्थ के पुत्र । विशाल ने मिथिला के समीप जो विशाला नगरी बसायी थी, उसके राजा । जब विश्वामित्रजी राम-लक्ष्मण सहित महाराज जनक के यज्ञ में सम्मिलत होने जा रहे थे तब एक रात

विशाला नगरी के पास ठहरे थे । उन दिनों विशाला पर सुमति का शासन था । सुमति जाकर विश्वामित्र एवं राम-लक्ष्मण से मिले थे (बा.४७) ।

सुमति (२): अयोध्या के राजा सगर की दूसरी पत्नी । अरिष्टनेमि कश्यप की पुत्री । गरुड़ की बहन । उसके गर्भ-पिण्ड से साठ हज़ार पुत्र हुए (बा. ३८) जो बाद में इन्द्र द्वारा चुराए हुए सगर के यज्ञ-अश्व को ढूँढते समय कपिल मुनि के क्रोध के कारण भस्म हो गए थे (बा. ४०)।

सुमन्त्र: दशरथ के आठ मन्त्रियों में से एक –आठवें (बा. ७)।

दशरथ ने जब पुत्रेष्टि यज्ञ का विचार किया तो सुमंत्र ने उन्हें ऋष्यशृंग की कथा सुनाते हुए, अंगदेश के राजा रोमपाद के पास जाकर यज्ञ कराने के लिए उनके दामाद ऋश्यशृंग को अयोध्या लाने का परामर्श दिया (बा. ९)।

दशरथ के पुत्रेष्टि यज्ञ में सम्मिलित होने के लिए राजाओं को बुलाने का कार्य गुरु वरिष्ठ ने सुमन्त्र को सौपा (बा. १३) ।

जनक से राम-विवाह के लिए निमंत्रण पाकर दशरथ मिथिला चले तो उन्होंने प्रस्थान की व्यवस्था का भार सुमंत्र को सौंपा था (बा. ६९)।

राम के राज्याभिषेक का निर्णय लेकर दशरथ ने राम को राज सभा में बुलाने के लिए सुमंत्र को भेजा (बा. ३)।

राम को व्यक्तिगत रूप से आवश्यक बातें बताने के लिए दशरथ ने सुमन्त्र को भेजकर राम को पुनः बुलवाया (अ. ४)।

राम के राज्याभिषेक के निश्चित दिन जब दशरथ सूर्योदय के बाद देर तक अपने भवन से नहीं निकले तो वसिष्ठ ने सुमंत्र को उन्हें सब तैयारी की सूचना देकर बुलाने के लिए भेजा । सुमन्त्र ने, कैकेयी के भवन में पहुँचकर, दशरथ को भूमि पर दयनीय स्थिति में पड़े देखा । कैकेयी ने उनसे कहा कि दशरथ राम के अभिषेक को लेकर पुलकित होने के कारण रात भर नहीं सो सके, अतः थके हैं और राम को देखना चाहते हैं । परन्तु सुमन्त्र दशरथ की आज्ञा के बिना वहाँ से जाना नहीं चाहते थे । तब दशरथ ने उनसे राम को बुला लाने को कहा । आज्ञा पाकर वे राम को बुलाने के लिए उनके भवन पहुँचे (बा. १४-१५)।

राम को दशरथ का संदेश सुनाकर वे राम को कैकेयी के भवन में दशरथ के पास ले गए (बा. १६)।

सीता एवं लक्ष्मण सहित, जब राम दशरथ से वन-गमन के लिए विदा लेने को कैकेयी के भवन पहुँचे तो वहाँ उन्होंने सुमन्त्र को दुखी खड़े देखा । उन्होंने उनसे दशरथ को अपने आने को सूचना देने को कहा । यह सूचना देकर, सुमन्त्र दशरथ की आज्ञा पाकर उनकी सभी रानियों तथा राम को वहाँ बुला लाए (बा.३४)।

दशरथ की अनुनय-विनय पर भी कैकेयी को कठोर बने देख उन्होंने कैकेयी को धिक्कारते हुए प्रताड़ित किया और उनकी माँ की हठधर्मी की कहानी सुनाते हुए उनसे अपना हठ त्यागने का आग्रह किया (अ. ३५)।

रोते हुए दशरथ ने सुमन्त्र से राम को जनपद के बाहर तक पहुँचाने के लिए

रथ लाने को कहा तो वे रथ ले आए (अ. ३८)। जब वे रथ लेकर चले तो अयोध्यावासी उनसे रथ रोकने को कह रहे थे और राम जल्दी चलने को (अ.४०)।

वन जाते समय राम ने पहली शाम तमसा के तट पर विश्राम किया। अनेक अयोध्यावासी उनके रथ के पीछे चलते हुए, उनके और राम के समझाने पर भी, लौटने को तैयार नही थे। सुमन्त्र लक्ष्मण के साथ रात भर तमसा के तट पर जागते रहे। भोर होते ही राम ने, अयोध्या-वासियों का हित देखते हुए , सुमन्त्र से चुपचाप ऐसे चलने को कहा कि वे रथ का मार्ग न समझ पाएं और निराश होकर अयोध्या लौट जाएं। सुमन्त्र उनकी अज्ञानुसार अयोध्यावासियों को सोता छोड़, राम, सीता एवं लक्ष्मण सहित आगे निकल गये (अ. ४६)।

दूसरे दिन शाम को शृंगवेरपुर पहुँचकर सुमन्त्र ने रथ के घोड़े खोले और जब रात को राम और सीता विश्राम कर रहे थे तो वे, लक्ष्मण और गुह के साथ बात करते हुए , रात भर जागते रहे (अ. ५२)।

अगले दिन गंगापार जाते समय राम ने सुमंत्र को समझा-बुझाकर अयोध्या लौटने की आज्ञा दी और उनके द्वारा दशरथ, कौसल्या, भरत आदि के लिए संदेश भेजा (अ. ५२)।

राम जब गंगा-पार उतर गए तो सुमन्त्र दुःखी मन से अयोध्या लौटे और उन्होंने दशरथ को राम-लक्ष्मण के संदेश के साथ ही उन्हें गंगातट तक पहुँचा आने का समाचार सुनाया (अ. ५६-५८)। फि र उन्होंने दशरथ को बताया कि राम के बिना अयोध्या किस प्रकार सूनी और हर्ष-रहित दिखाई देती है (अ. ५९)। परन्तु दूसरी ओर कौसल्या को दुखी देख उन्हें सन्त्वना देते हुए सुमन्त्र ने कहा कि राम, सीता एवं लक्ष्मण वन में सर्वथा सुरक्षित एवं सुखी हैं (अ. ६०)।

भरत ने अयोध्या का राज्य लेना अस्वीकार करके सुमन्त्र से कहा कि वे राम को लौटा लाने के लिए उनके वन जाने का प्रबन्ध करें, सबकों इसकी सूचना दें और सेना भी तैयार करें। सुमन्त्र सारा प्रबन्ध करके भरत के लिए रथ लेकर जा पहुँचे (अ. ६२)।

भरत के शृंगवेरपुर पहुँचने पर सुमन्त्र ने भरत से कहा कि वे गुह से मिल लें, क्योंकि वह राम का सखा भी है और उसे दण्डकारण्य के मार्ग का पूरा ज्ञान है (अ. ६४)।

राम के वनवास से लौटने पर सुमन्त्र, अन्य मंत्रियों के साथ, हाथी पर बैठकर राम की अगवानी के लिए आगे गए थे (उ. १२७)।

लक्ष्मण जब राम की आज्ञा से सीता को निर्वासन के लिए छोड़ने गये तब सुमन्त्र रथ लेकर गये थे। लौटते समय लक्ष्मण का दुःख देखकर उन्होंने बताया था कि बहुत पहले ही, महाराज दशरथ के जीवन काल में ही, दुर्वासाजी ने बता दिया था कि राम निरन्तर दुःख उठाएँगे। वे समय आने पर पत्नी तथा भाइयों को भी त्याग देंगे। दशरथ ने उनसे मना किया था कि वे ये बात किसी को न बतायें (उ.५१)।

सुमागधः राम के धनिष्ठ मित्रों में से एक (उ. ४३)।

सुमालीः लंकावासी राक्षस । सुकेश एवं देववती का दूसरा पुत्र; माल्यवान का छोटा और माली का बड़ा भाई ।

केतुमती का पति और प्रहस्त, अकम्पन, विकट, कालिकामुख, धूम्राक्ष, दण्ड, सुपार्श्व , संह्रादि, प्रघस, भासकर्ण नामक दस पुत्रों का पिता । उसके चार कन्याएँ भी थीं—राका, पुष्पोत्कटा, कैकसी और कुम्भीनसी (उ.५)। रावण का नाना; राक्षस; पराक्रमी एवं युद्धकुशल ।

देवताओं की पीड़ा सुनकर विष्णु माल्यवान, माली, सुमाली को मारने चले तो माल्यवान ने चिन्ता की, परन्तु माली-सुमाली के उत्साह के बल पर वे तीनों सेना लेकर देवताओं को मारने के लिए देवलोक की ओर चल पड़े (उ. ६)। माली के वध से निराश होकर और फिर माल्यवान की पराजय के बाद, सुमाली तथा माल्यवान, विष्णु से डरकर, लंका छोड़ पाताल में जा छिपे । इस बीच कुबेर ने लंका को अपना निवास स्थान बनाया (यु. ८)।

कुछ काल के बाद अपनी कन्या को साथ ले विचरते हुए, उसने कुबेर को पुष्पक विमान द्वारा जाते देखा । उससे प्रभावित हो उसने योजना बनायी और अपनी बेटी कैकसी से विश्रवा के पास जाने को कहा—जिससे कि उसके भी कुबेर जैसे श्रेष्ठ पुत्र हों (उ. ९)।

सुमाली के चार मन्त्री थे—मारीच, प्रहस्त, विरूपाक्ष और महोदर । रावण आदि को वरदान मिलने का समाचार पाकर सुमाली भय त्यागकर रसातल से निकला और उसने रावण को कुबेर से लंका वापस लेने की सलाह दी । जब रावण नहीं माना तो उसने प्रहस्त को भेजा कि वह रावण को समझाये कि पूर्वकाल में लंका पर राक्षसों का ही अधिकार था और अब लंका वापस लेकर रावण को उसका राजा बनाया जा सकता है (उ. ११)।

रावण ने जब देवलोक पर आक्रमण किया था उस समय सुमाली ने भीषण युद्ध करके देवताओं में खलबली मचा दी थी; परन्तु अन्त में आठवें वसु सावित्र ने गदा प्रहार से उसे मार गिराया (उ. २७)।

सुमित्राः अयोध्या के महाराज दशरथ की तीन पटरानियों में से दूसरी । लक्ष्मण एवं शत्रुघ्न की माँ।

पुत्र-प्राप्ति के लिए यज्ञ से जो खीर महाराज दशरथ को प्राप्त हुई थी, उसका चौथाई भाग सुमित्रा को मिला । फिर शेष चौथाई का आधा भाग भी सुमित्रा को प्राप्त हुआ (बा. ६)।

राम वनगमन के समय, सुमित्रा ने लक्ष्मण को भाई-भाभी की सेवा का उपदेश देकर विदा किया (अ.४०)। राम के वनगमन के बाद, दुःखी कौसल्या को सुमित्रा ने धीरज बँधाया (अ. ४२)।

भरत जब राम को लौटा लाने के लिए वन गये तब अन्य रानियों सहित सुमित्रा भी उनके साथ थीं (अ. ८३)।

सुमुखः दक्षिण दिशा के निवासी ऋषि; राम के राज्याभिषेक के बाद, अन्य ऋषियों के साथ, राम से मिलने अयोध्या गये (उ. १)।

सुयज्ञः महाराज दशरथ के आठ ऋत्विजों में से एक, जिन्हें मन्त्री भी कहा गया है (बा.७)।

सुरथः विदर्भ के राजा सुदेव के छोटे पुत्र। श्वेत के छोटे भाई।

श्वेत जब मृत्यु का पता लगने पर राज्य त्यागकर तपस्या करने वन को चले गये तब सुरथ विदर्भ के शासक बने (उ. ७८)।

सुरभिः गाय; महावृषभ (नन्दी) की जननी, जिसे रावण ने वरुणालय में देखा था (उ.२३)।

सुरसाः सर्पों की माँ, जिसे देवताओं ने हनुमान की परीक्षा लेने के लिए भेजा था। सुरसा राक्षसी बनकर समुद्र के बीच हनुमान की राह रोककर खड़ी हो गयी। हनुमान ने उससे बहुत विनती की परन्तु सुरसा नहीं मानी और उन्हें खाने के लिए मुँह फैलाने लगी। हनुमान उसे चुनौती देने के लिए अपना शरीर बढ़ाते गये और सुरसा अपना मुख फैलाती गयी। जब सुरसा का मुँह बहुत अधिक फैल गया तब अचानक छोटा रूप धरकर हनुमान उसके मुँह में क्षण भर बैठकर वापस आ गये। सुरसा हनुमान की बुद्धिमत्ता देखकर प्रसन्न हुई और अपने वास्तविक रूप में प्रकट होकर उन्हें आशीष देकर लौट गयी (सु. १)।

सुराजिः राम के घनिष्ठ मित्रों में से एक (उ. ४३)।

सुराष्ट्रः दशरथ के आठ मन्त्रियों में से एक – चौथे (बा. ७)।

सुषेण (१): वानर; सुग्रीव के मन्त्रियों में से एक। वाली की पत्नी तारा के पिता। मेघ के समान काले और भयंकर पराक्रमी। सीता की खोज के लिए सुग्रीव द्वारा पश्चिम दिशा में भेजे गये वानर दल में सुषेण भी थे (कि. ४२)।

सुषेण (२): सुषेण नाम का एक और वानर यूथपति था जिसे हनुमान एवं अंगद के साथ दक्षिण दिशा में भेजा गया था (कि. ४१)।

दक्षिण सागर पार करने का प्रश्न आने पर सुषेण ने कहा कि वे एक छलाँग में ८० योजन तक ही जा सकते हैं (कि. ६५)।

लंका पर प्रथम आक्रमण के समय राम ने जो पुरुष-व्यूह बनाया था उसमें सुषेण जाम्बवान एवं वेगदर्शी के साथ कुक्षिभाग में रखे गये थे (यु. २४)।

लंका पर आक्रमण के समय सुषेण, जाम्बवान के साथ, राम के कुछ पीछे रहकर मोर्चे की रक्षा कर रहे थे साथ ही वे सभी द्वारों पर विचर कर पहरा दे रहे थे (यु. ४१)।

लंका पर आक्रमण के समय वे पश्चिम द्वार पर आक्रमण करके उसे घेरे खड़े थे (यु. ४२)। फिर उनका विद्युन्माली से युद्ध हुआ जिसमें शिलाखण्ड के प्रहार से उन्होंने उसे मार गिराया (यु. ४३)।

सुग्रीव द्वारा राम और लक्ष्मण को चेत होने पर किष्किन्धा ले जाने का आदेश सुनकर सुषेण ने परामर्श दिया था कि सम्पाति, पनस, हनुमान आदि क्षीर सागर के पास, चन्द्र एवं द्रोण पर्वत से, संजीवकरणी और विशल्यकरणी औषधियाँ लेकर

आएँ जिनसे राम एवं लक्ष्मण का इलाज हो सकता है । उन्होंने देवासुर संग्राम में बृहस्पति द्वारा इन औषधियों से उपचार होते देखा था (यु. ५०)।

रावण ने जब सुग्रीव को आहत कर दिया तब गवय, गवाक्ष, सुषेण, ऋषभ, ज्योतिर्मुख और नल ने उस पर आक्रमण किया, परन्तु रावण ने सभी को क्षत-विक्षत कर दिया (यु. ५७)।

रावण की शक्ति से घायल होकर जब लक्ष्मण गिरे और उन्हें देखकर राम व्याकुल होकर रोने लगे, तब सुषेण ने राम को धीरज बँधाते हुए कहा कि लक्ष्मण का प्राणान्त नहीं हुआ है । उन्होंने हनुमान को महोदय पर्वत पर भेजकर औषधि मँगायी और लक्ष्मण को स्वस्थ कर दिया (यु. १०१)।

सुसन्धिः इक्ष्वाकुवंशी, अयोध्या के एक राजा । मान्धाता के पुत्र और ध्रुवसन्धि एवं प्रसेनजित के पिता (बा. ७०)।

सुहोत्रः वानर; जिन्हें सुग्रीव ने सीता की खोज के लिए अंगद, हनुमान आदि के साथ दक्षिण दिशा में भेजा था (कि. ४१)।

सूर्यभानुः यक्ष । कुबेर का द्वारपाल । रावण जब कुबेर पर आक्रमण करने के लिए कैलास पर्वत पर पहुँचा तब सालकण्टक के भाग खड़े होने पर सूर्यभानु ने रावण को रोकने का प्रयास किया था । परन्तु रावण ने उसे मार डाला (उ. १४)।

सूर्यशत्रुः लंकावासी राक्षस (सु. ६), रावण का समर्थक (यु. ९)। रावण द्वारा देवलोक पर आक्रमण के समय सूर्यशत्रु भी उसके साथ था (उ. २७)।

सूर्याक्षः वानर; सुग्रीव के मन्त्रियों में से एक (कि. ३३)।

सूर्याननः राम की वानर सेना के एक योद्धा (यु. ७३)।

सोमदत्तः इक्ष्वाकु के एक पुत्र, विशाल, के वंशज । कुशाश्व के पुत्र और काकुत्स्थ के पिता । विशाला नगरी के राजा (बा. ४७)। देखिए, विशाल ।

सोमदाः गन्धर्वकुमारी; ऊर्मिला की पुत्री । जब चूली नामक ब्रह्मचारी तपस्यारत थे तब वह अनुग्रह की इच्छा से उनकी सेवा करती थी । महर्षि चूली से धर्मात्मा पुत्र की माँग और महर्षि द्वारा उनके मानसपुत्र ब्रह्मदत्त की प्राप्ति (बा. ३३)।

सौदासः (कल्माषपाद भी) मित्रसह, वीरसह एवं प्रवृद्ध नाम से भी ज्ञात ।

बाल्यावस्था में एक बार शिकार के समय उन्होंने दो बाघों को मृगों को खाते देखा और उनमें से एक को मार दिया । दूसरे बाघ (राक्षस) ने उनसे अपने मित्र की मृत्यु का बदला लेने का निश्चय किया । जब मित्रसह अयोध्या के राजा बने, तब उनके एक महायज्ञ के बाद वह बाघ रूपी राक्षस, गुरु वसिष्ठ का रूप धरकर आया और मांसाहार की माँग करने लगा । मित्रसह ने रसोइये को आदेश दिया कि गुरुवर के लिए स्वादिष्ट मांसाहारी भोजन तैयार किया जाए । रसोइए को असमंजस में देख, उसी राक्षस ने रसोइए का रूप धरकर मानुष मांस पकाया, जिसे राजा ने रानी सहित गुरु वसिष्ठ को परोसा । वसिष्ठ मानुष मांस देखकर क्रोधित हुए और राजा को राक्षस होने का शाप दे बैठे । राजा ने भी क्रोध में वसिष्ठ को शाप देने के लिए जल उठाया, परन्तु रानी के रोकने पर उसे नीचे, अपने ही पैरों पर, गिर जाने दिया—जिससे उनके पैर चितकबरे हो गये । इस प्रकार उनका नाम कल्माषपाद पड़ा ।

बाद में सारी बात जानने पर वसिष्ठ ने उनके शाप का समय बारह वर्ष कर दिया। इस प्रकार मित्रसह बारह वर्ष राक्षस रहकर पुनः शुद्ध हुए और प्रजापालन करने लगे (उ. ६५)। इक्ष्वाकुवंशी; रघु के पुत्र और शंखण के पिता (बा. ७०)।

सौमनसः पृथ्वी को धारण करने वाला, पश्चिमी दिग्गज। (बा. ४०)

स्कन्दः देखिए, कार्तिकेय।

स्थूलशिराः एक ऋषि, जिन्होंने एक सुरूप राक्षस द्वारा कबन्ध रूप में सताये जाने पर उसे कबन्ध जैसा ही रूप वाला राक्षस हो जाने का शाप दिया था। फिर कबन्ध की विनती पर कहा था कि जब राम तुम्हारी भुजाएँ काटकर तुम्हें जलाएँगे तब तुम्हें तुम्हारा वास्तविक शरीर पुनः प्राप्त होगा (अर. ७१)।

स्थूलाक्षः खर की सेना का प्रमुख सैनिक, जो राम पर आक्रमण के समय सेनापति दूषण के पीछे सेना का नेतृत्व कर रहा था (अर. २३)।

स्वयंप्रभाः मेरुसावर्णि की कन्या। हेमा नामक अप्सरा की सखी, जो हेमा के वन एवं उसकी सुन्दर गुफ़ा का संरक्षण करने के लिए वहाँ रहती थी। हनुमान आदि, दक्षिण दिशा में सीता की खोज करने वाले वानर, गुफ़ा में उससे मिले (कि. ५१)। स्वयंप्रभा ने अपने तपोबल से सभी वानरों को दक्षिण सागर के पास पहुँचा दिया।

स्वार्थसिद्धः एक ब्राह्मण भिक्षु, जिसने अकारण एक कुत्ते पर प्रहार किया था। फिर कुत्ते द्वारा राम से न्याय माँगने पर राम ने उसे, कुत्ते के परामर्श पर, मठाधीश बना दिया (उ. ५९ के बाद प्रक्षिप्त)।

स्वास्त्यात्रेयः दक्षिण दिशा के निवासी ऋषि; राम के राज्याभिषेक के बाद, अन्य ऋषियों के साथ, अयोध्या में उनसे मिलने गये (उ. १)।

हनुमानः महाबली वानर। वायुदेवता की सन्तान; अंजनी एवं केसरी के पुत्र राम-भक्त। शीघ्रगामी। सुग्रीव के विश्वासपात्र मन्त्री।

राम एवं लक्ष्मण को आयुध लिये तापस वेष में ऋष्यमूक पर्वत की ओर आते देख जब सुग्रीव भयभीत हो उठे तब, उनके आदेश पर, हनुमान साधारण ब्राह्मण का वेष धरकर राम के पास यह पता लगाने गये कि वे दोनों कौन हैं और वन में क्यों आये हैं। राम को हनुमान की भाषा, उच्चारण आदि ने बड़ा प्रभावित किया। राम का परिचय जान लेने पर हनुमान ने सुग्रीव की ओर से मैत्री का प्रस्ताव रखा, जो राम ने स्वीकार किया (कि. ३)।

राम का परिचय पाकर हनुमान ने सुग्रीव के वनवास एवं वाली द्वारा पत्नी-हरण की कथा कह सुनायी (कि. ४)।

ऋष्यमूक पर्वत पर राम एवं सुग्रीव को मिलाकर हनुमान ने प्रज्ज्वलित अग्नि के सामने उन दोनों की मैत्री को दृढ़ किया (कि. ५)।

सुग्रीव, राम के साथ जब दूसरी बार वाली को ललकारने के लिए गये तब हनुमान भी साथ थे (कि. १३)।

राज्याभिषेक के बाद सुग्रीव जब विलासमय जीवन में पड़कर सीता की खोज कराने का वचन भी भूलने लगे, तब शरद ऋतु आ जाने पर हनुमान ने उन्हें कर्त्तव्य

एवं राम के बल का स्मरण कराके सीता की खोज प्रारम्भ कराने का परामर्श दिया, जिसे स्वीकारते हुए सुग्रीव ने सेना एकत्रित करायी (कि. २९)।

सीता की खोज में विलम्ब होता देख जब लक्ष्मण, क्रोध में भरकर, सुग्रीव के पास पहुँचे तब हनुमान ने उन्हें लक्ष्मण से क्षमा माँगने का परामर्श दिया (कि. ३२)।

राम की सहायता के लिए जब सुग्रीव ने सेना एकत्रित की तब हनुमान सफ़ेद वानरों की सेना लेकर किष्किन्धा पहुँचे थे (कि. ३९)।

सुग्रीव ने दक्षिण दिशा में सीता की खोज के लिए जिस वानर दल को भेजा था उसमें हनुमान भी थे (कि. ४१)।

हनुमान के प्रति सुग्रीव का विश्वास देखकर राम ने हनुमान को अपनी पहचान के रूप में अपनी एक अँगूठी दी (कि. ४४)।

दक्षिण दिशा में सीता की खोज करते हुए भटककर, हनुमान अपने साथ के वानरों सहित, एक अँधेरी गुफ़ा में जा घुसे, जहाँ भीतर एक विचित्र स्वर्णिम संसार बसा था और एक वृद्धा तपस्या में रत थी (कि. ५०)।

हनुमान ने उस तपस्विनी से उस गुफ़ा के विषय में पूछा तो उसने अपना नाम स्वयंप्रभा बताया और कहा कि वह गुफ़ा मयदानव ने बनायी थी (कि.५१)।

स्वयंप्रभा की गुफ़ा से निकलकर समुद्र तट पर पहुँचने के बाद जब वानरों को पता चला कि सीता की खोज के लिए सुग्रीव द्वारा निश्चित एक मास का समय बीत चुका है तो वे सब प्राण-दण्ड के भय से काँप उठे। अंगद ने विशेष भयभीत होकर जब वहीं उपवास करके प्राण त्यागने का निश्चय किया और तार के समझाने पर वे स्वयंप्रभा की गुफ़ा में भी छिपकर जीवन बिताने के लिए सहमत प्रतीत हुए, तब हनुमान ने उन्हें लक्ष्मण का भय दिलाते हुए किष्किन्धा लौटने की सलाह दी। उन्होंने समझाया कि सुग्रीव धर्मज्ञ हैं। यदि अंगद लौट चलें तो सुग्रीव उन्हें कभी दण्ड नहीं देंगे और अपने बाद, प्रतिज्ञा अनुसार, किष्किन्धा का राज्य प्रदान करेंगे (कि. ५४)।

दक्षिण सागर पार करने की समस्या आने पर जब सभी वानर चिन्तित थे तब जाम्बवान ने हनुमान के पास जाकर उनमें आत्मविश्वास जगाया कि वे ही वानरों में सर्वश्रेष्ठ है—वायु के समान वेगवान, गरुड़ के समान बलशाली, सुग्रीव के समान पराक्रमी एवं राम एवं लक्ष्मण के समान वीर। वे ही निराश वानर दल को जीवन-दान दे सकते हैं। इस प्रकार विश्वास दिलाये जाने पर हनुमान सागर पार करने के लिए तैयार हो उठे (कि. ६५)।

हनुमान वायु के संकल्पपुत्र एवं केसरी के क्षेत्रज पुत्र थे। अंजनी ने उन्हें एक गु.फा में जन्म दिया था। ब्रह्माजी ने उन्हें वरदान दिया था कि कोई अस्त्र-शस्त्र उन्हें मार नहीं सकेगा। इन्द्र ने उन्हें इच्छामृत्यु का वरदान दिया था (कि. ६५)।

हनुमान आत्मविश्वास से भर उठे और वृद्ध वानरों को प्रणाम करके लंका पहुँचने के लिए महेन्द्र पर्वत पर चढ़ गये (कि. ६६)।

सागर पार करते समय हनुमान को मैनाक पर्वत दिखा, जिसने हनुमान से

प्रार्थना की कि वे कुछ समय उस पर विश्राम करें। हनुमान ने उसे छूकर उसकी पूजा स्वीकार करते हुए विश्राम न करके आगे बढ़ना ही उचित समझा। सभी देवताओं ने पुनः उनकी परीक्षा लेने की इच्छा से नागमाता सुरसा को भेजा कि वे हनुमान की परीक्षा लें। सुरसा ने भयानक राक्षसी का रूप धरकर हनुमान की राह रोकी और कहा कि वे उसके मुँह में आ जाएँ। हनुमान ने शीघ्रता एवं अपने कार्य की आवश्यकता बताते हुए सुरसा से राह माँगी, और वचन दिया क्रि यदि आवश्यक ही होगा तो श्रीराम का कार्य करने के बाद वे स्वयं उसके मुँह में आ जाएँगे। परन्तु, सुरसा के न मानने पर, उन्होंने सुरसा को चुनौती दी और अपने शरीर को बहुत बड़ा बना लिया। यह देख सुरसा ने भी अपना मुँह उससे भी बड़ा फैला दिया। इस प्रकार दोनों एक-दूसरे से बढ़-चढ़कर फैलते गये। तभी हनुमान छोटा-सा रूप धरकर सुरसा के मुँह में घुसकर बाहर निकल आये। इस प्रकार सुरसा का आग्रह पूरा हुआ और वह अपने वास्तविक रूप में प्रकट होकर, हनुमान को आशीष देती हुई, लौट गयी (सु. १)।

आगे बढ़ने पर हनुमान को छाया से ही सिंहिका ने पकड़ लिया। हनुमान सिंहिका के मुँह में जाकर नखों द्वारा उसे विदीर्ण करते हुए निकल आये और सागर पार करके लंका पहुँचे (सु. १)।

वहाँ लंका का दुर्ग और उसकी रक्षा-व्यवस्था देखकर उन्होंने सूर्यास्त के बाद लघु रूप में ही नगरी में प्रवेश करने का निश्चय किया। उन्हें लगा कि लंका में उनके अतिरिक्त सम्भवतः अंगद, सुषेण, मैन्द, द्विविद, सुग्रीव, कुशपर्व और ऋक्षराज जाम्बवान ही प्रवेश कर पाएँ (सु. २)।

रात के समय पुरी में प्रवेश करते समय लंका नामक राक्षसी ने उन्हें रोका और उनपर प्रहार किया। हनुमान ने उलटकर, स्त्री जानते हुए, उस पर जब बायीं मुट्ठी से हल्का प्रहार किया तो वह गिर पड़ी और कहने लगी कि ब्रह्मा ने उसे वरदान दिया था कि जब कोई वानर तुम पर प्रहार करे तो समझ लेना कि लंकापुरी एवं राक्षस समुदाय पर कोई संकट आने वाला है। यह बताकर उसने हनुमान को लंका में प्रवेश की अनुमति दे दी (सु. ३)।

लंका में रावण के सभी महलों में सीता की खोज करने के बाद, निराश होकर, हनुमान ने अपने जीवन का अन्त करने का, अथवा वानप्रस्थ ग्रहण करके, लंका में ही रह जाने का विचार किया। परन्तु फिर कर्त्तव्य एवं आत्मबल से प्रेरित होकर पुनः खोज में जुट जाने का निर्णय लिया। यह निर्णय करके वे अब तक छूटी हुई अशोक वाटिका में जा पहुँचे और वहाँ सीता को देखकर, उनकी स्थिति के आधार पर, उन्हें यह आभास मिला कि वे ही सीता होंगी (सु. १५)।

उन्होंने सीता को राक्षसियों के बीच कष्ट सहकर जीवन बिताते देखा और फिर रावण के आने पर उसके प्रलोभनों को ठुकराते हुए भी देखा (सु. १७-२२)। फिर हनुमान ने देखा कि रावण की आज्ञा से राक्षसियाँ सीता को डरा-धमकाकर रावण के पक्ष में लाने का प्रयत्न कर रही हैं। परन्तु सीता शोक एवं कष्ट से विह्वल होते हुए भी अपनी बात पर दृढ़ हैं। तभी त्रिजटा नामक एक राक्षसी ने अपने स्वप्न का विवरण देते हुए राम की विजय एवं रावणवंश के विनाश की सम्भावना बताकर

राक्षसियों को कुछ शान्त किया । उधर सीता शोक से त्रस्त होकर प्राणान्त का निश्चय कर रही थीं। इस कारण हनुमान ने निश्चय किया कि वे किसी प्रकार सीता से मिलकर ही लौटेंगे, जिससे राम के आने तक सीता जीवित रहें (सु. २३-३०)।

रावण द्वारा पकड़े जाने की सम्भावना से बचने के लिए उन्होंने निश्चय किया कि वे पेड़ पर बैठे-बैठे ही धीरे-धीरे रामकथा गुनगुनाएँगे, जिससे सीता को उनके ऊपर विश्वास आ सके । इस प्रकार जब उन्होंने पूरी रामकथा सुनायी तो सीता ने उनकी ओर देखा (सु. ३१-३२)।

उन्होंने विनम्रता के साथ पेड़ से उतरकर सीता को अपना परिचय दिया और उनका पूछा, और फिर सीता को विश्वास दिलाने के लिए राम का वर्णन किया (सु.३३-३५)। साथ ही उन्होंने सीता को राम की मुद्रिका देकर उन्हें विश्वास दिलाया कि राम शीघ्र आकर उनको मुक्त कराएँगे । उन्होंने सीता को अपने साथ ले चलने का प्रस्ताव भी रखा जिसे सीता ने सागर का भय एवं पर-पुरुष को स्पर्श न करने का औचित्य बताते हुए अस्वीकार कर दिया (सु. ३६-३७)। सीता ने अपनी पहचान के रूप में उन्हें चूड़ामणि दी और राम के साथ बीते कुछ अन्तरंग क्षणों का विवरण दिया (सु.३८-४०)।

सीता से विदा लेकर शत्रुपक्ष की शक्ति का अनुमान करने की इच्छा से हनुमान ने प्रमदावन (अशोक वाटिका) को उजाड़ना प्रारम्भ किया (सु. ४२)। यह समाचार पाकर रावण ने उन्हें पकड़ने के लिए किंकर नामधारी राक्षसों को भेजा, जिन्हें हनुमान ने मार डाला । यह सुनकर रावण ने प्रहस्त के पुत्र जाम्बुमाली को भेजा । इस बीच हनुमान ने चैत्यप्रासाद को भी नष्ट कर दिया और वहाँ के राक्षसों को मार डाला । जाम्बुमाली ने हनुमान को बहुत आहत किया परन्तु अन्त में वह मारा गया (सु.४३-४४)। फिर रावण द्वारा भेजे गये सात मन्त्री-पुत्र भी मारे गये (सु. ४५)।

फिर रावण द्वारा पाँच सेनापति—विरूपाक्ष, यूपाक्ष, दुर्धर, प्रघस, भासकर्ण—भी बारी-बारी मारे गये (सु. ४६)। फिर रावण द्वारा भेजे गये उसके पुत्र अक्षकुमार के साथ हनुमान का भीषण युद्ध हुआ, जिसे अन्त में हनुमान ने पटककर मार दिया (सु.४७)। फिर इन्द्रजित अकेला उन्हें पकड़ने आया । हारकर इन्द्रजित ने ब्रह्मास्त्र चलाया और हनुमान ब्रह्मास्त्र का सामना करते हुए, रावण को देख पाने की इच्छा से बँध गये (सु. ४८)।

रावण का ऐश्वर्य एवं व्यक्तित्व देखकर हनुमान बड़े प्रभावित हुए और अपना परिचय देकर उन्होंने राम का भय दिखाते हुए रावण को समझाया कि वह सीता को वापस भेज दे (सु. ४९-५१)।

रावण नें क्रोध में आकर उन्हें प्राण-दण्ड देने की आज्ञा दी, जिसका विभीषण ने विरोध किया । रावण ने विभीषण की बात मानते हुए हनुमान की पूँछ में आग लगाकर उन्हें नगर भर में घुमाने की आज्ञा दी (सु. ५२-५३)।

पूँछ में आग लगने पर हनुमान अपने को छुड़ाकर दौड़ते हुए भवन से भवन पर गये और विभीषण का घर छोड़ लंका नगरी भर में आग लगा दी। फिर उन्हें चिन्ता एवं आत्म-ग्लानि हुई कि उनके इस कार्य से लंका में ही स्थित सीता भी जल

रही होंगी। वे तुरन्त सीता की खोज-ख़बर लेने पहुँचे और उन्हें जीवित पाकर प्रसन्न हुए और सागर लाँघकर, लौटकर अंगद आदि से मिले (सु. ५५-५७)।

सीता की खोज के बाद किष्किन्धा लौटते समय, सुग्रीव के सुरक्षित उपवन मधुवन में वानरों ने जब फल, मधु आदि खाने की अनुमति माँगी तो, अंगद के साथ ही, हनुमान ने भी उन्हें खुली छूट दे दी और रक्षक दधिमुख के रोकने पर उसकी पिटाई कर दी (सु.६१-६२)।

किष्किंधा लौटकर हनुमान ने अपनी लंका-यात्रा का विस्तृत वर्णन राम को दिया (सु.६४-६५)। राम हनुमान के कार्य से बहुत प्रसन्न हुए और अन्य कोई पुरस्कार योग्य वस्तु न होने के कारण, उन्होंने हनुमान को गले से लगाया (यु. १)।

जब सेना किष्किन्धा से दक्षिण की ओर चली तब राम हनुमान के कन्धे पर बैठकर चल रहे थे (यु. ४)।

लंका पर आक्रमण से पूर्व हनुमान ने, प्रघस एवं प्रमाथी के साथ, लंका का पश्चिमी द्वार घेरा था (यु. ४१)। फिर उनका जाम्बुमाली के साथ मल्ल-युद्ध हुआ (यु.४३)।

धूम्राक्ष जब युद्ध के लिए पश्चिम द्वार से निकला तो वहाँ हनुमान से उसकी टक्कर हुई। उसने वानर सेना को बाणों से बहुत क्षत-विक्षत किया, तब हनुमान ने पर्वत खण्डों से उस पर आक्रमण किया। धूम्राक्ष ने हनुमान के माथे पर काँटेदार गदा से प्रहार किया परन्तु विचलित हुए बिना हनुमान ने शिला प्रहार से धूम्राक्ष को मार डाला (यु. ५२)।

अकम्पन ने युद्ध में जब कुमुद, नल, मैन्द और द्विविद सहित सभी वानरों को क्षत-विक्षत किया तो हनुमान ने पहुँचकर उससे घोर युद्ध किया, और वृक्ष मारकर उसे धराशायी कर दिया (यु. ५६)।

रावण जब वानर सेना से युद्ध के लिए आया और सुग्रीव, नल आदि कई योद्धा उसके द्वारा अचेत हो गये तब हनुमान ने तलाघात से उसे बहुत पीड़ा दी, परन्तु फिर वे स्वयं कुछ समय के लिए पीड़ा विह्वल हो गये। बाद में जब नील और लक्ष्मण को भी रावण ने आहत किया तब हनुमान ने पुनः सचेत होकर मुष्टिका प्रहार से रावण को निश्चेष्ट कर दिया। फिर वे लक्ष्मण को उठाकर राम के शिविर में ले गये (यु. ५७)।

कुम्भकर्ण की मृत्यु के बाद जब रावण के चार बेटे और दो सौतेले भाई युद्ध के लिए आये थे तब उनमें से दो बेटों को–देवान्तक और त्रिशिरा–हनुमान ने मार डाला (यु. ७०)।

राम-लक्ष्मण आदि के घायल हो जाने पर हनुमान जाम्बवान के कहने पर हिमालय से औषधि लाने को गये और पर्वतखण्ड सहित मृतसंजीवनी, शल्यकरणी, सुवर्णकरणी तथा सन्धानी नामक औषधियाँ लाकर सभी को स्वस्थ कर दिया (यु.७४)। कुम्भ की मृत्यु के बाद निकुम्भ जब परिघ लेकर सुग्रीव पर झपटा तो हनुमान ने घोर युद्ध करके उसे मार डाला (यु. ७७)।

जब इन्द्रजित ने मायारचित सीता को, युद्धभूमि में ले जाकर, वानरों को

दिखाते हुए मार डाला, तब हनुमान ने वानरों-सहित राक्षसों का क्रोध में भरकर व्यापक संहार किया। फिर वे निराश होकर राम को सीता के वध की सूचना देने चले गये (यु.८२)। राम यह समाचार सुनकर मूर्छित हो गये (यु. ८३)।

जब लक्ष्मण निकुम्भिला मन्दिर में इन्द्रजित का वध करने के लिए गये तब विभीषण के अतिरिक्त हनुमान और जाम्बवान भी उनके साथ थे (यु. ८६)।

रावण की शक्ति से जब लक्ष्मण मूर्छित हुए तब सुषेण ने हनुमान को महोदय पर्वत से औषधियाँ लाने के लिए भेजा। हनुमान औषधियों को पहचान न पाने के कारण पर्वतखण्ड ही उठा लाये, जिससे लक्ष्मण नीरोग हो गये (यु. १०१)।

रावण-वध और विभीषण के राज्याभिषेक के बाद राम ने हनुमान को सीता के पास अपना कुशल समाचार लेकर भेजा और सीता का सन्देश लेकर आने को कहा (यु. ११२)।

सीता को राम का विजय-समाचार सुनाकर उन्होंने सीता का मन जाना। वहाँ सीता से उन्होंने आज्ञा माँगी कि उन पर पहरा देने वाली राक्षसियों को वे दण्ड दें, परन्तु सीता के मना करने पर वे सीता का सन्देश लेकर राम के पास गये, कि वे राम का दर्शन करना चाहती हैं (यु. ११३)।

लंका से अयोध्या जाते समय, भरद्वाज आश्रम पहुँचने से पूर्व ही, राम ने हनुमान को अयोध्या भेजा कि वे भरत से मिलकर उनका मन जानने का प्रयत्न करें। यदि भरत राज्य पर बने रहना चाहें तो राम अन्यत्र कहीं चले जाएँगे (यु. ११५)। हनुमान ने भरत से मिलकर राम का विस्तृत समाचार सुनाया और यह पाया कि भरत राम के प्रति हृदय से अनुरक्त हैं (यु. १२६)।

राम के राज्याभिषेक के लिए सुग्रीव के आदेश पर चारो सागरों का जल लेने जो चार धावक भेजे गये थे, उनमें हनुमान भी थे, जो उत्तरवर्ती महासागर से जल लाये थे (यु. १२८)।

एक बार शैशव काल में जब उनकी माँ अंजना फल लाने के लिए बाहर गयी थीं, तभी भूख के कारण हनुमान सूर्य को फल समझकर उधर लपके थे। तभी गिरने के कारण उनकी दाढ़ की हड्डी टूट गयी जिससे उनका नाम हनुमान पड़ा। उन्हीं दिनों इन्द्र, सूर्य, वरुण, यम, शिव, विश्वकर्मा तथा ब्रह्मा ने उन्हें अनेक वरदान दिये। इस प्रकार, बहुत से वर पाकर हनुमान बचपन में ऋषियों के आश्रम जाकर उपद्रव किया करते थे। इस कारण कुछ ऋषियों ने उन्हें शाप दिया कि उन्हें अपने बल का पता नहीं रहेगा। जब कोई उनको उनके बल का स्मरण कराएगा, तभी उन्हें बल पुनः प्राप्त होगा। यह शाप पाकर हनुमान पुनः मृदुल हो गये।

हनुमान बलवान ही नहीं, सूत्र, वृत्ति, वार्तिक, महाभाष्य, संग्रह आदि के ज्ञाता भी थे। शास्त्र एवं छन्द शास्त्र में भी पारंगत थे। व्याकरण सिद्धान्त के भी विद्वान थे (उ.३६)। जन्म के समय उनकी कान्ति शीतकाल में उपजे धान के अग्रभाग की तरह पिंगल वर्ण की थी।

राम के साकेत-गमन का निर्णय सुनकर हुनुमान भी उनके साथ ही देह-त्याग का निश्चय करके अयोध्या पहुँचे थे परन्तु राम ने उन्हें, उनकी दीर्घकाल

तक जीवित रहने की प्रतिज्ञा का स्मरण दिलाकर, जीवित रहने का आदेश दिया (उ.१०८)।

हर (१): राम की सेना का एक वानर यूथपति (यु. २७)।

हर (२): लंकावासी राक्षस । माली तथा वसुदा का पुत्र; अनल, अनिल तथा सम्पाति का भाई। ये चारो कालान्तर में विभीषण के मन्त्री बने (उ. ५)।

हरिजटा: बिल्ली जैसी भूरी आँखोंवाली लंका की एक राक्षसी । रावण ने जिन राक्षसियों को अशोक वाटिका में सीता पर पहरे के लिए रखा था, उनमें से एक (सु. २३)।

हरिलोमा: राम की वानर सेना के एक योद्धा । अतिकाय ने जब वानर सेना पर आक्रमण किया तो उससे युद्ध करते हुए जो प्रमुख वानर वीर घायल हुए थे, उनमें हरिलोमा भी थे (यु. ७३)।

हविष्पन्द: महर्षि विश्वामित्र के ज्येष्ठ पुत्र, जिनका जन्म उनके, ब्राह्मणत्व प्राप्ति के लिए, दक्षिण दिशा में तप करते समय हुआ (बा. ५७)।

हस्तिमुख: लंकावासी राक्षस । लंका में, सीता की खोज करते हुए, हनुमान हस्तिमुख के महल में भी गए थे (सु. ६)।

हिमवान: हिमालय पर्वत । गंगा एवं उमा का (सांकेतिक) पिता । मेना का पति (बा.३५)।

हुताशन: वानर; उल्कामुख एवं असंग के पिता –जिन दोनों को सुग्रीव ने वानर दाल के साथ दक्षिण की ओर सीता की खोज के लिए भेजा था (कि. ४१)।

हेति: प्रहेति का भाई; पूर्वकालीन राक्षस; राक्षसों के अधिपति ।

विवाह का इच्छुक; उसने याचना करके काल की कुमारी भगिनी (भयानक) भया के साथ विवाह किया। उससे उसका पुत्र विद्युतकेश जन्मा (उ. ४)।

हेमकूट: राम की सेना का एक पराक्रमी वानर; वरुण का पुत्र (यु. ३०)।

हेमचन्द्र: इक्ष्वाकु के एक पुत्र, विशाल, के वंशज । विशाला नगरी बसाने वाले महाराज विशाल के पुत्र, सुचन्द्र के पिता (बा. ४७)। देखिए, विशाल ।

हेममाली: राक्षस; खर का एक प्रमुख सैनिक –उन बारह में से एक, जो राम पर आक्रमण करते समय खर को घेरकर चले थे (अर. २३)।

हेमा: स्वर्ग की एक अप्सरा, जिसका विवाह मय दानव से हुआ था । दीर्घकाल तक मय के साथ रहकर वह स्वर्ग लौट गयी और अपनी पुत्री मन्दोदरी को पीछे छोड़ गयी (उ. ११)। उसके दो पुत्र भी थे –मायावी और दुन्दुभि ।

इन्द्र ने क्रुद्ध होकर मयासुर को भगा दिया तब मयासुर की गुफ़ा हेमा को प्राप्त हुई । हेमा ने वह गुफ़ा देख-रेख के लिए अपनी सखी स्वयंप्रभा को दे दी थी (कि. ५१)।

हैहयराज: देखिए, अर्जुन ।

ह्रस्वकर्ण: लंकावासी राक्षस । लंका में सीता की खोज करते हुए हनुमान ह्रस्वकर्ण के महल में भी गए थे (सु. ६) ।

लेखक परिचय

डॉ० सीतेश आलोक

- उत्तर प्रदेश के एक धर्मनिष्ठ, मध्यम-वर्गीय परिवार में जन्म ।
- बचपन से ही साहित्य, संगीत, चित्रकला आदि में गहन रुचि ।
- एम. ए., पी एच. डी. तक शिक्षा ।
- १९९२ में एक प्रमुख शोध संस्थान से स्वैच्छिक अवकाश लेकर अब पूर्णरूपेण साहित्य एवं कला को समर्पित ।
- देश की सभी स्तरीय पत्रिकाओं में पिछले तीन दशकों में नियमित रूप से कहानी, कविताएँ, नाटक, लेख आदि प्रकाशित । रचनाएँ अनेक भारतीय भाषाओं एवं अंग्रेज़ी में अनूदित होकर प्रकाशित । आकाशवाणी एवं दूरदर्शन पर भी अनेक कार्यक्रम प्रसारित ।
- साहित्य, संस्कृति एवं कला की अंग्रेज़ी त्रैमासिकी *प्रतिभा इंडिया* का १९८१ से सम्पादन ।

प्रकाशित हिन्दी पुस्तकें:

बच गया आकाश (कविता संग्रह)
गाते गुनगुनाते (गीत संग्रह)
छोटा सा सपना (ग़ज़ल-रुबाई)
रेंगती हुई शाम (कहानी संग्रह)
अंधा सवेरा (कहानी संग्रह)
कैसे कैसे लोग (लघु कथा संग्रह)
परनिंदा परमं सुखम् (व्यंग्य संग्रह)
सूरज की छुट्टी (बाल गीत)

प्रकाशनाधीन:

यथा संभव (कविता संग्रह)
नासमझ (कहानी संग्रह)
रामाख्यान (वाल्मीकि रामायण; हिन्दी में संक्षिप्त)